Curso

SE05

La diferencia entre aprobar
y sacar plaza

Cuerpos y Escalas del Subgrupo A2
Cuerpos Especiales

GENERALITAT VALENCIANA

AF277986

PARTE GENERAL

Si aún no dispones de tu **Curso MAD360**, te ofrecemos un acceso GRATIS de 30 días para que disfrutes de los siguientes recursos:

- Técnicas de Memoria 360.
- MADTEST: Test *online* Nivel PRO.
- Temario en formato digital.
- Vídeos.
- Esquemas.
- Planificación de estudio.
- Foro entre opositores hasta la fecha del examen.*
- Recursos y novedades exclusivas.
- Consúltanos sobre tu oposición y proceso selectivo.
- Actualizaciones legislativas (Boletines Oficiales) hasta 60 días antes de la fecha del examen.*

Para acceder a esta prueba del Curso MAD360** será necesaria la compra de todos los libros para esta especialidad de la edición 2025.

Regístrate en **mad.es/iniciar-sesion** y en la pestaña BIBLIOTECA valida los códigos que encuentras en la última página de tus libros.

NOTA IMPORTANTE:

* Examen de esta categoría profesional correspondiente a la convocatoria publicada en el DOGV n.º10121, de 2 de junio de 2025, o hasta el 31 de julio de 2026, lo que se cumpla antes, y previa renovación del servicio.

** El acceso al CURSO MAD360 estará disponible desde julio de 2025 (algunos recursos podrían estar disponibles en fecha posterior). Tendrá una duración de 30 días RENOVABLES mediante pago, desde la validación de códigos, o hasta el 31 de enero de 2027, lo que se cumpla antes.

MAD se reserva el derecho a ampliar dichas fechas.

Cuerpos y Escalas del subgrupo A2 (cuerpos especiales) de la Generalitat Valenciana

Test del Temario
Parte General

MAD sie7e EDITORES

Autores

JOSÉ ANTONIO GUERRERO ARROYO
Cuerpo Superior de Letrados
Cuerpo Superior Jurídico de Comunidad Autónoma

PATRICIA PÉREZ SÁNCHEZ-ROMATE
Licenciada en Derecho

FRANCISCO JESÚS TORRES FONSECA
Licenciado en Derecho

LIDIA PONCE MARTÍNEZ
Licenciada en Psicología

© 7 Editores Recursos para la Cualificación Profesional y el Empleo, S.L. (7 Editores)
© Los autores
Primera edición, julio 2025 (334 páginas)
Derechos de edición reservados a favor de 7 Editores
IMPRESO EN ESPAÑA
Diseño Portada: 7 Editores
Edita: 7 Editores
Avda. San Francisco Javier, 9 · Edificio Sevilla 2 · Planta 11 · Módulos 25-27 · 41018 Sevilla
Teléfono: 954 784 411 · WEB: www.mad.es · e-mail: administracion@7editores.com
ISBN: 978-84-142-9743-8
© "Editorial Mad" y "Eduforma" son nombres comerciales registrados de
7 Editores Recursos para la Cualificación Profesional y el Empleo, S.L.

Índice

C. UNIÓN EUROPEA

D. DERECHO ADMINISTRATIVO

E. FUNCIÓN PÚBLICA

F. MATERIAS TRANSVERSALES

PARTE GENERAL

A. Constitución

TEST N.º 1

La Constitución Española de 1978: Título Preliminar; Título I, De los Derechos y Deberes Fundamentales

1. ¿En qué se fundamenta la Constitución Española?

a) En un Estado social y democrático de Derecho.
b) En la indisoluble unidad de la Nación española.
c) En la independencia de los poderes del Estado.
d) En la organización territorial del Estado.

2. Según el artículo 3 de la CE, el castellano es la lengua oficial del Estado y todos los Españoles:

a) Tienen el deber de usar y el derecho de conocer el castellano.
b) Tienen el derecho y el deber de conocer el castellano.
c) Tienen el deber de conocer y el derecho de usar el castellano.
d) Tienen el derecho de conocer y usar el castellano.

3. La Constitución Española reconoce y garantiza el derecho a la autonomía:

a) De las nacionalidades que la integran.
b) De las regiones que la integran.
c) De las Comunidades Autónomas que la integran.
d) De las nacionalidades y regiones que la integran.

4. El Preámbulo de la Constitución:

a) Tiene en sí carácter de norma jurídica.
b) Es una declaración de intenciones, destinada a interpretar lo que se quiere alcanzar con el contenido normativo de la Constitución.
c) Se trata de un texto sin fuerza jurídica de obligar.
d) Las respuestas b) y c) son correctas.

5. Señala la afirmación correcta, respecto de la aprobación, ratificación y publicación de la Constitución Española:

a) Aprobada por las Cortes el 31 de octubre de 1978, ratificada por el pueblo en referéndum el 6 de diciembre de 1978 y publicada el 29 de diciembre de 1978.
b) Aprobada por las Cortes el 30 de octubre de 1978, ratificada por el pueblo en referéndum el 16 de diciembre de 1978 y publicada el 27 de diciembre de 1978.
c) Aprobada por las Cortes el 31 de octubre de 1978, ratificada por el pueblo en referéndum el 16 de diciembre de 1978 y publicada el 29 de diciembre de 1978.
d) Aprobada por las Cortes el 10 de octubre de 1978, ratificada por el pueblo en referéndum el 26 de diciembre de 1978 y publicada el 30 de diciembre de 1978.

6. ¿En qué parte de la Carta Magna se establece la exposición de motivos que impulsan la norma constitucional y los objetivos que con ella se pretenden alcanzar?

a) En el Título preliminar.
b) En el Preámbulo.
c) En el Título I.
d) En el Título II.

7. La Constitución Española fue sancionada por:

a) El Rey.
b) El Presidente del Congreso.
c) Las Cortes Generales.
d) El Presidente del Gobierno.

8. ¿Cuáles de los siguientes españoles de origen pueden ser privados de su nacionalidad?

a) Exclusivamente los miembros de grupos terroristas.
b) Los miembros de grupos terroristas y los que atenten contra el Rey u otro miembro de la Casa Real.
c) Los que atenten contra un miembro de la Familia Real o del Gobierno de la Nación.
d) Ningún español de origen podrá ser privado de su nacionalidad.

9. Según la CE son fundamentos del orden político y la paz social:

a) La dignidad de la persona, los derechos violables que les son inherentes y el respeto a la ley.
b) La dignidad de la persona, el desarrollo limitado de la personalidad y el respeto a la ley.
c) El respeto a la ley, a los reglamentos administrativos y demás disposiciones legales.
d) La dignidad de la persona, los derechos inviolables que le son inherentes, el libre desarrollo de su personalidad, el respeto a la ley y a los derechos de los demás.

10. ¿Cuál de los siguientes es considerado por la CE como uno de los valores superiores del ordenamiento jurídico?

a) La jerarquía normativa.
b) El pluralismo político.
c) La publicidad normativa.
d) La equidad.

11. La forma política del Estado español es:

a) Democracia parlamentaria.
b) Gobierno parlamentario.
c) Monarquía parlamentaria.
d) República democrática.

12. La parte de la CE que regula la estructura de los principales órganos del Estado recibe el nombre de:

a) Parte dogmática.
b) Parte orgánica.
c) Parte estatal.
d) Parte estructural.

13. Según la CE, la soberanía nacional:

a) Corresponde a las Cortes Generales, al estar compuestas por los representantes del pueblo.
b) Corresponde al Rey.
c) Reside en el pueblo español.
d) Corresponde al Gobierno de la Nación elegido directamente por el pueblo.

14. El derecho a la propiedad en nuestra Constitución es un Derecho:

a) Inherente a la condición humana.
b) Absoluto.
c) Limitado por la función social de la misma.
d) Ninguna de las respuestas anteriores es correcta.

15. ¿En qué parte de la Carta Magna se señalan los valores superiores del ordenamiento jurídico?

a) En el Preámbulo.
b) En el Título Preliminar.
c) En el Título I.
d) Ninguna respuesta es correcta.

16. ¿Cuál de las siguientes es una de las características de nuestra Constitución de 1978?

a) Consensuada.
b) Corta.
c) Conservadora.
d) Originalidad.

17. Son el fundamento del orden político y de la paz social:

a) El libre desarrollo de la personalidad.
b) Los derechos inviolables que les son inherentes.
c) El respeto a la ley y a los derechos de los demás.
d) Todas las respuestas son correctas.

18. ¿Qué quedará excluido de extradición?

a) Los delitos criminales.
b) Los delitos políticos.
c) Los actos de terrorismo.
d) Ninguno.

19. ¿Qué debe ser democrático, a tenor de lo dispuesto en la Constitución Española, en los sindicatos de trabajadores y las asociaciones empresariales?

a) Su funcionamiento.
b) Su estructura interna.
c) Su funcionamiento y estructura interna.
d) Sus órganos asamblearios.

20. ¿De cuántos Capítulos consta el Título I de la CE de 1978?

a) De tres.
b) De cinco.
c) De dos.
d) De cuatro.

21. Dispone la Carta Magna que todos contribuirán al sostenimiento de los gastos públicos de acuerdo con su capacidad económica mediante un sistema tributario justo inspirado en los principios de:

a) Legalidad y equidad.
b) Igualdad y progresividad.
c) Publicidad y legalidad.
d) Eficacia y sostenibilidad.

22. Las primeras elecciones democráticas celebradas en España tras la muerte de Franco tuvieron lugar en:

a) 1975.
b) 1976.
c) 1977.
d) 1978.

23. El referéndum en el que se aprobó popularmente la Constitución se llevó a efecto el:

a) 27 de diciembre de 1978.
b) 6 de diciembre de 1978.
c) 31 de octubre de 1978.
d) 29 de diciembre de 1979.

24. La ponencia encargada de redactar el borrador de la Constitución se constituyó en el:

a) Senado.
b) Senado y Congreso de los Diputados.
c) Congreso de los Diputados.
d) Gobierno de la Nación.

25. Si un poder público, en su actuación, infringe lo dispuesto en el Preámbulo de la Constitución:

a) Incurre en nulidad.
b) Incurre en inconstitucionalidad.
c) No pasa nada salvo que, como consecuencia de esa actuación, se infrinja un artículo de la propia Constitución.
d) Nada de lo anterior es cierto.

26. El principio en virtud del cual el ciudadano está amparado por una legislación no sujeta a continuos vaivenes es el de:

a) Legalidad.
b) Publicidad normativa.
c) Seguridad jurídica.
d) Jerarquía normativa.

27. El principio en virtud del cual un Reglamento no puede contradecir una ley es el de:

a) Legalidad.
b) Jerarquía normativa.

c) Las respuestas a) y b) son correctas.

d) Seguridad jurídica.

28. Según la Constitución, una norma que imponga una nueva pena más leve para un delito:

a) No se aplica retroactivamente.

b) Puede aplicarse retroactivamente.

c) Ha de ser reglamentaria.

d) Atenta contra el principio de legalidad penal si se aplica retroactivamente.

29. Todos los españoles, respecto al castellano, tienen el:

a) Derecho-deber de conocerlo.

b) Derecho de usar y deber de conocerlo.

c) Derecho-deber de usarlo.

d) Nada de lo anterior.

30. La capital del Estado en España es:

a) La propia de cada Comunidad Autónoma.

b) La villa de Madrid.

c) Aquella donde se establezca en cada momento el Gobierno de la Nación.

d) Aquella en la que resida generalmente el Rey.

31. Las Comunidades Autónomas deben usar o instalar la bandera española:

a) En sus edificios.

b) En los actos oficiales.

c) Cuando lo solicite el Delegado del Gobierno de la Nación en las mismas.

d) Cuando lo estimen oportuno.

32. Deben tener una estructura interna y un funcionamiento democrático los/las:

a) Partidos Políticos.

b) Colegios Profesionales.

c) Organizaciones Profesionales.

d) Todos ellos.

33. La defensa de la integridad territorial de España se atribuye por la Constitución a/al/a las:

a) Fuerzas y Cuerpos de Seguridad.

b) Fuerzas Armadas.

c) Gobierno de la Nación.

d) Todas las anteriores.

TEST N.º 1 ||||

34. El derecho a la vida se consagra en el siguiente artículo de la Constitución:

a) 10.
b) 16.
c) 15.
d) 24.

35. La pena de muerte en España:

a) Ha quedado abolida.
b) Puede aplicarse en cualquier momento.
c) Solo se aplicará, en tiempo de guerra, a los militares.
d) Rige solo en el ámbito civil.

36. La inmediata puesta a disposición judicial derivada del *habeas corpus*, se produce por:

a) Detención ilegal.
b) Prisión ilegal.
c) Prisión preventiva.
d) Detención preventiva.

37. El proceso en el que se enjuicie a un presunto delincuente debe:

a) Ser sumario.
b) No dilatarse.
c) Entorpecer los instrumentos probatorios.
d) Nada de lo anterior es cierto.

38. La entrada en un domicilio en caso de flagrante delito, sin autorización de su titular:

a) Puede dar lugar a la aplicación del habeas corpus.
b) Requiere autorización previa de la autoridad judicial.
c) Puede efectuarse en todo momento.
d) No puede realizarse en momento alguno.

39. Cuando, al conocerse la comisión de un delito por una persona, se acude a su domicilio para detenerla:

a) Está obligada a franquear la entrada.
b) Se necesitará autorización judicial para entrar, si no da su consentimiento para ello.
c) Pese a que no dé su consentimiento, se puede entrar.
d) Nada de lo anterior es correcto.

40. La autorización previa para celebrar una manifestación pública:

a) La da el Subdelegado del Gobierno en la Provincia.
b) Es ineludible.
c) Sería inconstitucional.
d) Se da cuando no se prevean alteraciones al orden público, con peligro para personas o bienes.

41. El tipo de sufragio que consagra la Constitución es el:

a) Proporcional.
b) Universal.
c) Censitario.
d) Las respuestas a) y b) son correctas.

42. Además de la no autoinculpación, la Constitución prevé que no se está obligado a declarar sobre un hecho presuntamente delictivo en caso de:

a) Parentesco y afinidad.
b) Cláusula de conciencia.
c) Secreto profesional.
d) Las respuestas a) y b) son correctas.

43. Una vez declarado el estado de excepción no se puede suspender el derecho/libertad de:

a) Huelga.
b) Enseñanza.
c) Adopción de medidas de conflicto colectivo.
d) Libertad de circulación.

44. Durante el estado de excepción, un detenido conserva el derecho de/a:

a) Setenta y dos horas para ser puesto a disposición judicial.
b) Secreto de comunicaciones.
c) Asistencia de Letrado.
d) Ninguno de ellos.

45. Se puede suspender, con motivo de investigaciones relativas a bandas armadas, el derecho de:

a) Huelga.
b) Inviolabilidad del domicilio.
c) Libertad de circulación.
d) Las respuestas b) y c) son correctas.

Solución al test n.º 1

1. b) En la indisoluble unidad de la Nación española.

2. c) Tienen el deber de conocer y el derecho de usar el castellano.

3. d) De las nacionalidades y regiones que la integran.

4. d) Las respuestas b) y c) son correctas.

5. a) Aprobada por las Cortes el 31 de octubre de 1978, ratificada por el pueblo en referéndum el 6 de diciembre de 1978 y publicada el 29 de diciembre de 1978.

6. b) En el Preámbulo.

7. a) El Rey.

8. d) Ningún español de origen podrá ser privado de su nacionalidad.

9. d) La dignidad de la persona, los derechos inviolables que le son inherentes, el libre desarrollo de su personalidad, el respeto a la ley y a los derechos de los demás.

10. b) El pluralismo político.

11. c) Monarquía parlamentaria.

12. b) Parte orgánica.

13. c) Reside en el pueblo español.

14. c) Limitado por la función social de la misma.

15. b) En el Título Preliminar.

16. a) Consensuada.

17. d) Todas las respuestas son correctas.

18. b) Los delitos políticos.

19. c) Su funcionamiento y estructura interna.

20. b) De cinco.

21. b) Igualdad y progresividad.

22. c) 1977.

23. b) 6 de diciembre de 1978.

24. c) Congreso de los Diputados.

25. c) No pasa nada, salvo que, como consecuencia de esa actuación, se infrinja un artículo de la propia Constitución.

26. c) Seguridad jurídica.

27. c) Las respuestas a) y b) son correctas.

28. b) Puede aplicarse retroactivamente.

29. b) Derecho de usar y deber de conocerlo.

30. b) La villa de Madrid.

31. b) En los actos oficiales.

32. d) Todos ellos.

33. b) Fuerzas Armadas.

34. c) 15.

35. a) Ha quedado abolida.

36. a) Detención ilegal.

37. b) No dilatarse.

38. c) Puede efectuarse en todo momento.

39. b) Se necesitará autorización judicial para entrar, si no da su consentimiento para ello.

40. c) Sería inconstitucional.

41. b) Universal.

42. c) Secreto profesional.

43. b) Enseñanza.

44. c) Asistencia de Letrado.

45. b) Inviolabilidad del domicilio.

TEST N.º 2

La Constitución Española de 1978: Título IV, Del Gobierno y la Administración; Título V, De las relaciones entre el Gobierno y las Cortes Generales

1. Según exige la Constitución Española, el Congreso de los Diputados otorga su confianza al candidato a la Presidencia del Gobierno:

a) Por mayoría especial de 3/5 de sus miembros.
b) Por mayoría cualificada de 2/3 de sus miembros.
c) Por mayoría absoluta de sus miembros.
d) Por mayoría simple de sus miembros.

2. El Rey propone al candidato a la Presidencia del Gobierno:

a) Mediante Real Decreto.
b) A través del Presidente del Gobierno saliente.
c) A través del Presidente del Congreso.
d) Ninguna respuesta es correcta.

3. La acusación de traición al Presidente y demás miembros del Gobierno en el ejercicio de sus funciones, puede ser planteada por:

a) Cualquier ciudadano mediante la acción popular.
b) Las Cortes Generales.
c) La cuarta parte de los miembros del Congreso de los Diputados.
d) El Rey.

4. Los miembros del Gobierno de la Nación serán nombrados por:

a) El Presidente del Gobierno.
b) El Rey, a propuesta del Presidente del Gobierno.
c) El Presidente del Congreso.
d) La mayoría simple de los Diputados.

5. El Presidente del Gobierno es elegido por:

a) Las Cortes.
b) El Congreso de los Diputados.
c) El Rey.
d) Directamente por los electores.

6. El Gobierno español es un órgano:

a) Presidencialista.
b) Colegiado.
c) Unipersonal.
d) Cameralista.

7. Según la Constitución, la Administración Pública ha de actuar de acuerdo con los principios de:

a) Descentralización y desconcentración.
b) Unidad y variedad.
c) Coordinación y tutela.
d) Jerarquía y delegación.

8. El control de la potestad reglamentaria del Gobierno corresponde:

a) Al Congreso.
b) Al Senado.
c) Al Tribunal de Cuentas.
d) A los Tribunales según la materia.

9. La prerrogativa real de gracia no será aplicable a:

a) Los Ministros.
b) Los Secretarios de Estado.
c) Los Subsecretarios.
d) Podrá aplicarse a todos los anteriores.

10. Según la Constitución, ¿cuál de los siguientes órganos dirige la defensa del Estado?

a) El Rey.
b) La Junta de Defensa Nacional.
c) El Ministerio de Defensa.
d) El Gobierno.

11. El debate para la elección de Presidente del Gobierno se denomina:

a) Moción.
b) Elección.
c) Investidura.
d) Propuesta.

12. ¿Cuál de las siguientes afirmaciones es correcta?

a) Los Ministros sin cartera tienen menos rango administrativo y político que el resto de los Ministros.
b) Todos los Ministros tienen idéntico rango político y administrativo.
c) Unos Ministros, denominados de Estado, tienen preferencia sobre los demás.
d) Los Ministros que cuentan con Secretarios de Estado tienen un nivel administrativo superior a los demás.

13. ¿Cómo se nombran los Ministros?

a) Por el Rey, a propuesta del Presidente del Gobierno, previo acuerdo del Consejo de Ministros.
b) Por el Rey, a propuesta del Presidente del Gobierno.
c) Por el Presidente del Gobierno, previo acuerdo del Consejo de Ministros.
d) Por el Rey, a propuesta del Presidente del Congreso.

14. El Presidente del Gobierno es nombrado por:

a) Las Cortes.
b) El Rey.
c) El Congreso de los Diputados.
d) El Senado.

15. Al Vicepresidente del Gobierno lo nombra:

a) El Presidente del Gobierno.
b) El Rey a propuesta del Presidente del Gobierno.
c) El Presidente del Congreso.
d) El Presidente del Tribunal Constitucional.

16. ¿El Presidente del Gobierno puede ejercer una actividad profesional?

a) No.
b) Sí.
c) Sólo en el sector público.
d) Sólo en el sector privado.

17. Mediante el voto de investidura, según nuestra Constitución:

a) Las Cortes otorgan su confianza al Rey cuando es proclamado Jefe de Estado.

b) El Gobierno presenta la cuestión de confianza a las Cortes.

c) El Congreso de los Diputados manifiesta su confianza con la persona que el Rey ha propuesto como Presidente.

d) El Congreso de los Diputados o el Senado, según los casos, presenta un voto de censura contra el Gobierno.

18. La Administración Pública actúa –entre otros– de acuerdo con el principio de jerarquía:

a) Solamente la Autonómica.

b) Sí.

c) Sólo la Administración Local.

d) Sólo la Administración Central.

19. El supremo órgano consultivo del Gobierno es:

a) El Consejo Económico y Social.

b) El Consejo General del Poder Judicial.

c) El Consejo de Estado.

d) El Tribunal Constitucional.

20. El candidato propuesto a Presidente del Gobierno deberá alcanzar en segunda votación:

a) Mayoría de 3/5.

b) Mayoría absoluta en el Congreso.

c) Mayoría simple en el Congreso.

d) Mayoría de 2/3.

21. No corresponde al Gobierno:

a) Aprobar los presupuestos Generales del Estado.

b) Dirigir la Defensa Nacional.

c) Ejercer la Potestad Reglamentaria.

d) Dirigir la Administración Militar.

22. Los Ministros son propuestos por:

a) El Rey.

b) El Presidente del Gobierno.

c) El Consejo de Ministros.

d) El Congreso de los Diputados.

23. El Gobierno se compone, según la Constitución, de:

a) El Presidente y los Ministros.
b) El Presidente, los Vicepresidentes en su caso, los Ministros y los demás miembros que establezca la Ley.
c) El Presidente, el Vicepresidente, los Ministros y los Subsecretarios.
d) Votación en el Congreso de los Diputados.

24. Indica cuál de los actos que se enumeran no forma parte del proceso de designación del Presidente del Gobierno:

a) Consultas previas del Rey con los representantes de los partidos con representación parlamentaria.
b) Exposición por el candidato de su programa al Congreso y votación de confianza por mayoría absoluta.
c) Ratificación de la confianza por el Senado.
d) Votación en el Congreso de los Diputados.

25. Según la Constitución, dirigir la Administración Militar es función del:

a) El Gobierno y las Cortes.
b) El Parlamento.
c) El Gobierno.
d) No lo determina.

26. La responsabilidad criminal de un Ministro es exigible ante:

a) Los Tribunales Superiores de Justicia.
b) Cualquier Sala del Tribunal Supremo.
c) La Sala de lo Penal del Tribunal Supremo.
d) La Audiencia Nacional, con jurisdicción en todo el territorio nacional.

27. La acusación por traición de cualquier miembro del Gobierno exige:

a) La aprobación, por mayoría simple, del Senado.
b) La aprobación del Congreso, ratificada por el Senado.
c) La aprobación, por mayoría simple, del Congreso.
d) La aprobación, por mayoría absoluta, del Congreso.

28. Según la Constitución, coordinar las funciones de todos los miembros del Gobierno, es misión de:

a) El Consejo de Ministros.
b) El Jefe de Estado.
c) El Presidente del Gobierno.
d) La Secretaría de Estado para la coordinación política.

29. ¿La Administración Pública actúa –entre otros– de acuerdo con el principio de jerarquía?

a) Sí.
b) No.
c) Sólo la Administración Local.
d) Sólo la Administración Autonómica.

30. ¿Cuál de estos principios no establece la Constitución con respecto a la actuación de la Administración?

a) Eficacia.
b) Coordinación.
c) División del trabajo.
d) Descentralización.

31. Para declarar el estado de sitio se requiere:

a) Aprobación de las Cortes Generales.
b) Mayoría absoluta del Congreso de los Diputados.
c) Autorización del Gobierno de la Nación.
d) Autorización del Rey.

32. La cuestión de confianza se considera otorgada al Gobierno cuando vote a favor de la misma la mayoría:

a) Simple del Congreso de los Diputados.
b) Absoluta del Congreso y Senado.
c) Absoluta del Senado.
d) Simple del Congreso y Senado.

33. No es función del Gobierno de la Nación:

a) Nombrar al Defensor del Pueblo.
b) Dirigir la defensa del Estado.
c) Dirigir la política interior y exterior del Estado.
d) Dictar Decretos-Leyes.

34. El artículo 113 de la Constitución Española regula:

a) Los estados de alarma, excepción y sitio.
b) La cuestión de confianza.
c) La moción de censura.
d) Todas las respuestas son falsas.

35. De conformidad con lo establecido por la Constitución, el Gobierno responde de su gestión política:

a) Ante el Tribunal Constitucional.
b) Ante el Tribunal Supremo.
c) Ante el Congreso de los Diputados.
d) Ante el Congreso y el Senado.

36. La exigencia de la responsabilidad política del Gobierno mediante la moción de censura, se lleva a cabo por:

a) Las Cortes Generales.
b) Una Comisión mixta compuesta por los portavoces de los Grupos Parlamentarios del Congreso y del Senado.
c) La Diputación Permanente del Senado.
d) El Congreso de los Diputados.

37. Para poder ser admitida una Moción de Censura, la misma deberá ser propuesta, al menos, por:

a) Dos grupos parlamentarios.
b) 35 Diputados.
c) Tres quintos de la Cámara.
d) La mayoría absoluta de los miembros de la Cámara.

38. La moción de censura ha de ser propuesta al menos por:

a) La décima parte de los Diputados.
b) Mayoría simple.
c) Mayoría absoluta.
d) Cincuenta Senadores.

39. La cuestión de confianza es planteada por:

a) Al menos la décima parte de los Diputados.
b) La mayoría de los Diputados.
c) El Gobierno.
d) El Presidente del Gobierno.

40. La confianza del Congreso se entiende otorgada al Presidente del Gobierno por:

a) Mayoría simple.
b) Mayoría absoluta.
c) Mayoría de los 3/5.
d) Mayoría de los 2/3.

41. El Gobierno responde de su gestión política:

a) Solidariamente ante las Cortes Generales.
b) Solidariamente ante el Senado.
c) Solidariamente ante el Congreso.
d) No responde en ningún caso solidariamente.

42. El Gobierno responde de su gestión política:

a) Solidariamente ante las Cortes Generales.
b) Mancomunadamente solamente ante el Congreso.
c) Mancomunadamente ante las Cortes Generales.
d) Solidariamente ante el Congreso de los Diputados.

43. La responsabilidad política del Gobierno le es exigida por el Congreso mediante:

a) La moción de censura.
b) La cuestión de confianza.
c) Interpelaciones.
d) Preguntas.

44. Entre las facultades del Presidente del Gobierno se encuentra:

a) La disolución de las Cortes Generales.
b) La propuesta de disolución de las Cortes.
c) La disolución del Consejo General del Poder Judicial.
d) La propuesta de disolución del Tribunal Constitucional.

45. La responsabilidad del Gobierno ante el Congreso es de carácter:

a) Personal.
b) Individual.
c) Solidario.
d) Subsidiado.

46. ¿Los miembros del Gobierno pueden hablar en las Cámaras?

a) Nunca.
b) Siempre que lo deseen.
c) Sólo si son parlamentarios.
d) Sólo en el caso de ser reprobados.

47. ¿Toda interpelación al Gobierno podrá dar lugar a una moción?

a) Sí.
b) No, nunca.
c) Sólo en asuntos exteriores.
d) Sólo en asuntos de defensa.

48. ¿Qué número de Diputados es necesario para interponer una moción de censura?

a) Mayoría simple de la Cámara.
b) Una décima parte de la Cámara.
c) Mayoría absoluta de la Cámara.
d) Dos tercios de la Cámara.

49. Declarado el estado de alarma:

a) Se dará cuenta al Consejo de Ministros, sin cuya autorización no podrá ser prorrogado el plazo inicial.
b) Se dará cuenta al Rey, sin cuya autorización no podrá ser prorrogado el plazo inicial de duración.
c) Se dará cuenta al Congreso de los Diputados, sin cuya autorización no podrá ser prorrogado dicho plazo.
d) Se dará cuenta al Congreso de los Diputados, siendo improrrogable el plazo inicialmente marcado para la duración del estado de alarma.

50. La moción de censura no podrá ser votada hasta que, desde su presentación, hayan transcurrido:

a) Cinco días.
b) Siete días.
c) Diez días.
d) Treinta días.

51. ¿Ante quién responde solidariamente el Gobierno de su gestión política?

a) Ante el pueblo español.
b) Ante las Cortes Generales.
c) Ante el Congreso de los Diputados.
d) Ante el Rey.

52. La disolución de las Cámaras será decretada por:

a) El Rey.
b) El Presidente del Congreso.
c) El Presidente del Gobierno.
d) El Gobierno de la Nación.

53. El ámbito territorial, duración y condiciones del estado de sitio serán determinados por:

a) Las Cortes Generales.
b) El Congreso.
c) El Rey.
d) El Gobierno.

54. El Estado de alarma:

a) Será declarado por el Gobierno mediante decreto acordado en Consejo de Ministros, previa autorización del Congreso de los Diputados.

b) Será declarado por el Gobierno mediante decreto acordado en Consejo de Ministros por un plazo máximo de quince días, dando cuenta al Congreso de los Diputados, reunido inmediatamente al efecto y sin cuya autorización no podrá ser prorrogado dicho plazo.

c) Será declarado por el Gobierno mediante decreto acordado en Consejo de Ministros por un plazo máximo de quince días, previa autorización del Congreso de los Diputados, reunido inmediatamente al efecto y sin cuya autorización no podrá ser prorrogado dicho plazo.

d) Será declarado por la mayoría absoluta del Congreso de los Diputados, a propuesta exclusiva del Gobierno.

55. ¿Qué mayoría es necesaria para que se entienda aprobada una moción de censura?

a) Mayoría simple.
b) Mayoría absoluta.
c) Mayoría de 2/3.
d) Mayoría de 1/3.

56. Los signatarios de una moción de censura no pueden presentar otra en:

a) La misma legislatura.
b) El mismo período de sesiones.
c) En ningún momento.
d) En la misma Cámara.

57. Las interpelaciones al Gobierno de la Nación pueden dar lugar, por sí mismas, a:

a) Una moción.
b) Una moción de censura.
c) Una cuestión de confianza.
d) Todo lo anterior.

58. La responsabilidad solidaria del Gobierno de la Nación ante el Congreso de los Diputados significa que:

a) Cada Ministro está sometido a las interpelaciones de las mismas.
b) El Gobierno de la Nación en sí responde ante el Congreso de los Diputados y no cada uno de sus miembros individualmente considerado.
c) El Presidente es el que responde.
d) Solo puede ser obligado a dimitir por unanimidad.

59. La responsabilidad solidaria del Gobierno de la Nación ante el Congreso de los Diputados es de carácter:

a) Judicial.
b) Administrativo.
c) Político.
d) De los tres tipos anteriores.

60. La responsabilidad del Gobierno de la Nación ante el Senado es:

a) Mancomunada.
b) Individual.
c) Solidaria.
d) Inexistente.

61. El tiempo mínimo previsto para interpelaciones en las Cortes Generales al Gobierno de la Nación es:

a) Semanal.
b) Trimestral.
c) Mensual.
d) En cada período de sesiones.

62. Las interpelaciones al Gobierno de la Nación pueden dar lugar, por sí mismas, a:

a) Una moción.
b) Una moción de censura.
c) Una cuestión de confianza.
d) Todo lo anterior.

63. El pronunciamiento sobre la cuestión de confianza es competencia del/de las:

a) Congreso de los Diputados exclusivamente.
b) Senado cuando se plantee ante él.
c) Congreso de los Diputados y Senado.
d) Propio Gobierno de la Nación.

64. La cuestión de confianza se plantea por el:

a) Presidente del Gobierno de la Nación.
b) Gobierno de la Nación en sí.
c) Congreso de los Diputados.
d) Cualquier Ministro.

65. Respecto al planteamiento de la cuestión de confianza, el Consejo de Ministros:

a) Decide.
b) Debe dictaminarlo favorablemente.
c) Delibera.
d) No tiene nada que hacer.

66. Los signatarios de una moción de censura no pueden presentar otra en el/la:

a) Misma legislatura.
b) Mismo período de sesiones.
c) Ningún momento.
d) Misma Cámara.

67. La disolución anticipada del Congreso de los Diputados o del Senado, se decreta por el:

a) Presidente del Gobierno de la Nación.
b) Presidente de la Cámara.
c) Rey.
d) Gobierno de la Nación en pleno.

68. La declaración del estado de alarma lo es por el/las:

a) Cortes Generales.
b) Gobierno de la Nación, por quince días.
c) Congreso de los Diputados, por treinta días.
d) Gobierno de la Nación, por treinta días prorrogables por el Congreso de los Diputados.

69. Para los supuestos de graves alteraciones de orden público está previsto declarar el estado de:

a) Excepción.
b) Sitio.
c) Alarma.
d) Ninguno de ellos.

70. La declaración del estado de sitio se realiza por el/las:

a) Congreso de los Diputados por mayoría absoluta.
b) Gobierno de la Nación, previa autorización del Congreso de los Diputados.
c) Cortes Generales.
d) Senado por mayoría simple, a propuesta del Gobierno de la Nación.

Solución al test n.º 2

1. c) Por mayoría absoluta de sus miembros.

2. c) A través del Presidente del Congreso.

3. c) La cuarta parte de los miembros del Congreso de los Diputados.

4. b) El Rey, a propuesta del Presidente del Gobierno.

5. b) El Congreso de los Diputados.

6. b) Colegiado.

7. a) Descentralización y desconcentración.

8. d) A los Tribunales según la materia.

9. a) Los Ministros.

10. d) El Gobierno.

11. c) Investidura.

12. b) Todos los Ministros tienen idéntico rango político y administrativo.

13. b) Por el Rey, a propuesta del Presidente del Gobierno.

14. b) El Rey.

15. b) El Rey a propuesta del Presidente del Gobierno.

16. a) No.

17. c) El Congreso de los Diputados manifiesta su confianza con la persona que el Rey ha propuesto como Presidente.

18. b) Sí.

19. c) El Consejo de Estado.

20. c) Mayoría simple en el Congreso.

21. a) Aprobar los presupuestos Generales del Estado.

22. b) El Presidente del Gobierno.

23. b) El Presidente, los Vicepresidentes en su caso, los Ministros y los demás miembros que establezca la Ley.

24. c) Ratificación de la confianza por el Senado.

25. c) El Gobierno.

26. c) La Sala de lo Penal del Tribunal Supremo.

27. d) La aprobación, por mayoría absoluta, del Congreso.

28. c) El Presidente del Gobierno.

29. a) Sí.

30. c) División del trabajo.

31. b) Mayoría absoluta del Congreso de los Diputados.

32. a) Simple del Congreso de los Diputados.

33. a) Nombrar al Defensor del Pueblo.

34. c) La moción de censura.

35. c) Ante el Congreso de los Diputados.

36. d) El Congreso de los Diputados.

37. b) 35 Diputados.

38. a) La décima parte de los Diputados.

39. d) El Presidente del Gobierno.

40. a) Mayoría simple.

41. c) Solidariamente ante el Congreso.

42. d) Solidariamente ante el Congreso de los Diputados.

43. a) La moción de censura.

44. b) La propuesta de disolución de las Cortes.

45. c) Solidario.

46. b) Siempre que lo deseen.

47. a) Sí.

48. b) Una décima parte de la Cámara.

49. c) Se dará cuenta al Congreso de los Diputados, sin cuya autorización no podrá ser prorrogado dicho plazo.

50. a) Cinco días.

51. c) Ante el Congreso de los Diputados.

52. a) El Rey.

53. b) El Congreso.

54. b) Será declarado por el Gobierno mediante decreto acordado en Consejo de Ministros por un plazo máximo de quince días, dando cuenta al Congreso de los Diputados, reunido inmediatamente al efecto y sin cuya autorización no podrá ser prorrogado dicho plazo.

55. b) Mayoría absoluta.

56. b) El mismo período de sesiones.

57. a) Una moción.

58. b) El Gobierno de la Nación en sí responde ante el Congreso de los Diputados y no cada uno de sus miembros individualmente considerado.

59. c) Político.

60. d) Inexistente.

61. a) Semanal.

62. a) Una moción.

63. a) Congreso de los Diputados exclusivamente.

64. a) Presidente del Gobierno de la Nación.

65. c) Delibera.

66. b) Mismo período de sesiones.

67. c) Rey.

68. b) Gobierno de la Nación, por quince días.

69. a) Excepción.

70. a) Congreso de los Diputados por mayoría absoluta.

TEST N.º 3

La Constitución Española de 1978: Título VIII, De la organización territorial del Estado

1. Según la Constitución, las entidades que forman parte de la organización territorial del Estado tienen la nota común de:

a) Autogobierno.
b) Independencia.
c) Autonomía.
d) Financiación propia.

2. La titularidad de la soberanía española radica en el/las:

a) Cortes Generales como representantes del pueblo español.
b) Rey como Jefe del Estado.
c) Pueblo mismo.
d) Nacionalidades y regiones que integran España.

3. No pueden constituirse en Comunidades Autónomas los territorios:

a) Que no estén integrados en la organización provincial.
b) Que, no siendo superiores a una provincia, tengan entidad regional histórica.
c) Que, no siendo superiores a una provincia, no tengan entidad regional histórica.
d) Interinsulares.

4. La vía ordinaria de acceso a la autonomía por el artículo 143 de la Constitución se sigue por los/las:

a) Provincias con entidad regional histórica.
b) Territorios que en el pasado hubieren plebiscitado afirmativamente proyecto de Estatuto de Autonomía.
c) Provincia sin entidad regional histórica directamente.
d) Supuestos especiales de Ceuta, Melilla y Gibraltar.

5. Entre las determinaciones de los Estatutos de Autonomía no es necesario incluir la:

a) Delimitación de su territorio.
b) Denominación de las instituciones autónomas propias.
c) Denominación de la Comunidad.
d) Denominación, organización y sede de sus instituciones administrativas.

6. En las Comunidades Autónomas que siguen la vía común, el Proyecto de Estatuto será elaborado por la/los:

a) Asamblea de Parlamentarios que se constituye al efecto.
b) Comisión Constitucional del Congreso de los Diputados.
c) Diputación Provincial correspondiente.
d) Miembros de la Diputación u órgano interinsular y por los Diputados y Senadores elegidos por ellas.

7. El voto de ratificación por los Plenos del Senado y del Congreso de los Diputados se dará en el/las:

a) Comunidades Autónomas que siguen la vía común.
b) Comunidades Autónomas que siguen la vía especial.
c) Acceso a la autonomía de Ceuta y Melilla.
d) Acceso a la autonomía de Gibraltar.

8. La responsabilidad política del Presidente de una Comunidad Autónoma se exige por el/la:

a) Sala de lo Penal del Tribunal Supremo.
b) Congreso de los Diputados.
c) Tribunal Superior de Justicia de la Comunidad Autónoma.
d) Asamblea Legislativa de la Comunidad Autónoma.

9. La Asamblea Legislativa de las Comunidades Autónomas se elige:

a) Con criterios de representación territorial.
b) Con criterios de representación proporcional.
c) Por sufragio individual.
d) Con criterios de representación provincial.

10. El principio de coordinación con la Hacienda estatal se consigue por:

a) El Fondo de Compensación Interterritorial.
b) Los preceptos de las sucesivas Leyes de Presupuestos Generales del Estado.
c) La creación del Consejo de Política Fiscal y Financiera de las Comunidades Autónomas.
d) Imperativo de la propia Constitución.

11. Los Estatutos de Autonomía deberán contener el/la/las:

a) Competencias que se dejan al Estado y las que asume la Comunidad.
b) Competencias que, en función de la Constitución, asume cada Comunidad Autónoma.
c) Desarrollo de la Administración Autonómica.
d) División provincial y órganos de gobierno.

12. En la reforma de los Estatutos intervienen las Cortes Generales:

a) Siempre.
b) Nunca.
c) Sólo cuando se trata de Comunidades Autónomas que accedieron por la vía común.
d) En las Comunidades Autónomas de vía especial exclusivamente.

13. Los miembros de las Diputaciones u órganos interinsulares intervienen en la elaboración de los Estatutos de Autonomía:

a) En todo caso.
b) Nunca.
c) En las Comunidades Autónomas de vía común.
d) En las Comunidades Autónomas de vía especial.

14. Los Estatutos de Autonomía en la vía común se aprueban por el:

a) Congreso de los Diputados mediante Ley Orgánica.
b) Congreso de los Diputados y Senado por Ley Orgánica.
c) Congreso de los Diputados y Senado por Ley ordinaria.
d) Parlamento Autonómico solamente.

15. La más alta representación de una Comunidad Autónoma la ostenta el:

a) Presidente del Parlamento Autonómico.
b) Presidente de la Comunidad Autónoma.
c) Rey.
d) Presidente del Gobierno de la Nación.

16. La asunción de competencias y de mayor autonomía por las Comunidades Autónomas es, como regla general:

a) Regresiva.
b) Progresiva.
c) Automática.
d) Inmediata.

17. En la elaboración por la vía común de los Estatutos de Autonomía:

a) No intervienen los Municipios afectados.
b) Intervendrán en todo caso.
c) Sólo intervienen las Diputaciones Provinciales u órganos interinsulares.
d) Sólo intervienen los Municipios y los Diputados y Senadores.

18. El principio de solidaridad consagrado por el artículo 138 de la Constitución exige una atención especial a:

a) Las Comunidades Autónomas de economía más deprimida.
b) Las Entidades locales de ámbito territorial inferior al municipal.
c) Todas las partes del territorio nacional.
d) Las Islas.

19. La federación de Comunidades Autónomas, según la Constitución:

a) Sólo se permite respecto de las limítrofes.
b) Requiere Ley Orgánica de las Cortes Generales.
c) Ha de efectuarse previa reforma de la propia Constitución.
d) Está absolutamente prohibida.

20. No es elemento del Municipio el/la/las:

a) Organización.
b) Territorio.
c) Competencias.
d) Población.

Solución al test n.º 3

1. c) Autonomía.

2. c) Pueblo mismo.

3. d) Interinsulares.

4. a) Provincias con entidad regional histórica.

5. d) Denominación, organización y sede de sus instituciones administrativas.

6. d) Miembros de la Diputación u órgano interinsular y por los Diputados y Senadores elegidos por ellas.

7. b) Comunidades Autónomas que siguen la vía especial.

8. d) Asamblea Legislativa de la Comunidad Autónoma.

9. b) Con criterios de representación proporcional.

10. c) La creación del Consejo de Política Fiscal y Financiera de las Comunidades Autónomas.

11. b) Competencias que, en función de la Constitución, asume cada Comunidad Autónoma.

12. a) Siempre.

13. c) En las Comunidades Autónomas de vía común.

14. b) Congreso de los Diputados y Senado por Ley Orgánica.

15. b) Presidente de la Comunidad Autónoma.

16. b) Progresiva.

17. a) No intervienen los Municipios afectados.

18. d) Las Islas.

19. d) Está absolutamente prohibida.

20. c) Competencias.

B. Organización de la Comunitat Valenciana

TEST N.º 4

**El Estatuto de Autonomía de la Comunitat Valenciana: Título I,
La Comunitat Valenciana; Título II, De los derechos de los
valencianos y valencianas; Título III, La Generalitat;
Título IV, Las competencias**

1. Les Corts designarán los Senadores que le correspondan para representar la Comunitat Valenciana de conformidad:

a) Con la Ley Electoral General Estatal.
b) Con el Reglamento de Les Corts.
c) Con la Ley de Designación de Senadores en representación de la Comunidad Autónoma.
d) Con la Ley Electoral Valenciana.

2. La Ley Electoral Valenciana precisará, para su aprobación:

a) 2/3 partes de Les Corts.
b) Mayoría absoluta de Les Corts.
c) 3/5 partes de Les Corts.
d) 2/5 partes de Les Corts.

3. Las leyes de la Generalitat serán publicadas:

a) En el Boletín Oficial del Estado, en las dos lenguas oficiales.
b) En el Diario Oficial de la Generalitat.
c) En el Boletín Oficial del Estado, en los quince días siguientes a su aprobación.
d) En el Diario Oficial de la Generalitat con carácter inmediato.

4. ¿Cuál de las siguientes no es función de Les Corts?

a) Exigir la responsabilidad política de un Conseller.
b) Controlar la acción del Consell.
c) Controlar parlamentariamente a la Administración que esté bajo la autoridad de la Generalitat.
d) Interponer recursos de inconstitucionalidad.

5. ¿Cuál de las siguientes no es función de Les Corts?

a) Crear comisiones especiales de investigación.
b) Nombrar al President de la Generalitat.
c) Aprobar las emisiones de deuda pública.
d) Solicitar al Gobierno del Estado la adopción de proyectos de ley.

6. La iniciativa legislativa de Les Corts será ejercida por:

a) Los grupos parlamentarios, exclusivamente.
b) Únicamente por los diputados y diputadas.
c) El Consell, los diputados y diputadas de Les Corts, y los grupos parlamentarios de Les Corts.
d) El Consell exclusivamente.

7. El Reglamento de Les Corts:

a) Es una norma de rango inferior a ley.
b) Es una norma de rango equivalente al Estatuto de Autonomía.
c) Es una norma administrativa.
d) Tiene rango de ley.

8. El aforamiento de un Diputado o Diputada de Les Corts:

a) Supone la inviolabilidad del mismo.
b) Se extiende a responsabilidad penal y civil.
c) Supone la inmunidad del mismo.
d) Supone que su responsabilidad penal o civil será exigida siempre ante el Tribunal Superior de Justicia de la Comunitat Valenciana.

9. El President de la Generalitat podrá disolver Les Corts:

a) En la forma que determine el Estatuto de Autonomía.
b) En la forma que determine la Ley del Consell.
c) En la forma que determine la Ley Electoral Valenciana.
d) En la forma que determine el Reglamento de Les Corts.

10. Para que Les Corts celebren sesiones en lugar distinto a su sede oficial:

a) Se precisará conformidad del Consell.
b) Se precisa decisión en tal sentido del Consell y de los órganos de gobierno de Les Corts.
c) Se necesita decisión en tal sentido del Presidente del Consell.
d) Se precisa decisión en tal sentido de los órganos de gobierno de Les Corts.

11. Para determinados efectos, el mandato de los Diputados de Les Corts concluye:

a) El día en que se convocan las elecciones.
b) El día en que se celebran las elecciones.
c) El día de antes al de celebración de las elecciones.
d) El día siguiente al que se convocan las elecciones.

12. Las sesiones del Pleno de Les Corts:

a) Tienen que ser públicas salvo en los supuestos en que la ley permita lo contrario.
b) Tienen que ser públicas.
c) Tienen que ser públicas salvo en los supuestos en que el Reglamento de Les Corts permita lo contrario.
d) Tienen que ser públicas salvo en las materias en que el Estatuto de Autonomía permite lo contrario.

13. La denominación del Título III del Estatuto de Autonomía es:

a) La Generalitat
b) Los órganos de la Generalitat.
c) El Gobierno de la Generalitat.
d) Instituciones de la Comunidad Valenciana.

14. Según el Estatuto de Autonomía, ¿qué número de votos deberá haber obtenido el partido, federación, agrupación de electores o coalición que se hayan presentado a las elecciones para poder ser proclamados diputados electos de Les Corts?

a) El 5 % de los votos de la Comunidad.
b) El 3 % de los votos de su circunscripción electoral.
c) El número de votos que determine la Ley Electoral Valenciana.
d) El 5 % de los votos de su circunscripción electoral.

15. El Título III del Estatuto de Autonomía:

a) No tiene Capítulos.
b) Tiene 5 Capítulos.
c) Tiene 3 Capítulos.
d) Tiene 7 Capítulos.

16. Las leyes de la Generalitat son promulgadas:

a) Por el President de la Generalitat.
b) Por el Presidente de Les Corts.
c) Por el Rey.
d) Por el Consell.

17. Les Corts podrán:

a) Presentar en la Mesa del Congreso proyectos de ley y nombrar a los diputados encargados de defenderlas.

b) Solicitar al Gobierno del Estado que este realice un proyecto de ley.

c) Presentar, ante cualquiera de las Cámaras de las Cortes Generales, proyectos de ley y nombrar a los diputados encargados de defenderlas.

d) Remitir al Gobierno del Estado proyectos de ley.

18. El Título III del Estatuto de Autonomía comprende los artículos:

a) 25 a 49, inclusive.

b) 20 a 48, inclusive.

c) 24 a 52, inclusive.

d) 31 a 62, inclusive.

19. La convocatoria de una sesión extraordinaria de Les Corts se realiza por:

a) El Presidente de Les Corts.

b) El Consell.

c) El President de la Generalitat.

d) La Diputación Permanente de Les Corts.

20. Los acuerdos de Les Corts:

a) Se tomarán por mayoría absoluta salvo que el Reglamento de las mismas disponga lo contrario.

b) Se tomarán siempre por mayoría absoluta o por mayoría simple.

c) Se tomarán por mayoría simple, salvo que la ley disponga otra cosa.

d) Se tomarán por mayoría simple, salvo que una disposición expresamente disponga otra cosa.

21. Los firmantes de una moción de censura que no resulte aprobada:

a) No pondrán presentar otra en el mismo año.

b) No podrán votar la siguiente que presente su grupo parlamentario en ese mandato.

c) No podrán presentar otra en el mismo periodo de sesiones.

d) No podrán presentar otra en el mismo año.

22. La proposición a Les Corts de candidato a President de la Generalitat se realizará:

a) Por los grupos parlamentarios.

b) Por el Presidente de Les Corts.

c) Por los partidos políticos con representación en Les Corts.

d) Por los grupos políticos existentes en Les Corts.

23. Si la moción de censura presentada es aprobada:

a) El candidato será nombrado President de la Generalitat.

b) El candidato se someterá a la votación de investidura.

c) El candidato solicitará la ratificación por Les Corts.

d) El candidato disolverá Les Corts, dentro del plazo marcado legalmente, y convocará elecciones.

24. El plazo para repetir la votación de nombramiento de President de la Generalitat, si en la primera no consigue la mayoría absoluta:

a) Es el mismo plazo que dispone en el Estatuto para presentar mociones de censura alternativas.

b) Es de 72 horas.

c) Es el mismo plazo que dispone el Estatuto de espera antes de votar la moción de censura.

d) Es de 48 horas.

25. El debate de elección de President de la Generalitat se realizará:

a) Conforme a las normas determinadas en el Reglamento de Les Corts.

b) Conforme a las normas determinadas en la Ley de Gobierno Valenciano.

c) Tal como determine libremente el Presidente de Les Corts.

d) Tal como determine la ley estatal aplicable.

26. Para que el Presidente del Consell presente cuestión de confianza:

a) Se precisa autorización de Les Corts.

b) Se precisa celebración de reunión y deliberación del Consell.

c) No se precisa otro requisito que la voluntad libre del Presidente.

d) Se precisará mayoría simple de Les Corts.

27. ¿Cuál de las siguientes respuestas es cierta?

a) La responsabilidad penal del Presidente del Consell se exige de la misma forma que la de los Diputados de Les Corts.

b) Al Presidente del Consell no se le puede exigir responsabilidad civil alguna.

c) El Presidente del Consell no es aforado.

d) La responsabilidad penal del Presidente del Consell, se exige de la misma forma que a los miembros del Consell.

28. La convocatoria de una consulta popular en la Comunitat Valenciana:

a) Se realizará conforme a lo que disponga exclusivamente la ley autonómica.

b) Se realizará conforme a lo que disponga la legislación estatal.

c) Se realizará teniendo en cuenta únicamente la ley autonómica cuando el asunto sometido a consulta sea local o autonómico.

d) Se realizará conforme a la norma autonómica si el objeto de la consulta es local, si es autonómica o estatal se estará a lo que disponga la legislación estatal.

29. No elegido por Les Corts el primer candidato a la Presidencia de la Generalitat propuesto:

a) El Presidente de Les Corts realizará nuevas consultas.

b) El Presidente de Les Corts las disolverá mediante decreto.

c) El Presidente de Les Corts podrá proponer otro candidato sin necesidad de realizar nuevas consultas.

d) Se verá ratificado en su cargo para un nuevo mandato el President de la Generalitat en funciones.

30. La forma de nombramiento de los miembros del Consell será regulada por:

a) Disposiciones del President de la Generalitat.

b) El Reglamento de Les Corts.

c) Ley de Les Corts.

d) Normas internas del Consell.

31. La interposición de un recurso de inconstitucionalidad:

a) Solo puede realizarlo el Consell.

b) Lo podrá realizar el Consell y Les Corts.

c) Únicamente podrá realizarlo Les Corts.

d) Lo tendrán que realizar conjuntamente el Consell y Les Corts.

32. Las normas que dicte el Consell:

a) Deberán ser publicadas en el Diario Oficial de la Generalitat.

b) Serán publicadas en el Boletín Oficial del Estado según lo que disponga la norma autonómica correspondiente.

c) Podrán, algunas de ellas, no ser publicadas en el Diario Oficial de la Generalitat.

d) Se publicarán en el Diario Oficial de la Generalitat y en el Boletín Oficial del Estado.

33. El President de la Generalitat:

a) Ostenta la más alta representación del Estado en la Comunitat Valenciana.

b) No ostenta representatividad alguna del Estado en la Comunitat Valenciana.

c) Ostenta la representación ordinaria del Estado en la Comunitat Valenciana.

d) Ostenta la representación administrativa del Estado en la Comunitat Valenciana.

34. Que el Consell establezca sedes en lugares de la Comunitat Valenciana diferentes al que tiene su sede oficial, responde al principio de:

a) Desconcentración.

b) Responsabilidad administrativa.

c) Autonomía funcional.

d) Descentralización.

35. Si el Consell presenta una cuestión de confianza respecto a un proyecto de ley:

a) La aprobación de la cuestión de confianza supone la aprobación íntegra del proyecto de ley.
b) La aprobación de la cuestión de confianza no supone que Les Corts no puedan modificar, por mayoría simple, el proyecto de ley.
c) Supone, al igual que sucede con las proposiciones de ley, la aprobación íntegra del proyecto de ley.
d) La aprobación de la cuestión de confianza no supone que Les Corts no puedan modificar, por mayoría absoluta, el proyecto de ley.

36. La moción de censura:

a) Precisa para su interposición de una décima parte de los Diputados de Les Corts y para su aprobación mayoría absoluta.
b) Precisa para su interposición de una quinta parte de los Diputados de Les Corts y para su aprobación mayoría absoluta.
c) Precisa para su interposición de una décima parte de los Diputados de Les Corts y para su aprobación mayoría simple.
d) Precisa para su interposición de una quinta parte de los Diputados de Les Corts y para su aprobación mayoría simple.

37. El Presidente de Les Corts, después de la ronda de consultas, es libre para proponer candidato a la Presidencia de la Generalitat:

a) Sí, no está sujeto a ninguna norma.
b) Sí, salvo que el Pleno de Les Corts haya impuesto alguna norma.
c) Únicamente tendrá que cumplir con lo que disponga a tal efecto el Reglamento de Les Corts.
d) No, está sujeto a los apoyos que hayan manifestado los grupos políticos de Les Corts.

38. Si hay renuncia por el President de la Generalitat a su cargo:

a) Se convocarán elecciones.
b) El Presidente de Les Corts decidirá si convoca elecciones.
c) El Presidente de Les Corts iniciará ronda de consultas con los grupos políticos de Les Corts.
d) Será el nuevo Presidente el que está obligado a convocar elecciones.

39. Los conflictos de competencia de la Comunidad con el Estado:

a) Serán interpuestos por el Consell pero precisando autorización previa de Les Corts.
b) La presentación de los mismos es competencia tanto del Consell como de Les Corts.
c) Podrán ser interpuestos por el Consell sin intervención alguna de Les Corts.
d) Deberán ser presentados por Les Corts aunque siempre a iniciativa del Consell.

40. ¿Cuál de las siguientes afirmaciones respecto a los miembros del Consell es cierta?

a) El Estatuto de Autonomía limita el número de miembros del Consell a once, incluyendo a su Presidente.

b) El Estatuto de Autonomía no limita el número de miembros del Consell.

c) El Estatuto de Autonomía limita el número de miembros del Consell a diez incluyendo su Presidente.

d) El Estatuto de Autonomía prohíbe que una ley posterior limite el número de miembros del Consell.

41. La ley que desarrolle el Consell de Justicia de la Comunitat Valenciana:

a) Deberá ser conforme con lo dispuesto en el Estatuto y con la Ley Orgánica del Poder Judicial, ley estatal.

b) Deberá ser conforme únicamente con lo dispuesto en la Constitución y en el Estatuto.

c) Deberá ser conforme con lo dispuesto en la Constitución y en la Ley Orgánica del Poder Judicial, ley autonómica.

d) Será una ley marco de competencia estatal.

42. ¿Cuál de las siguientes no es función de la Generalitat en materia de administración de Justicia?

a) Fijar la capitalidad de los órganos judiciales de su territorio.

b) Participar en la creación de Juzgados en el ámbito de su territorio.

c) Ordenar los servicios de justicia gratuita.

d) Crear los tribunales consuetudinarios y tradicionales.

43. La fijación de la doctrina en el ámbito del derecho estatal en el territorio de la Comunitat Valenciana:

a) Corresponde al Tribunal Superior de Justicia de la Comunitat Valenciana, exclusivamente.

b) Corresponde a los órganos jurisdiccionales que determine la ley estatal.

c) Corresponde al Tribunal Superior de Justicia de la Comunitat Valenciana sin perjuicio de las competencias del Tribunal Supremo.

d) Corresponde a los órganos jurisdiccionales que determine la ley votada por Les Corts.

44. Las facultades de qué órgano, tal como determina la Ley Orgánica del Poder Judicial, ejercerá la Generalitat:

a) Del Gobierno del Estado.

b) Ministerio de Justicia.

c) Tribunal Supremo.

d) Tribunal Superior de Justicia de la Comunidad Valenciana.

45. ¿Cuál de las siguientes materias es competencia del Tribunal Superior de Justicia de la Comunitat Valenciana mediante recurso de casación?

a) Materia de derecho civil foral valenciano exclusivamente.
b) Materia contencioso-administrativa y en materia de derecho civil foral valenciano.
c) Materia de Derecho Penal.
d) Materia de derecho civil foral valenciano y materia laboral.

46. La competencia del Síndic de Greuges se extiende a los derechos y libertades reconocidos:

a) En el Estatuto de Autonomía exclusivamente.
b) En el Estatuto de Autonomía y las leyes autonómicas sobre la materia.
c) En la CE y en el Estatuto de Autonomía.
d) En el ordenamiento jurídico estatal y autonómico.

47. El Consell Valencià de Cultura es una institución:

a) Normativa y asesora, exclusivamente, del Consell.
b) Consultiva de todas las instituciones públicas de la Comunitat Valenciana.
c) Normativa y asesora del Consell y de Les Corts.
d) Consultiva del Consell y de Les Corts.

48. El Presidente del Tribunal Superior de Justicia de la Comunitat Valenciana:

a) Será nombrado por el President de la Generalitat a propuesta de Les Corts.
b) Será nombrado por el Rey a propuesta del Consejo General del Poder Judicial.
c) Será nombrado por el Rey a propuesta de Les Corts.
d) Será nombrado por el Consejo General del Poder Judicial a propuesta de la Generalitat.

49. El Consell Jurídic Consultiu de la Comunitat Valenciana:

a) Es una institución pública de la Generalitat.
b) Es una institución externa a la Generalitat.
c) Es un organismo, de carácter privado, asesor de la Generalitat.
d) Es un organismo, que puede ser de carácter privado, asesor de la Generalitat.

50. La legislación concurrente que pueda dictar la Generalitat:

a) Precisa de autorización previa del Delegado del Gobierno.
b) Tiene carácter de normas de validez provisional hasta que sean ratificadas por Les Corts.
c) Seguirá vigente hasta que se dicte la ley estatal que expresamente derogue la autonómica.
d) Tiene carácter de norma de validez provisional.

51. La delegación para poder dictar normas con rango de ley:

a) La realizará Les Corts a favor del Consell.
b) La realizará el President de la Generalitat a favor de los Consellers.
c) La realizará Les Corts a favor del President de la Generalitat.
d) La realizará el Consell a favor de los Consellers.

52. Las instituciones que aparecen expresamente designadas por el Estatuto de Autonomía, deberán ser objeto de:

a) Ley de Corts aprobada por mayoría absoluta.
b) Ley de Corts aprobada por mayoría de 3/5.
c) Ley estatal.
d) Ley de Corts aprobada por mayoría de 2/3.

53. Las leyes de la Generalitat:

a) Están sujetas únicamente al control de los órganos jurisdiccionales valencianos.
b) Están sujetas únicamente al control del Síndic de Greuges.
c) Están sujetas únicamente al control del Tribunal Constitucional.
d) Están sujetas al control de los órganos jurisdiccionales y al del Tribunal Constitucional.

54. Los actos o normas reglamentarias de la Generalitat:

a) Son controlados únicamente por el Tribunal Constitucional.
b) Son controlados por Les Corts.
c) Son controlados por el Consejo de Estado.
d) Son controlados por los órganos judiciales de la jurisdicción contencioso-administrativa.

55. Los decretos leyes:

a) Al igual que los decretos legislativos, son normas de carácter provisional.
b) Deberán ser convalidados por el Estado.
c) Deberán ser sometidos a debate y votación por Les Corts.
d) Son normas legislativas provisionales del President de la Generalitat.

56. La normativa lingüística que dicte L´Acadèmia Valenciana de la Lengua:

a) Es de obligado cumplimiento por los órganos de la Administración Pública de la Comunitat Valenciana.
b) Tiene carácter orientativo para las instituciones de la Generalitat.
c) Es de obligado cumplimiento por todos los órganos e instituciones públicas y privadas con sede en la Comunitat Valenciana.
d) Tiene carácter orientativo para todos los órganos e instituciones públicas y privadas con sede en la Comunitat Valenciana.

57. ¿Puede la Generalitat convocar oposiciones a Magistrados o Jueces?

a) No, pero puede solicitar su convocatoria al órgano competente para ello.
b) Sí.
c) No, al contrario de las convocatorias para personal funcionario de la Administración de Justicia, que sí es competencia de la Generalitat.
d) Sí, al igual que las convocatorias para personal funcionario de la Administración de Justicia, que también es competencia de la Generalitat.

58. La Sindicatura de Comptes:

a) Efectúa el control externo de la actividad financiera de la Generalitat.
b) No podrá realizar control sobre los entes locales.
c) Solo podrá efectuar el control externo de la actividad financiera de la Generalitat y de los entes locales comprendidos en el territorio de la Comunitat Valenciana.
d) Podrá realizar control externo económico y presupuestario respecto a todos los órganos e instituciones, públicos o privados, comprendidos en el territorio de la Comunitat Valenciana.

59. El Comité Económico y Social:

a) Es, a diferencia de L´Acadèmia Valenciana de la Llengua, un órgano consultivo.
b) Es, como el Consell Valencià de Cultura y el Síndic de Greuges, un órgano consultivo.
c) Es, a diferencia del Consell Valencià de Cultura, un órgano consultivo.
d) Es un órgano normativo al igual que L´Acadèmia Valenciana de la Llengua.

60. El Comité Econòmic i Social realiza sus funciones:

a) En relación exclusivamente con el Consell.
b) En relación exclusivamente con el Consell y Les Corts.
c) En relación con el Consell y, en general, con las instituciones públicas de la Comunitat Valenciana.
d) En relación con el Consell y, en general, con las instituciones públicas y privadas de la Comunitat Valenciana.

61. La ejecución de la legislación de la Unión Europea:

a) Es competencia de la Generalitat.
b) Será competencia de la Generalitat en aquellas materias que le afecten.
c) Será competencia de la Generalitat en aquellas materias de las que la Generalitat tenga la competencia.
d) Será competencia del Estado salvo que el Estado delegue expresamente en la Generalitat.

62. En materia de Seguridad Social:

a) La Generalitat solo tendrá las competencias que le delegue el Estado mediante posterior ley orgánica.
b) La Generalitat no podrá legislar sobre la materia salvo en determinados supuestos.

c) La Generalitat podrá legislar sobre la materia salvo determinados supuestos.

d) La Generalitat tiene asumidas todas las competencias estatales.

63. La Generalitat:

a) Tiene asumida la gestión del catastro.

b) Podrá colaborar en la gestión del catastro con la Administración General del Estado.

c) Ejecutará las normas estatales sobre la gestión del catastro.

d) Regulará, dentro de la normativa estatal, la gestión del catastro.

64. Las competencias exclusivas que tiene la Generalitat:

a) Podrán ser ampliadas mediante ley orgánica estatal.

b) Pueden ser ampliadas posteriormente por ley.

c) No pueden ser ampliadas con tal carácter, pero sí pueden ampliarse las compartidas o de ejecución.

d) Pueden ampliarse mediante cualquier norma concertada entre el Estado y la Generalitat.

65. En cuanto a las obras públicas, será competencia exclusiva de la Generalitat:

a) Cuando estas afecten al interés general del Estado.

b) Cuando estas afecten a la Comunitat Valenciana y, aunque afecten a otra, esta otra autonomía no tenga que realizar obra alguna.

c) Aquellas que afecten a la Comunitat Valenciana y no afecten a ninguna otra Comunidad y, a la vez, no sean de interés general del Estado.

d) Cualquier obra que sea calificada así por el Consell con la ratificación del Gobierno de la Nación.

66. La ordenación del litoral:

a) Es competencia exclusiva de la Generalitat.

b) Es competencia compartida del Estado y de la Generalitat.

c) Es competencia exclusiva del Estado.

d) Es competencia compartida del Estado y de la Generalitat, y esta solo podrá ejecutar las normas estatales.

67. El artículo del Estatuto que enumera las competencias exclusivas de la Generalitat es el:

a) 53.

b) 52.

c) 41.

d) 49.

68. ¿En cuál de estas materias la Generalitat ostenta únicamente la ejecución de la legislación del Estado?

a) Fondos Europeos y estatal de garantía agraria en la Comunitat Valenciana.
b) Regulación y administración de la enseñanza.
c) Creación de centros de protección para grupos necesitados de protección especial.
d) Casinos.

69. Además de las competencias enumeradas en el Estatuto como competencia de la Generalitat, únicamente como de desarrollo legislativo y de ejecución por la misma:

a) La Generalitat puede recibir transferencias de otras con el mismo carácter por medio de ley estatal.
b) La Generalitat puede recibir transferencias de otras con el mismo carácter por medio de ley orgánica.
c) La Generalitat puede recibir transferencias de otras con el mismo carácter por medio de ley estatal concertada con ley de la Generalitat.
d) La Generalitat no puede recibir transferencias de otras con el mismo carácter salvo circunstancias excepcionales.

70. ¿Cuál de estas afirmaciones es cierta respecto a las competencias de la Generalitat?

a) La Generalitat no tiene competencia exclusiva sobre urbanismo y vivienda.
b) La Generalitat no tiene competencia exclusiva sobre alteraciones en los términos municipales.
c) La Generalitat no tiene competencia exclusiva sobre la autorización de endeudamiento de los entes locales de la Comunidad Valenciana.
d) La Generalitat no tiene competencia exclusiva sobre Servicios Sociales.

71. El Estatuto de Autonomía:

a) Prohíbe la investigación científica por medio de personas.
b) Determina que sobre la investigación científica por medio de personas Les Corts dictará la ley oportuna.
c) Determina que sobre la investigación científica por medio de personas se estará a lo que legisle el Estado.
d) Permite la investigación científica por medio de personas.

72. Según lo dispuesto en el Estatuto de Autonomía, los Notarios:

a) Deberán emplear el valenciano en el ejercicio de sus funciones.
b) Garantizarán el uso del valenciano en el ejercicio de sus funciones.
c) Deberán conocer el valenciano.
d) Deberán acreditar oficialmente su conocimiento del valenciano.

73. ¿Cuál de las siguientes afirmaciones sobre materias competencia de la Generalitat es cierta?

a) Las Apuestas Deportivas Mutuo Benéficas son competencia exclusiva de la Generalitat.

b) La estadística de interés de la Generalitat es competencia exclusiva de la misma, si bien conforme con lo que se disponga en la legislación estatal sobre la materia.

c) Las normas sobre publicidad es competencia exclusiva de la Generalitat sin perjuicio de las normas estatales respecto algunos medios específicos.

d) El régimen económico de la Seguridad Social es competencia exclusiva de la Generalitat siempre que el organismo tenga su sede en la Comunidad Valenciana.

74. La competencia exclusiva de la Generalitat sobre las instituciones de autogobierno de la Comunitat Valenciana:

a) Tienen como marco de referencia el Estatuto de Autonomía.

b) Tienen como marco de referencia la Constitución y el Estatuto de Autonomía.

c) Tienen como marco de referencia las leyes de Les Corts.

d) Tienen como marco de referencia el ordenamiento jurídico estatal.

75. Para la creación del Derecho Civil Foral Valenciano:

a) La Generalitat precisará conformidad del Estado.

b) La Generalitat precisará conformidad del Gobierno de la Nación.

c) La Generalitat no precisará conformidad alguna.

d) La Generalitat precisará conformidad de las Cortes Generales.

76. La ejecución de los planes estatales para la reestructuración de sectores industriales en el territorio de la Comunitat Valenciana:

a) Es competencia de la Generalitat.

b) Puede ser competencia de la Generalitat si el Estado delega en ella mediante ley orgánica.

c) Es competencia del Estado.

d) Es competencia del Estado si bien la Generalitat puede dictar normas complementarias.

77. La gestión del régimen económico de la Seguridad Social:

a) Es competencia de la Generalitat.

b) Es ejercida por la Generalitat dentro de lo dispuesto por la ley marco estatal.

c) Es competencia exclusiva del Estado.

d) Es ejercida por la Generalitat dentro de lo dispuesto por una ley de bases.

78. La Policía Autónoma Valenciana:

a) Será creada por norma del Consell.

b) Será regulada de conformidad con la norma estatal.

c) Sus funciones estarán determinadas únicamente por la ley de creación de la misma que dicten Les Corts.

d) Sus funciones quedarán determinadas por lo que determine el Consell.

79. ¿Cuál de las siguientes respuestas es correcta?

a) El Estatuto de Autonomía determina el destino del Real Monasterio de Santa María de la Valldigna.

b) El destino del Real Monasterio de Santa María de la Valldigna se fijará por medio de ley de Les Corts.

c) El Consell fijará el destino del Real Monasterio de Santa María de la Valldigna.

d) La Generalitat, junto con el Ministerio de Cultura, fijará el destino del Real Monasterio de Santa María de la Valldigna.

80. En la Junta de Seguridad prevista en el Estatuto de Autonomía:

a) Habrá representación de la Comunitat Valenciana, del Estado y de las entidades locales.

b) Habrá representación de la Comunitat Valenciana y de las entidades locales pero no del Estado.

c) Habrá representación del Estado y de las entidades locales, pero no de la Comunidad Valenciana.

d) Habrá representación de la Comunitat Autónoma y del Estado pero no de las entidades locales.

81. Promoverá políticas de equilibro territorial entre las zonas costeras y las zonas del interior de la Comunitat Valenciana:

a) El Estado.
b) Les Corts.
c) El President del Consell.
d) La Generalitat.

82. La Generalitat podrá solicitar a las Cortes Generales:

a) Que dicten leyes marco pero no leyes de bases en materia de competencia exclusiva del Estado.

b) Que dicten leyes de bases pero no leyes marco en materia de competencia exclusiva del Estado.

c) Que dicten leyes marco o leyes de bases en materia de competencia exclusiva del Estado.

d) Que dicten en materia de competencia exclusiva de la Generalitat leyes marco o leyes de bases.

83. La finalidad de la petición anterior es:

a) La atribución de la competencia exclusiva de la materia a favor de la Generalitat.
b) La atribución a la Generalitat de facultades legislativas de desarrollo de dichas leyes.

c) Permitir a la Generalitat la delegación de estas materias a favor de las instituciones de la misma.

d) La atribución a la Generalitat exclusivamente de la facultad de ejecución de dicha materia.

84. La renta de ciudadanía tiene como fin:

a) La igualdad entre los ciudadanos de la Comunitat Valenciana.

b) Facilitar la inserción social de los ciudadanos valencianos en estado de necesidad.

c) Facilitar la compatibilidad de la vida familiar y laboral.

d) Colaborar en establecimiento de u régimen fiscal justo y progresivo.

85. La Carta de Derechos Sociales de la Comunitat Valenciana se establece:

a) Mediante ley Estatal.

b) Mediante norma reglamentaria del Consell.

c) Mediante Decreto del Presidente de La Generalitat.

d) Mediante Ley de les Corts.

86. ¿Pueden ser exceptuados de la enseñanza y del uso de la lengua propia de la Comunitat Valenciana algún territorio?

a) Sí, siempre que el Consell así lo determine normativamente.

b) No.

c) Sí, siempre que sea establecido por ley.

d) Solo mediante reforma del Estatuto de Autonomía.

Solución al test n.º 4

1. c) Con la Ley de Designación de Senadores en representación de la Comunidad Autónoma.

2. a) 2/3 partes de Les Corts.

3. b) En el Diario Oficial de la Generalitat.

4. a) Exigir la responsabilidad política de un Conseller.

5. b) Nombrar al President de la Generalitat.

6. c) El Consell, los diputados y diputadas de Les Corts, y los grupos parlamentarios de Les Corts.

7. d) Tiene rango de ley.

8. b) Se extiende a responsabilidad penal y civil.

9. b) En la forma que determine la Ley del Consell.

10. d) Se precisa decisión en tal sentido de los órganos de gobierno de Les Corts.

11. c) El día de antes al de celebración de las elecciones.

12. c) Tienen que ser públicas salvo en los supuestos en que el Reglamento de Les Corts permita lo contrario.

13. a) La Generalitat

14. c) El número de votos que determine la Ley Electoral Valenciana.

15. d) Tiene 7 Capítulos.

16. a) Por el President de la Generalitat.

17. b) Solicitar al Gobierno del Estado que este realice un proyecto de ley.

18. b) 20 a 48, inclusive.

19. a) El Presidente de Les Corts.

20. d) Se tomarán por mayoría simple, salvo que una disposición expresamente disponga otra cosa.

21. c) No podrán presentar otra en el mismo periodo de sesiones.

22. b) Por el Presidente de Les Corts.

23. a) El candidato será nombrado Presidente de la Generalitat.

24. d) Es de 48 horas.

25. a) Conforme a las normas determinadas en el Reglamento de Les Corts.

26. b) Se precisa celebración de reunión y deliberación del Consell.

27. a) La responsabilidad penal del Presidente del Consell se exige de la misma forma que la de los Diputados de Les Corts.

28. b) Se realizará conforme a lo que disponga la legislación estatal.

29. c) El Presidente de Les Corts podrá proponer otro candidato sin necesidad de realizar nuevas consultas.

30. c) Ley de Les Corts.

31. b) Lo podrá realizar el Consell y Les Corts.

32. c) Podrán, algunas de ellas, no ser publicadas en el Diario Oficial de la Generalitat.

33. c) Ostenta la representación ordinaria del Estado en la Comunitat Valenciana.

34. d) Descentralización.

35. a) La aprobación de la cuestión de confianza supone la aprobación íntegra del proyecto de ley.

36. b) Precisa para su interposición de una quinta parte de los Diputados de Les Corts y para su aprobación mayoría absoluta.

37. d) No, está sujeto a los apoyos que hayan manifestado los grupos políticos de Les Corts.

38. c) El Presidente de Les Corts iniciará ronda de consultas con los grupos políticos de Les Corts.

39. c) Podrán ser interpuestos por el Consell sin intervención alguna de Les Corts.

40. b) El Estatuto de Autonomía no limita el número de miembros del Consell.

41. a) Deberá ser conforme con lo dispuesto en el Estatuto y con la Ley Orgánica del Poder Judicial, ley estatal.

42. d) Crear los tribunales consuetudinarios y tradicionales.

43. c) Corresponde al Tribunal Superior de Justicia de la Comunitat Valenciana sin perjuicio de las competencias del Tribunal Supremo.

44. a). Del Gobierno del Estado.

45. b) Materia contencioso-administrativa y en materia de derecho civil foral valenciano.

46. c) En la CE y en el Estatuto de Autonomía.

47. b) Consultiva de todas las instituciones públicas de la Comunitat Valenciana.

48. b) Será nombrado por el Rey a propuesta del Consejo General del Poder Judicial.

49. a) Es una institución pública de la Generalitat.

50. d) Tiene carácter de norma de validez provisional.

51. a) La realizará Les Corts a favor del Consell.

52. b) Ley de Corts aprobada por mayoría de 3/5.

53. c) Están sujetas únicamente al control del Tribunal Constitucional.

54. d) Son controlados por los órganos judiciales de la jurisdicción contencioso-administrativa.

55. c) Deberán ser sometidos a debate y votación por Les Corts.

56. a) Es de obligado cumplimiento por los órganos de la Administración Pública de la Comunitat Valenciana.

57. a) No, pero puede solicitar su convocatoria al órgano competente para ello.

58. a) Efectúa el control externo de la actividad financiera de la Generalitat.

59. a) Es, a diferencia de L´Acadèmia Valenciana de la Llengua, un órgano consultivo.

60. c) En relación con el Consell y, en general, con las instituciones públicas de la Comunitat Valenciana.

61. c) Será competencia de la Generalitat en aquellas materias de las que la Generalitat tenga la competencia.

62. c) La Generalitat podrá legislar sobre la materia salvo determinados supuestos.

63. b) Podrá colaborar en la gestión del catastro con la Administración General del Estado.

64. a) Podrán ser ampliadas mediante ley orgánica estatal.

65. c) Aquellas que afecten a la Comunitat Valenciana y no afecten a ninguna otra Comunidad y, a la vez, no sean de interés general del Estado.

66. a) Es competencia exclusiva de la Generalitat.

67. d) 49.

68. a) Fondos Europeos y estatal de garantía agraria en la Comunitat Valenciana.

69. b) La Generalitat puede recibir transferencias de otras con el mismo carácter por medio de ley orgánica.

70. c) La Generalitat no tiene competencia exclusiva sobre la autorización de endeudamiento de los entes locales de la Comunitat Valenciana.

71. d) Permite la investigación científica por medio de personas.

72. b) Garantizarán el uso del valenciano en el ejercicio de sus funciones.

73. c) Las normas sobre publicidad es competencia exclusiva de la Generalitat sin perjuicio de las normas estatales respecto algunos medios específicos.

74. a) Tienen como marco de referencia el Estatuto de Autonomía.

75. c) La Generalitat no precisará conformidad alguna.

76. a) Es competencia de la Generalitat.

77. a) Es competencia de la Generalitat.

78. b) Será regulada de conformidad con la norma estatal.

79. b) El destino del Real Monasterio de Santa María de la Valldigna se fijará por medio de ley de Les Corts.

80. d) Habrá representación de la Comunidad Autónoma y del Estado pero no de las entidades locales.

81. d) La Generalitat

82. c) Que dicten leyes marco o leyes de bases en materia de competencia exclusiva del Estado.

83. b) La atribución a la Generalitat de facultades legislativas de desarrollo de dichas leyes.

84. b) Facilitar la inserción social de los ciudadanos valencianos en estado de necesidad.

85. d) Mediante Ley de les Corts.

86. c) Sí, siempre que sea establecido por ley.

TEST N.º 5

La Ley 5/1983, de 30 de diciembre, del Consell: Título I, El President de la Generalitat; Título II, Del Consell: Capítulo I: Composición; Capítulo II: Las atribuciones; Capítulo III, Del funcionamiento; Capítulo VI: La iniciativa legislativa, los Decretos Legislativos y la potestad reglamentaria del Consell; Título III, Relaciones entre el Consell y Les Corts

1. La creación de las Secretarías Autonómicas se realizará por:

a) El President de la Generalitat.
b) El Consell.
c) El Consell a propuesta del President de la Generalitat.
d) El President de la Generalitat a propuesta del Consell.

2. En el funcionamiento del Consell, según la Ley del Consell, prima:

a) Su dirección administrativa.
b) Su dirección presidencial.
c) Su funcionamiento administrativo.
d) Sus decisiones colegiadas.

3. Que el President de la Generalitat tenga que ser miembro de Les Corts:

a) Lo establece así únicamente el Estatuto de Autonomía.
b) Lo establece así la CE (Constitución española) y el EA (Estatuto de Autonomía).
c) Lo establece así únicamente el EA y la Ley del Consell.
d) Lo establece únicamente la Ley del Consell.

4. ¿Cómo se realizará el debate del programa político de gobierno que proponga el candidato a la Presidencia de la Generalitat?

a) Conforme determina el Estatuto de Autonomía.
b) Conforme determina concretamente la Ley del Consell.
c) Conforme determina concretamente la modificación última de la Ley del Consell.
d) Conforme el Reglamento de Les Corts.

5. ¿Cuántas propuestas sucesivas puede realizar el Presidente de Les Corts a estas referente a la elección del President de la Generalitat?

a) No más de tres.
b) No más de dos.
c) No se dispone limitación ni en el EA ni en la Ley del Consell.
d) Las que disponga el Reglamento de Les Corts, tal como dispone la Ley del Consell.

6. La disolución de Les Corts por no haberse encontrado candidato a la Presidencia de la Generalitat será tomada:

a) Por acuerdo.
b) Por real decreto.
c) Por decreto ley.
d) Por decreto.

7. En el supuesto de disolución de Les Corts por no haberse encontrado candidato a la Presidencia de la Generalitat, la convocatoria de nuevas elecciones será hecha:

a) Por el President de la Generalitat en funciones.
b) Por el Consell en funciones.
c) Por el Presidente de Les Corts.
d) Por la Mesa de Les Corts.

8. ¿Cuál de las siguientes no es función del President de la Generalitat?

a) Fijar orden del día de las reuniones del Consell.
b) Firmar los decretos del Consell.
c) Levantar actas de las sesiones del Consell.
d) Coordinar la ejecución de los acuerdos del Consell.

9. Para que el President de la Generalitat pueda presentar ante Les Corts la cuestión de confianza, se precisará:

a) Deliberación del Consell.
b) Autorización del Consell.
c) Votación favorable del Consell por mayoría absoluta.
d) Acuerdo del Consell.

10. Los Consellers sin cartera:

a) Tendrán adscrita la Secretaría Autonómica de la Presidencia.
b) Podrán no tener adscritas Secretarías Autonómicas.
c) No tendrán adscritas Secretarías Autonómicas.
d) Tendrán sus correspondientes Secretarías Autonómicas.

11. ¿Cuál de las siguientes afirmaciones es cierta respecto a la elección por Les Corts del President de la Generalitat?

a) Rechazada la propuesta del primer candidato, el Presidente de Les Corts retomará la ronda de consultas.

b) El Presidente de Les Corts retomará la ronda de consultas si han transcurrido dos meses de la presentación del primer candidato.

c) Para que el Presidente de Les Corts retome la ronda de consultas será preciso que hayan sido rechazados sucesivamente dos candidatos que él haya presentado.

d) El Presidente de Les Corts no está obligado a retomar la ronda de consultas.

12. El Consell podrá retirar su proyecto de ley ante Les Corts:

a) Siempre que estas no hayan tomado acuerdo final sobre el mismo.

b) Siempre que estas no hayan comenzado la votación sobre el mismo.

c) Siempre que estas no hayan comenzado la deliberación sobre el mismo.

d) En cualquier momento anterior a la publicación oficial del mismo.

13. ¿Cuál de las siguientes afirmaciones es cierta respecto a lo dispuesto en la Ley del Consell?

a) El plazo mínimo dispuesto para la votación de la cuestión de confianza es el idéntico al plazo que debe transcurrir como mínimo entre la primera y segunda votación de investidura.

b) El plazo mínimo dispuesto para la votación de la cuestión de confianza es inferior al plazo que debe transcurrir entre la primera y segunda votación de investidura.

c) El plazo mínimo dispuesto para la votación de la cuestión de confianza es el superior al plazo que debe transcurrir como mínimo entre la primera y segunda votación de investidura.

d) Todas son falsas.

14. Los proyectos de ley sobre los que el Consell ha propuesto cuestión de confianza:

a) Tendrán que ser aprobados por mayoría cualificada.

b) Serán aprobados por mayoría simple salvo que para su aprobación se requiera mayoría cualificada.

c) Tendrán que ser aprobados por mayoría absoluta.

d) Tendrán que ser aprobados por la mayoría que determine Les Corts.

15. La emisión de deuda pública que realice el Consell estará supeditada:

a) A que sea destinada a gastos de inversión.

b) A que esté facultada por ley estatal.

c) A que lo sea dentro de las materias financieras que determina el Estatuto de Autonomía.

d) Que lo sea en ejecución de una ley estatal.

16. La proposición de candidato a President de la Generalitat se realizará por el Presidente de Les Corts:

a) Siempre que se hayan celebrados nuevas elecciones.
b) Solo cuando se hayan celebrado nuevas elecciones.
c) Cuando se hayan celebrado nuevas elecciones por determinado supuesto.
d) Siempre que se haya producido el cese del Presidente de la Generalitat.

17. Para la propuesta de President de la Generalitat por parte del Presidente de Les Corts tendrá preferencia:

a) El que haya obtenido mayor apoyo de los grupos políticos parlamentarios.
b) El que haya obtenido mayor número de diputados.
c) El que haya obtenido mayor número de votos populares.
d) El que haya desempeñado antes dicho cargo.

18. Para la proposición de candidato a la presidencia de la Generalitat el Presidente de Les Corts consultará a los representantes de:

a) Los partidos políticos.
b) Los grupos parlamentarios.
c) Los grupos políticos con representación en Les Corts.
d) Los grupos parlamentarios con representación en Les Corts.

19. En el supuesto de no elegirse President de la Generalitat, la disolución de Les Corts:

a) Podrá ser acordada por el Presidente de las mismas.
b) Será acordada por el President de la Generalitat en funciones a propuesta del Presidente de las mismas.
c) Será acordada por el Presidente de las mismas.
d) Será acordada por el President de la Generalitat en funciones a propuesta de la Mesa de las mismas.

20. La modificación última de la Ley del Consell es la efectuada por ley de:

a) 20 de marzo de 2007.
b) 21 de diciembre de 2012.
c) 21 de diciembre de 2012.
d) 27 de diciembre de 2012.

21. El candidato propuesto por el Presidente de Les Corts para President de la Generalitat:

a) Indicará a Les Corts la composición de su gobierno en caso de ser elegido.
b) Manifestará su programa político de gobierno.

c) Manifestará su programa político de gobierno y la composición del mismo.

d) Indicará la composición del Consell en caso de ser elegido.

22. Para proponer el segundo candidato a la Presidencia de la Generalitat por el Presidente de Les Corts se tendrá en cuenta:

a) Que no pertenezca al mismo grupo político del primer candidato.

b) Las mismas circunstancias que se tuvieran en cuenta con el primer candidato.

c) El número de votos populares emitidos.

d) Quién es el partido mayoritario en Les Corts.

23. ¿Cuál de las siguientes afirmaciones es cierta?

a) La Ley del Consell determina el número máximo de diputados de Les Corts.

b) La Ley del Consell es la única norma que determina el número mínimo de diputados de Les Corts.

c) La Ley del Consell determina el número máximo y mínimo de diputados de Les Corts.

d) Todas son falsas.

24. La tramitación de un decreto ley como proyecto de ley por el trámite de urgencia:

a) Será un acuerdo tomado por Les Corts.

b) Será un acuerdo tomado por el Presidente de Les Corts.

c) Será un acuerdo tomado por el Consell.

d) Será un acuerdo tomado por el President de la Generalitat.

25. La tramitación de la convalidación de un decreto ley se encuentra establecida pormenorizadamente:

a) En el Reglamento de Les Corts.

b) En el EA y en el reglamento de Les Corts.

c) En la Ley del Consell.

d) En la Ley del Consell y en el Reglamento de Les Corts.

26. La tramitación como proyecto de ley por el procedimiento de urgencia de un decreto ley se regirá por lo dispuesto:

a) En el EA y en el Reglamento de Les Corts.

b) En la Ley General de Corts.

c) En el EA, en la Ley del Consell y en el Reglamento de Les Corts.

d) En el Reglamento de Les Corts.

27. Los decretos leyes son definidos por la Ley del Consell como:

a) Disposiciones legislativas provisionales.

b) Leyes de carácter excepcional.

c) Normas jurídicas transitorias.
d) Normas jurídicas con validez de ley.

28. La Ley del Consell define los decretos leyes como:

a) Actos administrativos.
b) Disposiciones legislativas.
c) Manifestaciones de la potestad administrativa.
d) Actos con fuerza de ley.

29. Los diputados que en Les Corts hayan firmado una moción de censura alternativa y que votada no ha sido aprobada:

a) No podrán presentar otra en el mismo periodo de sesiones.
b) No podrán presentar otra en el mismo año.
c) No podrán presentar otra en la misma legislatura.
d) No podrán presentar otras ejerciendo sus funciones de diputados de Les Corts.

30. ¿Sobre cuál de estas materias no puede incidir un decreto ley según la Ley del Consell?

a) Derechos y deberes de los ciudadanos reconocidos en la Constitución.
b) Derechos y deberes de los ciudadanos reconocidos en el Estatuto de Autonomía.
c) Derechos y deberes de los ciudadanos reconocidos en el ordenamiento jurídico.
d) Derechos y deberes de los ciudadanos reconocidos en la Constitución y en el Estatuto de Autonomía.

31. El plazo para convalidar un decreto Ley según la Ley del Consell comienza a computarse desde:

a) Su remisión a Les Corts.
b) Desde su admisión por el Presidente de Les Corts.
c) Desde su promulgación.
d) Desde su aceptación por la Mesa de Les Corts.

32. La convalidación de un decreto ley según la Ley del Consell:

a) Podrá hacerse por mayoría absoluta.
b) Se hará por mayoría simple al no decir lo contrario la Ley del Consell.
c) Se hará mediante votación semejante a cualquier proyecto de ley.
d) Se hará por mayoría absoluta.

33. El plazo para que Les Corts convaliden un decreto ley según la Ley del Consell es de:

a) 30 días.
b) Un mes.

c) Quince días.

d) El plazo que determine el Reglamento de Les Corts.

34. Las tareas de máximo apoyo y asesoramiento al Presidente del Consell son función de:

a) Secretarios Autonómicos.

b) Consellers.

c) Vicepresidentes.

d) Cualquier miembro del Consell designado para ello por el Presidente.

35. La designación de los representantes de la Generalitat en las empresas públicas o de carácter económico o financiero de la Administración del Estado, implantadas en el ámbito territorial de la Comunitat Valenciana, es competencia de:

a) El Consell.

b) El Presidente del Consell.

c) Les Corts.

d) El President de la Generalitat.

36. Según la Ley del Consell, suscribir convenios y acuerdos de colaboración de la Generalitat con el Estado u otras Comunidades Autónomas:

a) Precisa debate previo de Les Corts.

b) Precisa aprobación de las Cortes Generales y de Les Corts.

c) No precisa aprobación de Les Corts.

d) No precisa aprobación de las Cortes Generales ni de Les Corts.

37. El control de la legislación delegada, según la Ley del Consell:

a) Solo podrá realizarse por los tribunales de justicia.

b) Solo podrá realizarse por el Tribunal Constitucional.

c) Podrá realizarse por Les Corts.

d) Podrá realizarse por el Consell.

38. El orden del día de una sesión extraordinaria de Les Corts solicitada por el Consell:

a) Será fijado por el Consell.

b) Será fijado el Presidente de la Generalitat.

c) Será fijado por la Diputación Permanente de Les Corts.

d) Será propuesto por el Consell.

39. Los documentos que utilice el Consell para la adopción de acuerdos del mismo:

a) Son considerados siempre documentos públicos.

b) Son considerados siempre documentos reservados.

c) Dejan de ser documentos reservados en el momento en que el Consell tome el acuerdo correspondiente.

d) Son considerados documentos reservados, pero el Consell puede autorizar su publicación y consulta.

40. Las Comisiones Delegadas del Gobierno Valenciano:

a) Tienen carácter consultivo.
b) Podrán resolver determinadas materias.
c) Siempre tendrán carácter temporal.
d) Cada una de ellas estudiará las materias de su respectiva Conselleria.

41. Las Comisiones Interdepartamentales:

a) Están integradas por Consellers.
b) Son Comisiones de expertos independientes de la Administración.
c) Está formada por altos cargos de la Administración Valenciana.
d) Tendrán facultades decisorias.

42. Las Comisiones Interdepartamentales:

a) Son creadas y regulado su funcionamiento por ley.
b) Su funcionamiento está regulado por ley y su creación por Decreto.
c) Son creadas y regulado su funcionamiento por Decreto.
d) Son creadas por ley y su funcionamiento está regulado por Decreto.

43. Las materias objeto de la actuación de las Comisiones Interdepartamentales:

a) Son sectoriales y comunes a varios departamentos.
b) Son específicas de cada Conselleria.
c) No pueden implicar materias propias del poder ejecutivo.
d) Son aquellas que han delegado Les Corts.

44. Los Secretarios Autonómicos:

a) Formarán parte de las Comisiones Delegadas del Gobierno.
b) Podrán formar parte de las Comisiones Delegadas del Gobierno.
c) No formarán parte de las Comisiones Delegadas del Gobierno.
d) No formarán parte de las Comisiones Delegadas del Gobierno pero podrán informar ante las mismas cuando sea reclamada su presencia.

45. Las sanciones y multas:

a) Podrán ser impuestas por reglamentos salvo que expresamente una ley lo prohíba.
b) En cualquier caso podrán ser impuestas por reglamentos en determinadas materias.

c) No podrán ser impuestas por reglamentos.

d) No podrán ser impuestas por reglamentos, salvo que expresamente una ley lo permita.

46. El anteproyecto de ley será elaborado:

a) Por la Comisión Delegada que sea competente.

b) En determinados supuestos, por la Comisión Interdepartamental correspondiente.

c) Por la Secretaría correspondiente.

d) Por la Conselleria competente.

47. En el anteproyecto de ley, deberán constar:

a) Los informes del Secretario Autonómico.

b) Los informes del Consell Jurídic Consultiu de la Comunitat Valenciana.

c) Los informes del Director General competente.

d) Los informes del Subsecretario competente.

48. ¿Quién eleva el anteproyecto de ley de nuevo al Consell para su aprobación como proyecto de ley?

a) En principio el Conseller respectivo.

b) El Secretario Autonómico competente.

c) El Presidente del Consell.

d) El Vicepresidente con competencia en la materia.

49. En la tramitación de un proyecto de reglamento, el órgano encargado de solicitar el informe del área jurídico es:

a) EL Conseller respectivo.

b) La Secretaría Autonómica en su caso o la Dirección General.

c) El Conseller de Administración Pública.

d) La Subsecretaría del Departamento.

50. La relación ordinaria entre el Consell y Les Corts se realiza:

a) Por medio del Conseller que tenga atribuida dicha competencia.

b) Por medio del representante del Consell en la Mesa de Les Corts.

c) Por medio del Síndic del Consell.

d) Por medio del representante del Consell en la Junta de Portavoces.

51. Una vez el Consell haga uso de la delegación legislativa:

a) Lo comunicará así a Les Corts y publicará la disposición en el Diari Oficial de la Comunitat Valenciana.

b) Lo comunicará así a Les Corts, remitiéndoles la disposición.

c) Lo comunicará así a Les Corts.

d) Lo comunicará así a Les Corts pudiendo publicar la disposición.

52. ¿Quién declara la disolución de Les Corts convocando elecciones anticipadas?

a) El Presidente de Les Corts.

b) El Consell.

c) El President de la Generalitat.

d) El President de la Mesa de Les Corts.

53. Las disposiciones que revistan la forma de Decreto:

a) Se publicarán en el BOP.

b) Se publicarán en el BOE y en el DOCV (Diari Oficial de la Comunitat Valenciana).

c) No tienen que ser publicados salvo que una ley obligue a ello.

d) Se publicarán únicamente en el DOCV.

54. Las Comisiones Interdepartamentales:

a) Se crean por ley.

b) Se crean por decreto.

c) Tienen las funciones que enumera la Ley de Consell.

d) Tienen las funciones que enumera el EA y la Ley de Consell.

55. La Comisión de Secretarios Autonómicos y Subsecretarios estará presidida:

a) Por quien disponga la norma de su creación.

b) Por el President de la Generalitat.

c) Por cualquier miembro del Consell.

d) Por el Secretario del Consell.

56. El Secretario del Consell será nombrado:

a) Por el Consell.

b) De entre los Vicepresidentes y los Consellers.

c) Por el President de la Generalitat y le corresponderá ser el portavoz del Consell.

d) De entre los Consellers sin cartera.

57. ¿Cuál de las siguientes afirmaciones es cierta, tal como señala la Ley del Consell?

a) La cuestión de confianza impide la celebración del debate de política general en esa legislatura.

b) La celebración de una investidura por haber perdido el gobierno la cuestión de confianza impide la celebración del debate de política general en ese año.

c) La discusión de una moción de censura impide la celebración del debate de política general en esa legislatura.

d) Cualquier debate de censura o de confianza impide la celebración del debate de política general en esa legislatura.

58. El debate de política general:

a) Podrá dar lugar a debate.
b) Dará lugar a debate.
c) Dará lugar a la aprobación de resoluciones.
d) Podrá dar lugar a la aprobación de resoluciones.

59. Los Secretarios Autonómicos:

a) No podrán comparecer ante las Comisiones de Les Corts si no son llamados por éstas.
b) Podrán comparecer ante el Pleno de Les Corts.
c) No podrán comparecer ante el Pleno de Les Corts a petición propia.
d) Si son llamados por el Pleno de Les Corts tendrán que comparecer.

60. ¿Está obligado el Consell a facilitar la documentación que le sea requerida por Les Corts?

a) En cualquier caso.
b) Solo en los supuestos en que así lo determinen Les Corts.
c) Únicamente en los supuestos que determine la ley.
d) No, si manifiesta razones fundadas en derecho para su negativa.

61. Los miembros del Consell:

a) Tienen derecho a asistir a todas las sesiones de Les Corts.
b) Tiene derecho a asistir a los Plenos de Les Corts y las Comisiones de las que formen parte.
c) Tienen derecho a asistir a los Plenos pero no a las comisiones de Les Corts.
d) Tienen derecho a asistir a las Comisiones de Les Corts pero no a sus Plenos.

62. Solicitar de las Cortes Generales la facultad para la Generalitat de dictar normas en materia de titularidad estatal:

a) Es competencia de Les Corts.
b) Es competencia del President de la Generalitat.
c) Es competencia del Presidente de Les Corts.
d) Es competencia del Presidente de la Mesa de Les Corts.

63. Las normas de las que habla la pregunta anterior son:

a) Leyes orgánicas.
b) Normas legislativas.

c) Reglamentos.
d) Leyes.

64. Para disolver Les Corts hace falta:

a) Acuerdo previo del Consell.
b) Convocatoria del Consell.
c) Votación por mayoría simple del Consell.
d) Ratificación por el Consell.

65. ¿Puede el President de la Generalitat reservarse una materia determinada para su propia competencia?

a) Sí, siempre que no disponga una estructura orgánica para ello.
b) Solo para determinadas materias.
c) Sí, con el carácter de Vicepresidente.
d) Sí.

Solución al test n.º 5

1. a) El President de la Generalitat.

2. b) Su dirección presidencial.

3. b) Lo establece así la CE (Constitución española) y el EA (Estatuto de Autonomía).

4. d) Conforme el Reglamento de Les Corts.

5. c) No se dispone limitación ni en el EA ni en la Ley del Consell.

6. a) Por acuerdo.

7. a) Por el President de la Generalitat en funciones.

8. c) Levantar actas de las sesiones del Consell.

9. a) Deliberación del Consell.

10. b) Podrán no tener adscritas Secretarías Autonómicas.

11. d) El Presidente de Les Corts no está obligado a retomar la ronda de consultas.

12. a) Siempre que estas no hayan tomado acuerdo final sobre el mismo.

13. b) El plazo mínimo dispuesto para la votación de la cuestión de confianza es inferior al plazo que debe transcurrir entre la primera y segunda votación de investidura.

14. b) Serán aprobados por mayoría simple salvo que para su aprobación se requiera mayoría cualificada.

15. a) A que sea destinada a gastos de inversión.

16. a) Siempre que se hayan celebrados nuevas elecciones.

17. a) El que haya obtenido mayor apoyo de los grupos políticos parlamentarios.

18. c) Los grupos políticos con representación en Les Corts.

19. c) Será acordada por el Presidente de las mismas.

20. d) 27 de diciembre de 2012.

21. b) Manifestará su programa político de gobierno.

22. b) Las mismas circunstancias que se tuvieran en cuenta con el primer candidato.

23. d) Todas son falsas.

24. a) Será un acuerdo tomado por Les Corts.

25. a) En el Reglamento de Les Corts.

26. d) En el Reglamento de Les Corts.

27. a) Disposiciones legislativas provisionales.

28. b) Disposiciones legislativas.

29. a) No podrán presentar otra en el mismo periodo de sesiones.

30. d) Derechos y deberes de los ciudadanos reconocidos en la Constitución y en el Estatuto de Autonomía.

31. c) Desde su promulgación.

32. b) Se hará por mayoría simple al no decir lo contrario la Ley del Consell.

33. a) 30 días.

34. c) Vicepresidentes.

35. a) El Consell.

36. a) Precisa debate previo de Les Corts.

37. c) Podrá realizarse por Les Corts.

38. d) Será propuesto por el Consell.

39. c) Dejan de ser documentos reservados en el momento en que el Consell tome el acuerdo correspondiente.

40. b) Podrán resolver determinadas materias.

41. c) Está formada por altos cargos de la Administración Valenciana.

42. c) Son creadas y regulado su funcionamiento por Decreto.

43. a) Son sectoriales y comunes a varios departamentos.

44. b) Podrán formar parte de las Comisiones Delegadas del Gobierno.

45. d) No podrán ser impuestas por reglamentos, salvo que expresamente una ley lo permita.

46. d) Por la Conselleria competente.

47. d) Los informes del Subsecretario competente.

48. a) En principio el Conseller respectivo.

49. d) La Subsecretaría del Departamento.

50. d) Por medio del representante del Consell en la Junta de Portavoces.

51. b) Lo comunicará así a Les Corts, remitiéndoles la disposición.

52. c) El President de la Generalitat.

53. d) Se publicarán únicamente en el DOCV.

54. b) Se crean por decreto.

55. d) Por el Secretario del Consell.

56. b) De entre los Vicepresidentes y los Consellers.

57. b) La celebración de una investidura por haber perdido el gobierno la cuestión de confianza impide la celebración del debate de política general en ese año.

58. b) Dará lugar a debate.

59. c) No podrán comparecer ante el Pleno de Les Corts a petición propia.

60. d) No, si manifiesta razones fundadas en derecho para su negativa.

61. a) Tienen derecho a asistir a todas las sesiones de Les Corts.

62. b) Es competencia del President de la Generalitat.

63. b) Normas legislativas.

64. a) Acuerdo previo del Consell.

65. d) Sí.

TEST N.º 6

La Ley 5/1983, de 30 de diciembre, del Consell: Título II, Del Consell: Capítulo IV: De la conselleria y de los Consellers, Capítulo V: Estatuto Personal de los Consellers; Título IV, De la Administración Pública de la Generalitat; Título V, De la responsabilidad de los miembros del Consell y de la Administración Pública de la Generalitat

1. El procedimiento de determinación de la estructura orgánica superior del Consell y la designación de sus titulares, mediante la Ley del Consell:

a) Se jerarquiza.
b) Se limita.
c) Se agiliza.
d) Se fiscaliza.

2. A los Consellers les corresponden:

a) El ejercicio de las facultades ordinarias de contratación administrativa dentro de los límites establecidos en las leyes presupuestarias.
b) El ejercicio de cualquier facultad en materia de contratación administrativa.
c) El ejercicio de la facultad en materia de contratación administrativa dentro de las competencias establecidas por el Consell.
d) El ejercicio de la facultad en materia de contratación administrativa siempre que le sea delegado por el Consell.

3. Las funciones competentes de los Consellers:

a) Les tendrán que ser atribuidas por ley.
b) Les podrán ser atribuidas reglamentariamente.
c) Les tendrán que ser atribuidas por ley o reglamentariamente.
d) Además de por ley o por reglamento, solo les podrán ser atribuidas por el President de la Generalitat.

4. El Reglamento orgánico de cada Conselleria:

a) Es aprobado por el Consell.
b) Es aprobado por el Conseller respectivo.

c) Es aprobado por el President de la Generalitat.

d) Puede ser aprobado por la Comisión Delegada del Gobierno que tenga competencias en la materia.

5. La Presidencia de la Generalitat orgánicamente se desarrolla:

a) Conforme especifica la Ley del Consell.

b) Conforme a su reglamento orgánico.

c) Conforme a las leyes de Les Corts que deben regularlo.

d) Conforme a sus propias disposiciones reglamentarias, siempre dentro de los límites fijados por la ley estatal.

6. ¿Ante quién no pueden responder de su gestión los Secretarios Autonómicos?

a) Ante el Conseller.

b) Ante el President de la Generalitat

c) Ante los Vicepresidentes del Consell.

d) Ante cualquiera de ellos.

7. La adaptación de las normas de la Administración del Estado a la organización de la Generalitat Valenciana se hará conforme a las normas dictadas por:

a) Les Corts.

b) Las Cortes Generales.

c) El Consell.

d) Los órganos administrativos de la Generalitat.

8. La adaptación anterior se realizará:

a) Por medio de leyes de Les Corts.

b) Por medio de decreto del President de la Generalitat.

c) Mediante reglamentación del Consell.

d) Mediante decreto del President de la Generalitat.

9. La ley del Consell:

a) Permite la delegación de competencias delegadas en cualquier caso.

b) Permite en determinados supuestos la delegación de competencias delegadas.

c) Se remite en cuanto a la delegación de competencias delegadas a lo establecido en la Legislación General del Estado.

d) No permite, en ningún caso, la delegación de competencias delegadas.

10. Las competencias propias del Consell:

a) No son delegables.

b) Son delegables en determinados casos en las Comisiones Delegadas del Gobierno.

c) Son delegables en cualquier caso y órganos.
d) Son delegables en cualquier caso en las Comisiones Delegadas del Gobierno.

11. Las Secretarías Autonómicas:

a) Son de existencia facultativa.
b) Son de existencia probable.
c) Son de existencia general.
d) Son de existencia obligada.

12. Requerirán autorización previa del Conseller:

a) La delegación realizada por los órganos de nivel superior.
b) La delegación realizada por los órganos de nivel administrativo.
c) Cualquier delegación realizada en el seno de una Conselleria.
d) La delegación realizada en los órganos de nivel directivo y administrativo.

13. Los servicios periféricos lo son:

a) De las Consellerias.
b) De la Presidencia del Consell.
c) Del Consell.
d) De la Presidencia de la Generalitat Valenciana.

14. Los servicios periféricos son expresión del principio de:

a) Economía.
b) Control.
c) Desconcentración.
d) Descentralización.

15. Los servicios periféricos tienen competencia territorial en:

a) Todo el territorio provincial que asumen.
b) En toda la Comunidad Autónoma.
c) En el mismo territorio que asumen los servicios centrales.
d) En su propio ámbito territorial.

16. Para tener la consideración de órgano directivo, un alto cargo debe ostentar, como mínimo, el rango de:

a) Director General.
b) Subdirector General.
c) Subsecretario.
d) Secretario autonómico.

17. Preparar compilaciones de las normas vigentes que afecten al Consell:

a) Es función de la Secretaría General Administrativa.
b) Es función de la Subsecretaría.
c) Puede ser función del Secretario Autonómico.
d) Puede ser función de los Directores Generales.

18. En todas las Consellerias, el máximo órgano de nivel administrativo de cada una de ellas, es:

a) La Subsecretaría.
b) El Secretario Autonómico.
c) El Conseller directamente.
d) Secretaría General Administrativa, dependiente de la Subsecretaría.

19. Las delegaciones que se hayan realizado en el seno de la Administración Pública de la Generalitat:

a) Solo podrán ser revocadas por el órgano superior al delegante.
b) Solo podrán ser revocadas por el órgano superior al delegado.
c) Solo podrán ser revocadas por el órgano delegante.
d) Solo podrán ser delegadas por el Conseller competente, o, en su defecto, por el Consell.

20. ¿Cuál de las siguientes competencias propias de un órgano administrativo es delegable, como regla general?

a) Las que correspondan a relaciones con órganos de otras Comunidades Autónomas.
b) Las que son atribuidas expresamente por el Estatuto de Autonomía.
c) Las que puedan necesitar la creación de un reglamento.
d) Las que ostenta un Conseller por ser miembro del Consell.

21. Para que el Secretario Autonómico resuelva un recurso:

a) Este deberá proceder contra resoluciones dictadas por los órganos administrativos que estén bajo su dependencia.
b) El acto contra el que se produce no deberá haber concluido la vía administrativa.
c) Deberá proceder contra resoluciones dictadas por los órganos directivos que estén bajo su dependencia y no agotar la vía administrativa.
d) Todas son ciertas.

22. La regla general en cuanto a la delegación de competencias es:

a) Que se efectúa en cualquier órgano inferior.
b) Que no puede realizarse sino en cualquier órgano inmediatamente inferior.

c) Que se puede delegar en cualquier órgano inferior y este, a su vez, delegar en un inmediatamente inferior.

d) Que se efectúa en un órgano inmediatamente inferior salvo supuestos.

23. El cumplimiento de los objetivos que supervisará el Secretario Autonómico, se refiere a los objetivos fijados:

a) Únicamente por el President de la Generalitat.
b) Por el President, Vicepresidentes, Consellers o Secretario General
c) Por el President o Vicepresidente exclusivamente.
d) Por el President, Vicepresidente o Consellers exclusivamente.

24. Competencia respecto a los servicios comunes de un determinado Departamento:

a) La tienen los Subsecretarios.
b) La tienen los Secretarios Autonómicos.
c) La tiene el Director General.
d) La tiene el Secretario Autonómico y el Subsecretario.

25. El Director General:

a) Únicamente podrá gestionar y resolver los asuntos que les sean encomendados por el Reglamento Orgánico de la Conselleria o que el President o el Conseller quiera encomendarles.

b) Podrá gestionar y resolver los asuntos que les sean encomendados por el Reglamento Orgánico de la Conselleria o que el Conseller o Secretario Autonómico quiera encomendarles.

c) Podrá gestionar y resolver únicamente los asuntos que les sean encomendados por el Reglamento Orgánico de la Conselleria.

d) Podrá gestionar y resolver los asuntos que les sean encomendados por el Reglamento Orgánico de la Conselleria o por el President, Vicepresidente o Conseller correspondiente.

26. En el nivel administrativo de la Administración autonómica valenciana, pueden establecerse otras unidades distintas a las indicadas en la Ley del Consell:

a) Cuando sea necesario.
b) Excepcionalmente en caso de urgente necesidad.
c) Solo por razones presupuestarias.
d) Debido a la ampliación de competencias de la Generalitat.

27. La Secretaría General Administrativa se encuentra bajo la autoridad:

a) Del Secretario Autonómico correspondiente si lo hubiera.
b) Del Director General.
c) Del Subsecretario.
d) Del Conseller.

28. El régimen interno de las oficinas dependientes de los Directores Generales se establece:

a) Por el Director General.
b) Por el Reglamento dictado para tal Conselleria por el Conseller correspondiente.
c) Por la Relación de Puestos de Trabajo.
d) Por la Secretaría General Administrativa.

29. En cada Conselleria:

a) Existirá una Subsecretaría.
b) Podrá existir una Subsecretaría, según decisión del Conseller competente.
c) Podrá existir una Subsecretaría, según decisión del Secretario Autonómico correspondiente.
d) Podrá existir una Subsecretaría, según decisión del President.

30. La creación en la Conselleria que tenga asignada la materia de justicia, de un centro director donde su titular ostente las competencias en materia de personal al servicio de la Administración de Justicia que sea competencia de la Generalitat:

a) Se realizará reglamentariamente.
b) Precisará autorización por ley estatal.
c) Deberá realizarse mediante ley de Les Corts.
d) Se realizará mediante la modificación de la Relación de Puestos de Trabajo.

31. La estructura y organización de sus respectivas Consellerias:

a) Es resuelto y ejecutado por el propio Conseller competente.
b) Es propuesto por el Conseller competente a Les Corts.
c) Es propuesto por el Conseller correspondiente al Consell.
d) Es propuesta por el Conseller competente al President de la Generalitat que resolverá.

32. Las competencias que sea inherentes a los servicios comunes:

a) Corresponden al Director General.
b) Se atribuye al Subsecretario.
c) Corresponde al titular de la Secretaría General Administrativa.
d) Se atribuye al Secretario Autonómico.

33. La actuación y organización de la Administración Pública de la Generalitat Valenciana:

a) Se hará empleando los medios económicos proporcionales a los fines a obtener.
b) Se hará con los medios necesarios para, en cualquier caso, obtener los fines encomendados.

c) Se realizará siempre con la mínima de medios económicos empleados aunque por ello sufra la obtención de los fines encomendados.

d) Se hará con la mayor economía de medios que permite la obtención de los fines encomendados.

34. Una norma reglamentaria aplicable al funcionamiento interno de unas Conselleria que no sea su Reglamento orgánico:

a) Deberá ser comunicada al Consell, sin precisar aprobación del mismo.

b) Será aprobada por Ley de Les Corts.

c) Debe ser aprobada por el Consell.

d) Deberá ser convalidada por el President de la Generalitat.

35. Las delegaciones que se hayan efectuado en el seno de la Administración Pública de la Generalitat:

a) Podrán ser revocadas pero siempre con anterioridad a su confirmación.

b) Solo podrán ser revocadas excepcionalmente, y en cualquier momento.

c) Podrán revocarse solo dentro del plazo que en la delegación se haya fijado para efectuar dicha revocación.

d) Podrán revocarse en cualquier momento.

Solución al test n.º 6

1. c) Se agiliza.

2. a) El ejercicio de las facultades ordinarias de contratación administrativa dentro de los límites establecidos en las leyes presupuestarias.

3. b) Les podrán ser atribuidas reglamentariamente.

4. a) Es aprobado por el Consell.

5. b) Conforme a su reglamento orgánico.

6. d) Ante cualquiera de ellos.

7. c) Del Consell.

8. c) Mediante reglamentación del Consell.

9. d) No permite, en ningún caso, la delegación de competencias delegadas.

10. d) Son delegables en cualquier caso en las Comisiones Delegadas del Gobierno.

11. a) Son de existencia facultativa.

12. b) La delegación realizada por los órganos de nivel administrativo.

13. a) De las Consellerias.

14. c) Desconcentración.

15. d) En su propio ámbito territorial.

16. a) Director General.

17. b) Es función de la Subsecretaría.

18. d) Secretaría General Administrativa, dependiente de la Subsecretaría.

19. c) Solo podrán ser revocadas por el órgano delegante.

20. c) Las que exijan la creación de un reglamento.

21. d) Todas son ciertas.

22. d) Que se efectúa en un órgano inmediatamente inferior salvo supuestos.

23. d) Por el President, Vicepresidente o Consellers exclusivamente.

24. a) La tienen los Subsecretarios.

25. b) Podrá gestionar y resolver los asuntos que les sean encomendados por el Reglamento Orgánico de la Conselleria o que el Conseller o Secretario Autonómico quiera encomendarles.

26. a) Cuando sea necesario.

27. c) Del Subsecretario.

28. a) Por el Director General.

29. a) Existirá una Subsecretaría.

30. a) Se realizará reglamentariamente.

31. c) Es propuesto por el Conseller correspondiente al Consell.

32. b) Se atribuye al Subsecretario.

33. d) Se hará con la mayor economía de medios que permite la obtención de los fines encomendados.

34. c) Debe ser aprobada por el Consell.

35. d) Podrán revocarse en cualquier momento.

La Ley 1/2015, de 6 de febrero, de la Generalitat, de Hacienda Pública, del Sector Instrumental y de Subvenciones: Título I: Del ámbito de aplicación y organización del sector público de la Generalitat: Capítulo I: Ámbito de aplicación y organización del sector público; Título II, De los presupuestos de la Generalitat: Capítulo III: Contenido, elaboración y estructura; Título IX, Sector público instrumental de la Generalitat; Título X, Subvenciones

1. La Ley de Hacienda Pública del Sector Público Instrumental y de Subvenciones de la Comunidad Valenciana es la:

a) 5/2009.
b) 2/2017.
c) 1/2015.
d) 8/1999.

2. ¿Cuántos títulos tiene la Ley de Hacienda Pública del Sector Público Instrumental y de Subvenciones de la Comunidad Valenciana?

a) 5.
b) 9.
c) 7.
d) 10.

3. Señala qué ingreso es de naturaleza privada:

a) Impuestos.
b) Precios públicos.
c) Donaciones.
d) Emisión de deuda pública.

4. Los derechos de la Hacienda Pública prescriben a los:

a) 2 años.
b) 3 años.

c) 4 años.
d) 5 años.

5. Para transigir judicial o extrajudicialmente sobre los derechos de la Hacienda Pública de la Generalitat se requiere:

a) Informe del Tribunal Superior de Justicia.
b) Decreto del Consell, previa propuesta e informes correspondientes.
c) Aprobación por mayoría en las Cortes.
d) Autorización de los servicios jurídicos de la Conselleria.

6. El procedimiento de apremio podrá suspenderse sin necesidad de garantía cuando:

a) La persona deudora justifique que carece de ingresos.
b) Exista error material, de hecho o aritmético, prescripción o pago previo.
c) El importe de la deuda sea menor a 500 euros.
d) Se solicite un aplazamiento cualquiera.

7. La gestión recaudatoria de los derechos de naturaleza pública se realizará:

a) Según procedimientos administrativos y con las prerrogativas de la Ley 58/2003.
b) A través de procedimientos civiles ordinarios.
c) Exclusivamente por la Agencia Tributaria.
d) Por entidades privadas colaboradoras.

8. El Título III de la Ley de Hacienda Pública es:

a) De los presupuestos de la Generalitat.
b) Intervención.
c) Contabilidad del sector público de la Generalitat.
d) Tesorería de la Generalitat.

9. La clasificación orgánica de gastos se organiza en:

a) Secciones y servicios presupuestarios.
b) Por grupos.
c) Por capítulos, artículos y conceptos.
d) Por provincias, comarcas o municipios.

10. En el estado de gastos, la Sección 5 corresponde a:

a) Consell Jurídic Consultiu.
b) Presidencia de la Generalitat.
c) Educación, Universidades y Empleo.
d) Comité Económico y Social.

11. En el estado de gastos, la Sección 4 corresponde a:

a) Educación, Universidades y Empleo.
b) Servicio de la deuda.
c) Consell Jurídic Consultiu.
d) Sindicatura de Comptes.

12. En el estado de gastos, la Sección 8 corresponde a:

a) Justicia e Interior.
b) Sanidad.
c) Vicepresidencia Segunda y Consellería de Servicios Sociales, Igualdad y Vivienda.
d) Medio Ambiente, Agua, Infraestructuras y Territorio.

13. En el estado de gastos, la Sección 17 corresponde a:

a) Academia Valenciana de la Lengua.
b) Gastos diversos.
c) Servicio de la deuda.
d) Vicepresidencia Segunda y Consellería de Servicios Sociales, Igualdad y Vivienda.

14. En el estado de gastos, la Sección 19 corresponde a:

a) Academia Valenciana de la Lengua.
b) Gastos diversos.
c) Servicio de la deuda.
d) Vicepresidencia Segunda y Consellería de Servicios Sociales, Igualdad y Vivienda.

15. En el estado de gastos, el Grupo Funcional 4 corresponde a:

a) Producción de bienes públicos de carácter social.
b) Seguridad, protección y promoción social.
c) Producción de bienes públicos de carácter económico.
d) Regulación económica de sectores productivos.

16. En el estado de gastos, el Grupo Funcional 6 corresponde a:

a) Producción de bienes públicos de carácter social.
b) Servicios de carácter general.
c) Regulación económica de carácter general.
d) Regulación económica de sectores productivos.

17. En el estado de gastos, el Grupo Funcional 2 corresponde a:

a) Deuda Pública.
b) Defensa, protección civil y seguridad ciudadana.

c) Servicios de carácter general.
d) Seguridad, protección y promoción social.

18. En el estado de gastos, el Capítulo G3 corresponde a:

a) Fondo de Contingencia.
b) Transferencias corrientes.
c) Gastos financieros.
d) Gastos de bienes corrientes y gastos de funcionamiento.

19. En el estado de gastos, el Capítulo G7 corresponde a:

a) Inversiones reales.
b) Transferencias de capital.
c) Transferencias corrientes.
d) Fondo de Contingencia.

20. En el estado de gastos, el Capítulo G2 corresponde a:

a) Gastos de personal.
b) Gastos financieros.
c) Gastos de bienes corrientes y gastos de funcionamiento.
d) Pasivos financieros.

21. En el estado de ingresos, el Capítulo I3 corresponde a:

a) Impuestos indirectos.
b) Transferencias de capital.
c) Transferencias corrientes.
d) Tasas, precios públicos y otros ingresos.

22. En el estado de ingresos, el Capítulo I7 corresponde a:

a) Impuestos directos.
b) Transferencias de capital.
c) Transferencias corrientes.
d) Activos financieros.

23. En el estado de ingresos, el Capítulo I4 corresponde a:

a) Impuestos indirectos.
b) Tasas, precios públicos y otros ingresos.
c) Transferencias corrientes.
d) Ingresos patrimoniales.

24. Cada año se aprueba una norma para la elaboración de los presupuestos del ejercicio siguiente en forma de:

a) Decreto Ley.
b) Ley.
c) Orden.
d) Resolución.

25. Los importes presupuestarios de gastos e ingresos se registrarán en el módulo:

a) BUTAN.
b) NEPAL.
c) INDIA.
d) SIAM.

26. El Proyecto de Ley de Presupuestos de la Generalitat irá acompañado de:

a) Estados consolidados de los presupuestos.
b) Distribución de los gastos en programas por objetivos.
c) La liquidación de los presupuestos del año anterior y un estado de ejecución del presupuesto de la Administración de la Generalitat del ejercicio corriente.
d) Todas las respuestas anteriores son correctas.

27. Es competencia del Consell:

a) La convocatoria de las subvenciones.
b) La resolución del procedimiento de revocación y reintegro.
c) Aprobar mediante orden las oportunas bases reguladoras de la concesión de las subvenciones.
d) La autorización previa para la concesión de las subvenciones de concurrencia competitiva de cuantía superior a un millón de euros. Esta autorización no implicará la aprobación del gasto que, en todo caso, corresponderá al órgano competente para la concesión.

28. Es competencia de las personas titulares de las consellerias:

a) La aprobación de las bases reguladoras y, en su caso, la concesión de aquellas subvenciones en que se acrediten razones de interés público, social, económico o humanitario, u otras debidamente justificadas que dificulten su convocatoria pública.
b) Aprobar el plan estratégico de subvenciones de la conselleria, que abarcará tanto las propias del departamento como las de los organismos públicos vinculados o dependientes.
c) La concesión de las subvenciones de concurrencia competitiva, sin perjuicio de lo dispuesto en el apartado 1.c de este mismo artículo.

d) Acordar e imponer la sanción de pérdida de la posibilidad de obtener subvenciones, ayudas públicas y avales de la Comunitat Valenciana, de prohibición para celebrar contratos con su Administración o con los organismos y entidades de ella dependientes o de pérdida de la posibilidad de actuar como entidad colaboradora en relación con las subvenciones a que se refiere la Ley 1/2015.

29. Quedan exonerados de la constitución de garantías, salvo previsión en contrario de las bases reguladoras:

a) Todas las congregaciones religiosas.
b) Todo tipo de entidades sin ánimo de lucro.
c) Las personas beneficiarias de subvenciones concedidas por importe inferior a 6.000 euros, siempre que se trate de personas físicas que no actúen como empresarios o profesionales.
d) Todas las respuestas anteriores son correctas.

30. Responden subsidiariamente del reintegro:

a) Los miembros asociados de la persona jurídica beneficiaria y de las agrupaciones sin personalidad jurídica de personas físicas o jurídicas, públicas o privadas, en relación con las actividades subvencionadas que se hubieran comprometido a efectuar.
b) Las personas que ostenten la condición de representantes legales de la persona beneficiaria obligada al reintegro que carezca de capacidad de obrar.
c) Las personas que ostente la condición de socios o partícipes de las sociedades o entidades disueltas y liquidadas con obligaciones de reintegro pendientes.
d) Las personas que ostenten la condición de administradores de sociedades mercantiles, o representantes legales de otras personas jurídicas que no realizasen los actos necesarios que fueran de su incumbencia para el cumplimiento de las obligaciones infringidas, adoptasen acuerdos que hicieran posibles los incumplimientos o consintieran el de quienes de ellos dependan.

Solución al test n.º 7

1. c) 1/2015.

2. d) 10.

3. c) Donaciones.

4. c) 4 años.

5. b) Decreto del Consell, previa propuesta e informes correspondientes.

6. b) Exista error material, de hecho o aritmético, prescripción o pago previo.

7. a) Según procedimientos administrativos y con las prerrogativas de la Ley 58/2003.

8. d) Tesorería de la Generalitat.

9. a) Secciones y servicios presupuestarios.

10. b) Presidencia de la Generalitat.

11. c) Consell Jurídic Consultiu.

12. d) Medio Ambiente, Agua, Infraestructuras y Territorio.

13. a) Academia Valenciana de la Lengua.

14. c) Servicio de la deuda.

15. a) Producción de bienes públicos de carácter social.

16. c) Regulación económica de carácter general.

17. b) Defensa, protección civil y seguridad ciudadana.

18. c) Gastos financieros.

19. b) Transferencias de capital.

20. c) Gastos de bienes corrientes y gastos de funcionamiento.

21. d) Tasas, precios públicos y otros ingresos.

22. b) Transferencias de capital.

23. c) Transferencias corrientes.

24. c) Orden.

25. b) NEPAL.

26. d) Todas las respuestas anteriores son correctas.

27. d) La autorización previa para la concesión de las subvenciones de concurrencia competitiva de cuantía superior a un millón de euros. Esta autorización no implicará la aprobación del gasto que, en todo caso, corresponderá al órgano competente para la concesión.

28. b) Aprobar el plan estratégico de subvenciones de la conselleria, que abarcará tanto las propias del departamento como las de los organismos públicos vinculados o dependientes.

29. c) Las personas beneficiarias de subvenciones concedidas por importe inferior a 6.000 euros, siempre que se trate de personas físicas que no actúen como empresarios o profesionales.

30. d) Las personas que ostenten la condición de administradores de sociedades mercantiles, o representantes legales de otras personas jurídicas que no realizasen los actos necesarios que fueran de su incumbencia para el cumplimiento de las obligaciones infringidas, adoptasen acuerdos que hicieran posibles los incumplimientos o consintieran el de quienes de ellos dependan.

C. Unión Europea

TEST N.º 8

El Tratado de la Unión Europea: Disposiciones comunes. El Tratado de Funcionamiento de la Unión Europea: actos jurídicos de la Unión, procedimientos de adopción y otras disposiciones

1. La Unión se fundamenta en los valores de:

a) Respeto de la dignidad humana, libertad, democracia, a los derechos inviolables, igualdad, Estado de Derecho y respeto de los derechos humanos, incluidos los derechos de las personas pertenecientes a minorías.

b) Respeto de la dignidad humana, justicia, libertad, democracia, igualdad, Estado de Derecho y respeto de los derechos fundamentales, incluidos los derechos de las personas pertenecientes a minorías.

c) Respeto de la dignidad humana, libertad, democracia, igualdad, Estado de Derecho y respeto de los derechos humanos, incluidos los derechos de las personas pertenecientes a minorías.

d) Respeto de la dignidad humana, libertad, democracia, igualdad, Estado de Derecho y a la pluralidad social.

2. La Unión tiene como finalidad:

a) Mejorar la calidad de vida de todos los ciudadanos de la Unión.

b) Promover la paz, la prosperidad y el bienestar de sus Estado.

c) Promover la paz y la justicia.

d) Promover la paz, sus valores y el bienestar de sus pueblos.

3. La Unión ofrecerá a sus ciudadanos un espacio de:

a) Libertad, seguridad, igualdad y justicia sin fronteras interiores, en el que esté garantizada la libre circulación de personas conjuntamente con medidas adecuadas en materia de control de las fronteras exteriores, asilo, inmigración y de prevención y lucha contra la delincuencia.

b) Libertad, seguridad y justicia sin fronteras interiores, en el que esté garantizada la libre circulación de personas conjuntamente con medidas adecuadas en materia de control de las fronteras exteriores, asilo, inmigración y de prevención y lucha contra la delincuencia.

c) Igualdad, seguridad y justicia sin fronteras interiores, en el que esté garantizada la libre circulación de personas conjuntamente con medidas adecuadas en materia de control de las fronteras exteriores, asilo, inmigración y de prevención y lucha contra la delincuencia.

d) Libertad, seguridad y justicia sin fronteras interiores, en el que esté garantizada la libre circulación de personas y mercancías, conjuntamente con medidas adecuadas en materia de control de las fronteras interiores y exteriores, asilo, inmigración y de prevención y lucha contra la delincuencia.

4. La Unión fomentará:

a) La cohesión económica, social y territorial y la solidaridad entre los Estados miembros.
b) La cohesión económica, social y territorial y la coordinación entre los Estados miembros.
c) La cohesión económica, social, política y territorial y la solidaridad entre los Estados miembros.
d) La cohesión económica, fiscal, social y territorial y la solidaridad entre los Estados miembros.

5. La Unión afirmará y promoverá sus valores e intereses y contribuirá a la protección de sus ciudadanos, en sus relaciones con:

a) Todos los Estados.
b) El resto del mundo.
c) Con cada Estado.
d) Con la población.

6. De conformidad con lo dispuesto en el artículo 5, toda competencia no atribuida a la Unión en los Tratados:

a) Corresponde a la Comisión.
b) Corresponde a los Estados miembros.
c) Será compartida.
d) Será de coordinación.

7. La Unión y los Estados miembros se respetarán y asistirán mutuamente en el cumplimiento de las misiones derivadas de los Tratados, conforme al principio de

a) Coordinación.
b) Cooperación institucional.
c) Colaboración.
d)Cooperación leal.

8.La delimitación de las competencias de la Unión se rige por el principio de:

a) Coordinación.
b) Subsidiariedad.
c) Atribución.
d) Otorgamiento.

9. El ejercicio de las competencias de la Unión se rige por los principios de:

a) Atribución y proporcionalidad.
b) Atribución subsidiariedad.
c) Subsidiariedad y proporcionalidad.
d) Atribución, subsidiariedad, y proporcionalidad.

10. Se podrá constatar la existencia de un riesgo claro de violación grave por parte de un Estado miembro de los valores contemplados en el artículo 2 del TUE:

a) A propuesta motivada de un tercio de los Estados miembros, del Parlamento Europeo o de la Comisión, el Consejo, por mayoría de cuatro quintos de sus miembros y previa aprobación del Parlamento Europeo.
b) A propuesta motivada de un cuarto de los Estados miembros, del Parlamento Europeo o de la Comisión, el Consejo, por mayoría de cuatro quintos de sus miembros y previa aprobación del Parlamento Europeo.
c) A propuesta motivada de un tercio de los Estados miembros, del Parlamento Europeo o de la Comisión, el Consejo, por mayoría de tres quintos de sus miembros y previa aprobación del Parlamento Europeo.
d) A propuesta motivada de un tercio de los Estados miembros, del Presidente del Parlamento Europeo o del Presidente Comisión, el Consejo, por mayoría de cuatro quintos de sus miembros y previa aprobación del Consejo Europeo.

11. Podrá constatar la existencia de una violación grave y persistente por parte de un Estado miembro de los valores contemplados en el artículo 2 TUE tras invitar al Estado miembro de que se trate a que presente sus observaciones:

a) Un cuarto de los Estados miembros, del Parlamento Europeo o de la Comisión, el Consejo, por mayoría de cuatro quintos de sus miembros y previa aprobación del Parlamento Europeo.
b) El Consejo de la Unión Europea, por unanimidad y a propuesta de un tercio de los Estados miembros o de la Comisión y previa aprobación del Parlamento Europeo.
c) El Consejo Europeo, por unanimidad y a propuesta de un tercio de los Estados miembros o de la Comisión y previa aprobación del Parlamento Europeo.
d) El Parlamento, por unanimidad y a propuesta de un tercio de los Estados miembros o de la Comisión y previa aprobación del Consejo.

12. La Unión desarrollará con los países vecinos, con el objetivo de establecer un espacio de prosperidad y de buena vecindad basado en los valores de la Unión y caracterizado por unas relaciones estrechas y pacíficas fundadas en la cooperación, relaciones:

a) Preferentes.
b) Básicas.
c) De coordinación.
d) De buena gestión.

13. Tendrá un alcance general, será obligatorio en todos sus elementos y directamente aplicable en cada Estado miembro:

a) Reglamento.
b) Directiva.
c) Decisiones.
d) Todas son verdaderas.

14. Son normas de resultado, dejando, sin embargo, a las autoridades nacionales la elección de la forma y de los medios.

a) Reglamento.
b) Directiva.
c) Decisiones.
d) Todas son verdaderas.

15. Señala la respuesta correcta:

a) La Decisión será obligatoria en todos sus elementos para todos sus destinatarios.
b) La Decisión tiene carácter limitado, puesto que aunque es obligatoria, no suele tener carácter general sino que va dirigida a destinatarios concretos.
c) La Decisión tiene destinatarios determinados, con la particularidad de que estos no son necesariamente Estados, sino que también pueden serlo los particulares.
d) Todas son verdaderas.

16. Las Recomendaciones y los Dictámenes:

a) Serán vinculantes.
b) No serán vinculantes.
c) Las Recomendaciones serán vinculantes y los Dictámenes nunca.
d) Las Recomendaciones nunca serán vinculantes y los Dictámenes serán vinculantes.

17. Que el Reglamento tiene alcance general significa que su ámbito de aplicación se extiende a:

a) Las Instituciones.
b) Estados miembros.
c) Personas físicas y jurídicas, cualquiera que sea su naturaleza y el ámbito de funciones.
d) Todas son verdaderas.

18. En los casos específicos previstos por los Tratados, los actos legislativos podrán ser adoptados por iniciativa de:

a) Un grupo de Estados miembros o del Parlamento Europeo, por el Consejero Europeo, por recomendación del Banco Central Europeo o a petición del Tribunal de Justicia o del Banco Europeo de Inversiones.

b) Un grupo de Estados miembros, que supongan una cuarta parte o del Parlamento Europeo, por recomendación del Banco Central Europeo o a petición del Tribunal de Justicia o del Banco Europeo de Inversiones.

c) Un grupo de Estados miembros o del Parlamento Europeo, por recomendación del Banco Central Europeo o a petición del Tribunal de Justicia o del Banco Europeo de Inversiones.

d) Un grupo de Estados miembros o del Parlamento Europeo, por decisión del Banco Central Europeo o del Banco Europeo de Inversiones, a petición del Tribunal de Justicia o del Banco Europeo de Inversiones.

19. Un acto legislativo podrá delegar los poderes para adoptar actos no legislativos de alcance general que completen o modifiquen determinados elementos no esenciales del acto legislativo, en:

a) La Comisión.
b) Parlamento.
c) Consejo.
d) Consejo y Parlamento.

20.En relación con los actos delegados, podrá decidir la delegación:

a) El Consejo Europeo.
b) El Parlamento y el Consejo de forma conjunta.
c) El Parlamento o el Consejo.
d) La Comisión.

21.Respecto de los actos de ejecución, adoptarán todas las medidas de Derecho interno necesarias para la ejecución de los actos jurídicamente vinculantes de la Unión:

a) La Comisión.
b) Los Estados miembros.
c) El Parlamento y el Consejo.
d) El Parlamento y los Estados miembros de forma conjunta.

22. Si el Consejo no aprueba la posición del Parlamento Europeo, adoptará su posición en primera lectura y la transmitirá:

a) A la Comisión.
b) Al Parlamento Europeo.
c) Al Parlamento y a la Comisión.
d) Al Comité de Conciliación.

23. Los actos del Consejo, de la Comisión o del Banco Central Europeo que impongan una obligación pecuniaria a personas distintas de los Estados serán títulos:

a) Ejecutivos.
b) Legislativos.

c) Preceptivos.
d) Monetarios.

24. Si, en un plazo de seis semanas a partir de su convocatoria, el Comité de Conciliación no aprueba un texto conjunto, el acto propuesto:

a) Se considerará aprobado.
b) Se devolverá al Parlamento.
c) Se remitirá a la Comisión.
d) Se considerará no adoptado.

25.Los actos legislativos adoptados con arreglo al procedimiento legislativo ordinario serán firmados por:

a) Solamente por el Presidente del Parlamento.
b) El Presidente del Parlamento Europeo y por el Presidente del Consejo.
c) Solamente por el Presidente del Consejo.
d) El Presidente de la Comisión, del Consejo y del Parlamento.

26. Los reglamentos, las directivas que tengan por destinatarios a todos los Estados miembros, así como las decisiones que no indiquen destinatario:

a)Se publicarán en el Diario de la Unión Europea y se notificarán a sus destinatarios.
b)Se publicarán en el Diario Oficial de la Unión Europea.
c) Se notificarán a todos los Estados por conducto del Consejo.
d) Se publicarán en el Diario de la Unión Europea y en el Boletín Oficial de cada país.

27.Los Reglamentos entrarán en vigor:

a) A los 20 días de su publicación.
b) En la fecha que indiquen y en su defecto en un mes.
c) En la fecha que fijen, o a falta de ellos en los 20 días desde su aprobación.
d) En la fecha que ellos mismos fijen o, a falta de ella, a los veinte días de su publicación.

28.Las decisiones que indiquen un destinatario:

a) Se publicarán en el Diario de la Unión Europea.
b) Se notificarán a sus destinatarios y surtirán efecto en virtud de dicha notificación.
c) Se publicarán en el Diario de la Unión Europea y se notificarán a sus destinatarios.
d)Se publicarán en el Diario Oficial de cada Estado miembro de la Unión Europea.

Solución al test n.º 8

1. c) Respeto de la dignidad humana, libertad, democracia, igualdad, Estado de Derecho y respeto de los derechos humanos, incluidos los derechos de las personas pertenecientes a minorías.

2. d) Promover la paz, sus valores y el bienestar de sus pueblos.

3. b) Libertad, seguridad y justicia sin fronteras interiores, en el que esté garantizada la libre circulación de personas conjuntamente con medidas adecuadas en materia de control de las fronteras exteriores, asilo, inmigración y de prevención y lucha contra la delincuencia.

4. a) La cohesión económica, social y territorial y la solidaridad entre los Estados miembros.

5. b) El resto del mundo.

6. b) Corresponde a los Estados miembros.

7. d) Cooperación leal.

8. c) Atribución.

9. c) Subsidiariedad y proporcionalidad.

10. a) A propuesta motivada de un tercio de los Estados miembros, del Parlamento Europeo o de la Comisión, el Consejo, por mayoría de cuatro quintos de sus miembros y previa aprobación del Parlamento Europeo.

11. c) El Consejo Europeo, por unanimidad y a propuesta de un tercio de los Estados miembros o de la Comisión y previa aprobación del Parlamento Europeo.

12. a) Preferentes.

13. a) Reglamento.

14. b) Directiva.

15. d) Todas son verdaderas.

16. b) No serán vinculantes.

17. d) Todas son verdaderas.

18. c) Un grupo de Estados miembros o del Parlamento Europeo, por recomendación del Banco Central Europeo o a petición del Tribunal de Justicia o del Banco Europeo de Inversiones.

19. a)La Comisión.

20. c) El Parlamento o el Consejo.

21. b) Los Estados miembros.

22. b) Al Parlamento Europeo.

23. a) Ejecutivos.

24. d) Se considerará no adoptado.

25. b) El Presidente del Parlamento Europeo y por el Presidente del Consejo.

26. b)Se publicarán en el Diario Oficial de la Unión Europea.

27. d) En la fecha que ellos mismos fijen o, a falta de ella, a los veinte días de su publicación.

28. b)Se notificarán a sus destinatarios y surtirán efecto en virtud de dicha notificación.

D. Derecho Administrativo

La Ley 40/2015, de 1 de octubre, de régimen jurídico del sector público: Título preliminar: Capítulo I, Disposiciones generales. Capítulo II: Los órganos de las Administraciones Públicas. Protección de datos de carácter personal y garantía de los derechos digitales

1. De conformidad con el artículo 8 de la Ley 40/2015, de 1 de octubre, de Régimen Jurídico del Sector Público, la competencia para el dictado de actos administrativos:

a) Es irrenunciable y siempre se ejercerá por los órganos administrativos que la tengan atribuida como propia.

b) Se puede delegar en todo caso.

c) Es irrenunciable y se ejercerá por los órganos administrativos que la tengan atribuida como propia, salvo los casos de delegación o avocación, en los términos previstos en la ley.

d) Es irrenunciable y se ejercerá por los órganos administrativos que la tengan atribuida como propia, salvo los casos de delegación de firma o suplencia, en los términos previstos en la ley.

2. En ningún caso podrán ser objeto de delegación, tal y como dispone la Ley 40/2015, de 1 de octubre, competencias relativas a:

a) La resolución de los recursos de alzada.

b) La adopción de disposiciones de carácter general.

c) Las resoluciones en materia de personal.

d) Las resoluciones de responsabilidad patrimonial.

3. Según dispone el artículo 23 de la Ley 40/2015, de 1 de octubre, de Régimen Jurídico del Sector Público, es motivo de abstención:

a) Tener interés personal en el asunto de que se trate o en otro en cuya resolución pudiera influir la de aquel, ser administrador de sociedad o entidad interesada, o tener cuestión litigiosa pendiente con algún interesado.

b) Tener parentesco de consanguinidad dentro del cuarto grado o de afinidad dentro del tercero, con cualquiera de los interesados, con los administradores de entidades o sociedades interesadas o con sus asesores o representantes legales.

c) Haber prestado servicios profesionales de cualquier tipo y en cualquier circunstancia o lugar en los cinco últimos años a persona natural interesada directamente en el asunto.

d) Haber prestado servicios profesionales de cualquier tipo y en cualquier circunstancia o lugar en los cinco últimos años a persona jurídica interesada directamente en el asunto.

4. La recusación de acuerdo con el artículo 24 de la Ley 40/2015, de 1 de octubre, de Régimen Jurídico del Sector Público, la promueve:

a) La autoridad.
b) El superior jerárquico de la autoridad o funcionario.
c) El interesado.
d) El funcionario.

5. Según dispone el artículo 23 de la Ley 40/2015, de 1 de octubre, de Régimen Jurídico del Sector Público, NO es un motivo de abstención:

a) Haber tenido intervención como perito en el procedimiento de que se trate.
b) Tener parentesco de afinidad dentro del segundo grado, con cualquiera de los interesados, con los administradores de entidades o sociedades interesadas y también con los asesores, representantes legales o mandatarios que intervengan en el procedimiento.
c) Tener parentesco de afinidad dentro del cuarto grado, con cualquiera de los interesados, con los administradores de entidades o sociedades interesadas y también con los asesores, representantes legales o mandatarios que intervengan en el procedimiento.
d) Haber tenido intervención como testigo en el procedimiento de que se trate.

6. Según el artículo 9 de la Ley 40/2015, de 1 de octubre, de Régimen Jurídico del Sector Público, la delegación de competencias:

a) Será revocable en cualquier momento por el órgano que la haya conferido.
b) Es irrevocable.
c) Será revocable solo por el Consejo de Gobierno.
d) Será revocable solo por el Consejo de Ministros.

7. De acuerdo con el artículo 3 de la Ley 40/2015, de 1 de octubre, de Régimen Jurídico del Sector Público, ¿cuáles son los principios de actuación de las Administraciones Públicas?

a) Jerarquía, cooperación, descentralización, desconcentración y colaboración.
b) Eficacia, desconcentración, jerarquía, descentralización y cooperación.
c) Coordinación, descentralización, jerarquía, eficacia y desconcentración.
d) Cooperación, jerarquía, descentralización, eficiencia y servicio a los ciudadanos.

8. ¿Qué principios deberán respetar en su actuación las Administraciones Públicas, conforme al artículo 3 de la Ley 40/2015, de 1 de octubre, de Régimen Jurídico del Sector Público?

a) Los de buena fe y confianza legítima.
b) Los de eficiencia y servicio a los ciudadanos.

c) Participación, objetividad y transparencia de la actuación administrativa.
d) Los de transparencia y participación.

9. ¿Qué principios deberán respetar en sus relaciones las Administraciones Públicas?

a) Buena fe, confianza legítima y lealtad institucional.
b) Los de eficiencia y servicio a los ciudadanos.
c) Los de transparencia y participación.
d) Los de cooperación y colaboración.

10. Las Administraciones Públicas se relacionarán entre sí y con sus órganos, organismos públicos y entidades vinculados o dependientes, conforme al artículo 3.2 de la Ley 40/2015, de 1 de octubre, de Régimen Jurídico del Sector Público:

a) A través de medios electrónicos.
b) A través de medios electrónicos, que aseguren la interoperabilidad y seguridad de los sistemas y soluciones adoptadas por cada una de ellas garantizando la protección de los datos de carácter personal, y facilitando preferentemente la prestación conjunta de servicios a los interesados.
c) Directamente y sin dilación garantizando la protección de los datos de carácter personal, y facilitarán preferentemente la prestación conjunta de servicios a los interesados.
d) Preferentemente a través de medios electrónicos, que aseguren la prestación conjunta de servicios a los interesados.

11. ¿Cuál de las siguientes respuestas es correcta, de acuerdo con lo dispuesto en el artículo 3.4 de la Ley 40/2015, de 1 de octubre, de Régimen Jurídico del Sector Público?

a) Cada Administración Pública actúa para el cumplimiento de sus fines con personalidad jurídica única.
b) Las Administraciones Públicas se configuran como órganos territoriales.
c) Las Administraciones Públicas están integradas por entes locales.
d) Cada Administración instrumental actúa para el cumplimiento de sus fines con personalidad jurídica única.

12. Conforme a lo dispuesto en el artículo 5.3 de la Ley 40/2015, de 1 de octubre, de Régimen Jurídico del Sector Público, ¿qué requisito, de los siguientes, debe cumplirse para la creación de cualquier órgano administrativo?

a) Determinar su forma de descentralización en la Administración Pública de que se trate.
b) Fijar los objetivos de interés común a cumplir.
c) La dotación de los créditos necesarios para su puesta en marcha y funcionamiento.
d) Deben cumplirse todos los requisitos anteriores.

13. De acuerdo con lo dispuesto en el artículo 8.1 de la Ley 40/2015, de 1 de octubre, de Régimen Jurídico del Sector Público, ¿cómo es la competencia que ejerce un órgano administrativo que la tenga atribuida como propia?

a) Es compartida con el órgano de superior jerarquía.

b) Es irrenunciable.

c) Es renunciable ante el órgano superior del mismo ente.

d) Es renunciable ante el órgano superior del mismo ente, a través de la técnica de la avocación.

14. Señala la respuesta correcta. De acuerdo con lo dispuesto en el artículo 8 de la Ley 40/2015, de 1 de octubre, de Régimen Jurídico del Sector Público:

a) Se pueden crear órganos que supongan duplicación de otros ya existentes.

b) La delegación de firma y la suplencia supone alteración de la titularidad de la competencia.

c) La encomienda de gestión supone alteración de la titularidad de la competencia.

d) Salvo los casos de avocación o delegación la competencia es irrenunciable.

15. Señala la respuesta correcta. Según el artículo 9 de la Ley 40/2015, de 1 de octubre, de Régimen Jurídico del Sector Público:

a) Los órganos de las diferentes Administraciones Públicas no podrán delegar el ejercicio de competencias que tengan atribuidas en otros órganos de la misma Administración, aun cuando no sean jerárquicamente dependientes.

b) No podrán ser objeto de delegación las competencias relativas a asuntos que se refieran a las relaciones con las Asambleas Legislativas de las Comunidades Autónomas.

c) Se podrán delegar las competencias relativas a asuntos que se refieran a las relaciones con las Cortes Generales.

d) Podrá ser objeto de delegación la resolución de recursos en los órganos administrativos que hayan dictado los actos objeto de recurso.

16. A tenor de lo dispuesto en el artículo 9.3 de la Ley 40/2015, de 1 de octubre, de Régimen Jurídico del Sector Público, ¿dónde deberán publicarse la delegación de competencias y su revocación?

a) En el Boletín Oficial del Estado, siempre.

b) En el Diario Oficial de la Comunidad Autónoma.

c) En el Diario Oficial de la Provincia.

d) El medio de publicación dependerá de la Administración a que pertenezca el órgano delegante y el ámbito territorial de competencia de este.

17. Señala la respuesta correcta. Conforme a lo dispuesto en el artículo 9 de la Ley 40/2015, de 1 de octubre, de Régimen Jurídico del Sector Público:

a) La delegación será revocable en cualquier momento por el órgano que la haya conferido.

b) Las resoluciones administrativas que se adopten por delegación se considerarán dictadas por el órgano delegado.

c) Salvo autorización expresa de un Reglamento, no podrán delegarse competencias que se ejerzan por delegación.

d) La delegación será revocable en cualquier momento por el órgano que la haya aceptado.

18. ¿Cuál de las respuestas referidas a la avocación es correcta, teniendo en cuenta lo dispuesto en el artículo 10 de la Ley 40/2015, de 1 de octubre, de Régimen Jurídico del Sector Público?

a) La avocación se realizará mediante acuerdo motivado que deberá ser notificado a los interesados, si los hubiere, con anterioridad a la incoación del procedimiento.

b) Contra el acuerdo de avocación solo cabrá el recurso de alzada.

c) La avocación se realizará mediante acuerdo motivado que deberá ser notificado a los interesados, si los hubiere, con anterioridad a la resolución final que se dicte.

d) Contra el acuerdo de avocación solo cabrá el recurso de reposición.

19. De acuerdo con el artículo 11 de la Ley 40/2015, de 1 de octubre, de Régimen Jurídico del Sector Público, ¿qué supone la encomienda de gestión?

a) Supone cesión de elementos sustantivos de la competencia.

b) Supone cesión de titularidad de la competencia.

c) Supone la avocación del órgano superior, que la podrá ejercer cuando lo estime oportuno.

d) Supone cesión de la realización de actividades de carácter material o técnico de la competencia de los órganos administrativos.

20. A tenor de lo dispuesto en el artículo 11.3. b) de la Ley 40/2015, de 1 de octubre, de Régimen Jurídico del Sector Público, ¿qué ocurre cuando la encomienda de gestión se realice entre órganos de distintas Administraciones?

a) Se formalizará en la forma que normativamente se establezca.

b) Se formalizará mediante firma del correspondiente convenio entre ellas.

c) Se formalizará mediante firma del correspondiente contrato administrativo entre ellas.

d) Se formalizará mediante firma del correspondiente concierto entre ellas.

21. Señala la respuesta correcta. En relación con la delegación de firma, de acuerdo con lo dispuesto en el artículo 12 de la Ley 40/2015, de 1 de octubre, de Régimen Jurídico del Sector Público:

a) No alterará la competencia del órgano delegante y para su validez no será necesaria su publicación.

b) Permite que cualquier funcionario pueda delegar la firma de sus resoluciones en otros dependientes.

c) Para su validez será necesaria su publicación.

d) Altera la competencia del órgano delegante.

22. La suplencia, a tenor de lo dispuesto en el artículo 13 de la Ley 40/2015, de 1 de octubre, de Régimen Jurídico del Sector Público:

a) La nombra el titular del órgano objeto de la suplencia.
b) No implicará alteración de la competencia.
c) Implica alteración de la competencia del órgano delegante.
d) Se formalizará mediante firma del correspondiente convenio.

23. Señala la respuesta correcta. De acuerdo con lo dispuesto en el artículo 13 de la Ley 40/2015, de 1 de octubre, de Régimen Jurídico del Sector Público, en relación con la suplencia:

a) Corresponde a quien designe el órgano suplido.
b) Implica que los titulares de los órganos administrativos podrán ser suplidos temporalmente.
c) Corresponde a quien designe el órgano suplente.
d) Se ejercerá por quien designe el órgano administrativo inmediato inferior del mismo.

24. ¿Qué hará el órgano administrativo que se estime incompetente, conforme a lo dispuesto en el artículo 14.1 de la Ley 40/2015, de 1 de octubre, de Régimen Jurídico del Sector Público, para la resolución de un asunto?

a) Remitirá el asunto al órgano que considere competente, debiendo notificar esta circunstancia a los interesados.
b) Abandonará el conocimiento del asunto.
c) Resolverá el asunto en todo caso y luego lo tramitará al órgano competente.
d) Directamente y sin dilación garantizará la protección de los datos de carácter personal, y facilitará preferentemente la prestación conjunta de servicios a los interesados.

25. Señala la respuesta correcta. En relación con las decisiones de competencia y a tenor de lo dispuesto en el artículo 14 de la Ley 40/2015, de 1 de octubre, de Régimen Jurídico del Sector Público:

a) Los interesados que sean parte en el procedimiento no podrán dirigirse al órgano que se encuentre conociendo de un asunto para que decline su competencia y remita las actuaciones al órgano competente.
b) Los interesados en un procedimiento no podrán dirigirse al órgano que estimen competente para que requiera de inhibición al que esté conociendo del asunto.
c) Los conflictos de atribuciones solo podrán suscitarse entre órganos de una misma Administración no relacionados jerárquicamente, y respecto a asuntos sobre los que no haya finalizado el procedimiento administrativo.
d) Los conflictos de atribuciones solo podrán suscitarse entre órganos de una misma Administración relacionados jerárquicamente, y respecto a asuntos sobre los que no haya finalizado el procedimiento administrativo.

26. Conforme a lo dispuesto en el artículo 6 de la Ley 40/2015, de 1 de octubre, de Régimen Jurídico del Sector Público, ¿cómo podrán dirigir los órganos administrativos las actividades de sus órganos jerárquicamente dependientes?

a) Mediante decretos, instrucciones y órdenes de servicio.
b) Mediante instrucciones y órdenes de servicio.
c) Mediante disposiciones que avalen la eficacia de los actos.
d) Mediante circulares y órdenes de servicio.

27. A tenor del artículo 6.1 de la Ley 40/2015, de 1 de octubre, de Régimen Jurídico del Sector Público, ¿dónde se publicarán las instrucciones y órdenes de servicio cuando una disposición específica así lo establezca?

a) En el Boletín Oficial que corresponda.
b) En el Diario de la Consejería correspondiente.
c) En el Diario de Sesiones de la Asamblea.
d) En el Boletín Oficial del Estado.

28. ¿Dónde se integrarán los órganos colegiados, según lo dispuesto en el artículo 15.2 de la Ley 40/2015, de 1 de octubre, de Régimen Jurídico del Sector Público?

a) Quedarán integrados en la Administración Pública de su elección.
b) Se integrarán en las normas de funcionamiento de la Administración Pública a la que pertenezcan.
c) Quedarán integrados en la Administración Pública que corresponda.
d) Quedarán integrados en la Administración instrumental.

29. Conforme a lo dispuesto en el artículo 19 de la Ley 40/2015, de 1 de octubre, de Régimen Jurídico del Sector Público, ¿quién dirime con su voto, en un órgano colegiado, los empates que puedan darse en un acuerdo?

a) El Presidente del Órgano Colegiado.
b) Cualquier miembro del Órgano Colegiado.
c) El Secretario del Órgano Colegiado.
d) El vocal de conflictos.

30. ¿Qué podrán formular los miembros de un órgano colegiado que discrepen del acuerdo mayoritario, conforme a lo dispuesto en el artículo 19 de la Ley 40/2015, de 1 de octubre, de Régimen Jurídico del Sector Público?

a) Una denuncia contra la adopción de ese acuerdo.
b) Un voto particular.
c) Una queja al superior jerárquico del órgano colegiado.
d) Su desacuerdo y posterior recusación.

31. ¿Cómo puede asistir a las reuniones el Secretario de un órgano colegiado, si es funcionario, de acuerdo con lo dispuesto en el artículo 19.4 de la Ley 40/2015, de 1 de octubre, de Régimen Jurídico del Sector Público?

a) Con voz, pero sin voto.
b) Con voto, exclusivamente.
c) Con voz y voto.
d) Igual que el Presidente, siempre que ejerza potestades administrativas.

32. Conforme a lo dispuesto en el artículo 17.6 de la Ley 40/2015, de 1 de octubre, de Régimen Jurídico del Sector Público, los miembros de un órgano colegiado que voten en contra de un acuerdo o se abstengan:

a) Quedarán sujetos a la responsabilidad que, en su caso, pueda derivarse de los acuerdos.
b) Quedará reflejado en el acta, la cual no podrá aprobarse en la misma sesión.
c) Quedarán exentos de la responsabilidad que, en su caso, pueda derivarse de los acuerdos.
d) Se hará constar expresamente tal circunstancia.

33. A tenor de lo dispuesto en el artículo 23 de la Ley 40/2015, de 1 de octubre, de Régimen Jurídico del Sector Público, ¿cuál de los siguientes supuestos es motivo de abstención?

a) El tener parentesco de afinidad dentro del primer grado.
b) El tener parentesco de afinidad dentro del segundo grado.
c) El tener parentesco de afinidad dentro del tercer grado.
d) El tener parentesco de afinidad dentro del cuarto grado.

34. De acuerdo con el artículo 23 de la Ley 40/2015, de 1 de octubre, de Régimen Jurídico del Sector Público, ¿cuál de los siguientes supuestos es motivo de abstención?

a) El tener parentesco de consanguinidad dentro del primer grado.
b) El tener parentesco de consanguinidad dentro del segundo grado.
c) El tener parentesco de consanguinidad dentro del tercer grado.
d) El tener parentesco de consanguinidad dentro del cuarto grado.

35. Conforme a lo dispuesto en el artículo 24.4 de la Ley 40/2015, de 1 de octubre, de Régimen Jurídico del Sector Público, ¿en cuánto tiempo resolverá el superior jerárquico del recusado en un procedimiento si este niega la causa de recusación?

a) En el plazo de dos días.
b) En el plazo de tres días.
c) En el plazo de seis días.
d) En el plazo de nueve días.

36. De conformidad con la Ley 40/2015, la constitución de un órgano administrativo no requerirá:

a) Sus funciones y competencias.
b) Dotación de los créditos necesarios.
c) Designación de su titular.
d) La forma de integración en su Administración Pública.

37. La Ley 40/2015, de 1 de octubre, de Régimen Jurídico del Sector Público, establece que, en todo caso, la avocación:

a) Se realizará mediante resolución motivada que deberá ser notificada a los interesados en el procedimiento, en todo caso, con anterioridad a la resolución final que se dicte.
b) Se realizará mediante acuerdo motivado que deberá ser notificado a los interesados en el procedimiento, si los hubiere, con anterioridad a la propuesta de resolución que se dicte.
c) Se realizará mediante acuerdo motivado que deberá ser notificado a los interesados en el procedimiento, si los hubiere, con anterioridad o simultáneamente a la resolución final que se dicte.
d) Se realizará mediante resolución motivada que deberá ser notificada a los interesados en el procedimiento, si los hubiere, con anterioridad a la resolución final que se dicte.

38. Un Mesa de Contratación ha sido constituida como órgano colegiado para el estudio de las diferentes ofertas presentadas en un procedimiento. ¿A quién corresponde visar las actas y certificaciones de los acuerdos de un órgano colegiado de la Administración Pública?

a) Al presidente.
b) Al secretario.
c) A los vocales.
d) Al interventor de fondos.

39. Una empresa presenta escrito de recusación contra un vocal de la Mesa de Contratación por entender que concurre uno de los motivos señalados en el artículo 24 de la Ley 40/2015, de 1 de octubre, de Régimen Jurídico del Sector Público. Según esta norma, el recusado manifestará a sus superiores si se da o no en él la causa alegada:

a) En el plazo de tres días.
b) Al día siguiente.
c) En el plazo de 10 días.
d) En el mismo día.

40. Contra la resolución adoptada en materia de recusación, conforme a la Ley 40/2015, de 1 de octubre, de Régimen Jurídico del Sector Público:

a) Cabrá recurso de alzada.
b) Cabrá recurso potestativo de reposición, en el caso de las corporaciones locales.

c) Cabrá cualquier tipo de recurso administrativo.

d) No cabrá recurso administrativo.

41. Según establece la Ley 40/2015, de 1 de octubre, de Régimen Jurídico del Sector Público, en lo relativo a las decisiones sobre competencia:

a) Los conflictos de atribuciones solo podrán suscitarse entre órganos de una misma Administración relacionados jerárquicamente.

b) El órgano administrativo que se estime incompetente para la resolución de un asunto remitirá directamente las actuaciones al órgano que considere competente, si este pertenece a distinta Administración Pública.

c) Los interesados que sean parte en el procedimiento podrán dirigirse al órgano que estimen competente para que requiera de inhibición al que esté conociendo del asunto.

d) Podrán suscitarse conflictos de atribuciones respecto a aquellos asuntos cuyo procedimiento administrativo ya haya finalizado.

42. Deberá publicarse en el Boletín Oficial correspondiente:

a) La revocación de una delegación de competencias.

b) La avocación del conocimiento de un asunto.

c) La delegación de firma.

d) Cualquier orden de servicio.

73. Quien, figurando como encargado, utilizase los datos para sus propias finalidades:

a) Tendrá la consideración de responsable del tratamiento.

b) Tendrá la consideración de corresponsable.

c) Deberá renunciar a la figura de encargado.

d) En ningún caso será considerado responsable del tratamiento.

44. Según el artículo 18.3 de la Constitución Española, se garantiza el secreto de las comunicaciones y, en especial, de las postales, telegráficas y telefónicas:

a) Siempre.

b) Salvo resolución judicial.

c) Excepto en los casos que establezcan las leyes.

d) Salvo consentimiento del interesado.

45. Es correcto, conforme a la disposición adicional 3.ª de la LO 3/2018, que:

a) Cuando los plazos se señalen por días, se entiende que estos son naturales.

b) Si el plazo se fija en semanas, concluirá el día anterior al día de la semana en que se produjo el hecho que determina su iniciación en la semana de vencimiento.

c) Si el plazo se fija en años, concluirá el mismo día en que se produjo el hecho que determina su iniciación en el año de vencimiento.

d) Cuando el último día del plazo sea inhábil, se entenderá adelantado al último día hábil anterior.

46. El RGPD lo define como la persona física o jurídica, autoridad pública, servicio u otro organismo que trate datos personales por cuenta del responsable del tratamiento:

a) El Delegado.
b) El Encargado.
c) El Representante.
d) El Tratante.

47. Según el artículo 3 de la LO 3/2018, los requisitos y condiciones para acreditar la validez y vigencia de los mandatos e instrucciones de las personas fallecidas respecto al acceso a los datos personales de estas por parte de las personas o instituciones que designaran expresamente, serán establecidos:

a) Por medio de una Directiva europea.
b) Por Ley estatal.
c) Por Ley autonómica.
d) Por Real Decreto.

48. El artículo 4 de la LO 3/2018 señala que, conforme al artículo 5.1.d) del Reglamento (UE) 2016/679, los datos serán exactos y, si fuere necesario:

a) Actualizados.
b) Aproximados.
c) Normalizados.
d) Digitalizados.

49. Señala la respuesta incorrecta. No será imputable al responsable del tratamiento, siempre que este haya adoptado todas las medidas razonables para que se supriman o rectifiquen sin dilación, la inexactitud de los datos personales, con respecto a los fines para los que se tratan, cuando los datos inexactos:

a) Hubiesen sido obtenidos por el responsable directamente del encargado.
b) Hubiesen sido obtenidos por el responsable de un mediador o intermediario en caso de que las normas aplicables al sector de actividad al que pertenezca el responsable del tratamiento establecieran la posibilidad de intervención de un intermediario o mediador que recoja en nombre propio los datos de los afectados para su transmisión al responsable.

c) Fuesen sometidos a tratamiento por el responsable por haberlos recibido de otro responsable en virtud del ejercicio por el afectado del derecho a la portabilidad.

d) Fuesen obtenidos de un registro público por el responsable.

50. Conforme al artículo 5.1 de la LO 3/2018, estarán sujetas al deber de confidencialidad:

a) Únicamente los responsables del tratamiento.

b) Los responsables y encargados del tratamiento.

c) Los responsables y encargados del tratamiento de datos así como todas las personas que intervengan en cualquier fase de este.

d) Los responsables y encargados del tratamiento de datos así como todas las personas que intervengan en todas las fases de este.

51. Conforme a los artículos 4.11 del RGPD y 6.1 de la LO 3/2018, se entiende por *consentimiento del afectado* la aceptación, ya sea mediante una declaración o una clara acción afirmativa, del tratamiento de datos personales que le conciernen manifestada por voluntad libre, de forma específica, informada e/y:

a) Detallada.

b) Unitaria.

c) Inequívoca.

d) Por escrito.

52. Cuando se pretenda fundar el tratamiento de los datos en el consentimiento del afectado para una pluralidad de finalidades:

a) Será preciso que conste de manera específica e inequívoca que dicho consentimiento se otorga para todas ellas.

b) Será necesario demostrar que el afectado consintió expresa e inequívocamente en alguna de las finalidades y, que el resto de finalidades están claramente relacionadas con aquella.

c) El responsable debe demostrar la adecuación de las distintas finalidades a un único objeto.

d) El consentimiento del afectado solo puede afectar a una finalidad. Cada finalidad precisa un consentimiento propio e independiente.

53. Según el artículo 8.1 de la LO 3/2018, el tratamiento de datos personales solo podrá considerarse fundado en el cumplimiento de una obligación legal exigible al responsable:

a) Cuando así lo prevea una norma de Derecho de la Unión Europea o una norma con rango de ley.

b) Cuando el tratamiento se considere una misión realizada en interés público.

c) Cuando se trate del ejercicio de poderes públicos conferidos al responsable.
d) Cuando el responsable sea un órgano u organismo público.

54. Conforme al artículo 9 de la LO 3/2018, de 5 de diciembre, de Protección de Datos Personales y garantía de los derechos digitales, ¿cuál de los siguientes trata- mientos de categorías especiales de datos fundados en el Derecho español deberá estar amparado en una norma con rango de ley?

a) El interesado dio su consentimiento explícito para el tratamiento de dichos datos personales con uno o más de los fines especificados.
b) El tratamiento es necesario para el cumplimiento de obligaciones y el ejercicio de derechos específicos del responsable del tratamiento o del interesado en el ámbito del Derecho laboral y de la seguridad y protección social.
c) El tratamiento es necesario para proteger intereses vitales del interesado o de otra persona física, en el supuesto de que el interesado no esté capacitado, física o jurídica- mente, para dar su consentimiento.
d) El tratamiento es necesario por razones de interés público en el ámbito de la salud pública, como la protección frente a amenazas transfronterizas graves para la salud, o para garantizar elevados niveles de calidad y de seguridad de la asistencia sanitaria y de los medicamentos o productos sanitarios.

55. La LO 3/2018, de 5 de diciembre, de Protección de Datos Personales y garan- tía de los derechos digitales, tiene por objeto garantizar los derechos digitales de la ciudadanía conforme al mandato del artículo de la Constitución:

a) 9.2.
b) 10.1.
c) 18.4.
d) 20.4.

56. Señala la respuesta incorrecta. Conforme al artículo 11.2 de la LO 3/2018, la in- formación básica que el responsable del tratamiento ha de facilitar al afectado, cuan- do los datos personales se hayan obtenido de este, debe contener obligatoriamente:

a) La finalidad del tratamiento.
b) La identidad del responsable del tratamiento y de su representante, en su caso.
c) La posibilidad de ejercer los derechos establecidos en los artículos 15 a 22 del RGPD.
d) Las categorías de datos objeto de tratamiento.

57. Conforme al RGPD, cuando se aplique el consentimiento para el tratamiento de sus datos personales para uno o varios fines específicos en relación con la oferta directa a niños de servicios de la sociedad de la información, el tratamiento de los datos personales de un niño se considerará lícito cuando este tenga como mínimo:

a) 12 años.
b) 13 años.

c) 14 años.
d) 16 años.

58. Según el artículo 7.1 de la LO 3/2018, el tratamiento de los datos personales de un menor de edad únicamente podrá fundarse en su consentimiento cuando sea mayor de:

a) 12 años.
b) 13 años.
c) 14 años.
d) 16 años.

59. En virtud del derecho de acceso al que se refiere el artículo 15 del Reglamento (UE) 2016/679, del Parlamento Europeo y del Consejo, de 27 de abril, relativo a la protección de las personas físicas en lo que respecta al tratamiento de datos personales y a la libre circulación de estos datos y por el que se deroga la Directiva 95/46/CE:

a) El interesado tendrá derecho a conocer si sus datos de carácter personal están siendo tratados, qué datos son objeto de dicho tratamiento, la finalidad del mismo, el origen de los citados datos y si se han comunicado o se van a comunicar a un tercero.
b) El interesado, previo pago de un canon, tendrá derecho a obtener información sobre sus datos de carácter personal sometidos a tratamiento.
c) El interesado tiene derecho a conocer el nombre y apellidos de las personas que han accedido a sus datos.
d) El interesado tendrá derecho a obtener información de sus datos de carácter personal sometidos a tratamiento, pero no de las comunicaciones que se prevean hacer de ellos.

60. Conforme al artículo 12 de la LO 3/2018, los derechos reconocidos en los artículos 15 a 22 del RGPD:

a) Solo podrán ser ejercidos directamente por el afectado.
b) Deberán ejercerse bien directamente por el afectado o por representante legal.
c) Deberán ejercerse bien directamente por el afectado o por representante voluntario.
d) Podrán ejercerse directamente o por medio de representante legal o voluntario.

61. Según el artículo 12.4 de la LO 3/2018, la prueba del cumplimiento del deber de responder a la solicitud de ejercicio de sus derechos formulado por el afectado recaerá:

a) Sobre el responsable del tratamiento.
b) Sobre el encargado del tratamiento.
c) Bien sobre el responsable o bien sobre el encargado.
d) Sobre el representante legal del afectado.

62. En virtud del artículo 12 de la LO 3/2018 es cierto, en relación con los medios para que el afectado pueda ejercer sus derechos, que:

a) El encargado del tratamiento estará obligado a informar al afectado sobre los medios a su disposición para ejercer los derechos que le corresponden.

b) Los medios deberán ser consensuados con los afectados antes de poner en marcha el tratamiento.

c) Los medios deberán ser fácilmente accesibles para el afectado.

d) El ejercicio del derecho podrá ser denegado cuando el afectado opte por otro medio.

63. En relación con el derecho de acceso, el artículo 13 de la LO 3/2018 dispone que:

a) Cuando el responsable trate una gran cantidad de datos relativos al afectado y este ejercite su derecho de acceso sin especificar si se refiere a todos o a una parte de los datos, el responsable deberá facilitar la totalidad de los datos.

b) El derecho de acceso se entenderá otorgado si el responsable del tratamiento facilitara al afectado un sistema de acceso remoto, directo y seguro a los datos personales que garantice, temporalmente, el acceso a su totalidad.

c) Se podrá considerar repetitivo el ejercicio del derecho de acceso en más de una ocasión durante el plazo de seis meses, a menos que exista causa legítima para ello.

d) Cuando el afectado elija un medio distinto al que se le ofrece deberá asumir los costes que su elección comporte.

64. Entre los principios relativos al tratamiento recogidos en el artículo 5 del RGPD no figura:

a) El principio de limitación de la finalidad.

 b) El principio de seguridad de la información.

c) El principio de minimización de datos.

d) El principio de responsabilidad proactiva.

65. ¿En virtud de qué principio el responsable del tratamiento deberá aplicar medidas técnicas y organizativas apropiadas a fin de garantizar y poder demostrar que el tratamiento es conforme con el Reglamento?

a) Principio de responsabilidad proactiva.

b) Principio de limitación del plazo de conservación.

c) Principio de exactitud.

d) Principio de licitud, lealtad y transparencia.

66. Según el artículo 11.1 del RGPD, si los fines para los cuales un responsable trata datos personales que no requieren o ya no requieren la identificación de un interesado por el responsable, este no estará obligado a mantener, obtener o tratar información .... con vistas a identificar al interesado con la única finalidad de cumplir el presente Reglamento. ¿Qué palabra falta en la frase?

a) Adicional.

b) Superflua.

c) Irrelevante.
d) Confidencial.

67. Según el artículo 16 del RGPD el interesado tendrá derecho a obtener sin dilación indebida del responsable del tratamiento la .... de los datos personales inexactos que le conciernan. ¿Cuál de las siguientes palabras completa correctamente la frase?

a) Supresión.
b) Rectificación.
c) Paralización.
d) Cancelación.

68. Conforme al artículo 94 de la LO 3/2018, toda persona tiene derecho a que sean suprimidos los datos personales que le conciernan y que hubiesen sido facilitados por terceros para su publicación por los servicios de redes sociales y servicios de la sociedad de la información equivalentes cuando fuesen inadecuados, inexactos, no pertinentes, no actualizados o:

a) Excesivos.
b) Molestos.
c) Improbables.
d) Perniciosos.

69. Según el artículo 5 del *Reglamento (UE) 2016/679, de 27 de abril, relativo a la protección de las personas físicas en lo que respecta al tratamiento de datos personales y a la libre circulación de estos datos*, los datos personales serán tratados, en relación con el interesado, de manera lícita, leal y:

a) Fiable.
b) Segura.
c) Confidencial.
d) Transparente.

70. Según el *Reglamento (UE) 2016/679, de 27 de abril, relativo a la protección de las personas físicas en lo que respecta al tratamiento de datos personales y a la libre circulación de estos datos*, para poder considerar que el consentimiento del interesado para el tratamiento de sus datos personales es inequívoco:

a) Se requerirá declaración jurada del interesado donde manifieste su conformidad.
b) Se precisa contrato de cesión de datos personales.
c) Deberá existir una declaración del interesado o una acción positiva que manifieste su conformidad.
d) Bastará con el consentimiento por silencio, casillas ya marcadas o inacción.

71. Conforme al artículo 35 del RGPD, cuando sea probable que un tipo de tratamiento, en particular si utiliza nuevas tecnologías, por su naturaleza, alcance, contexto o fines, entrañe un alto riesgo para los derechos y libertades de las personas físicas, el responsable del tratamiento deberá realizar, antes del tratamiento:

a) Una declaración jurada de los fines del tratamiento.

b) Una consulta previa a la autoridad de control.

c) Una evaluación del impacto de las operaciones de tratamiento en la protección de datos personales.

d) La elaboración de un código de conducta para la correcta aplicación del RGPD.

72. ¿Puede recurrir el encargado del tratamiento a la incorporación de otro encargado?

a) No, solo puede haber un encargado por tratamiento.

b) Sí, previa autorización específica por escrito del responsable.

c) No, solo puede recurrir a otro encargado el responsable del tratamiento.

d) Sí, previa autorización por escrito, específica o general, del responsable.

Solución al test n.º 9

1. c) Es irrenunciable y se ejercerá por los órganos administrativos que la tengan atribuida como propia, salvo los casos de delegación o avocación, en los términos previstos en la ley.

2. b) La adopción de disposiciones de carácter general.

3. a) Tener interés personal en el asunto de que se trate o en otro en cuya resolución pudiera influir la de aquel, ser administrador de sociedad o entidad interesada, o tener cuestión litigiosa pendiente con algún interesado.

4. c) El interesado.

5. c) Tener parentesco de afinidad dentro del cuarto grado, con cualquiera de los interesados, con los administradores de entidades o sociedades interesadas y también con los asesores, representantes legales o mandatarios que intervengan en el procedimiento.

6. a) Será revocable en cualquier momento por el órgano que la haya conferido.

7. c) Coordinación, descentralización, jerarquía, eficacia y desconcentración.

8. c) Participación, objetividad y transparencia de la actuación administrativa.

9. a) Buena fe, confianza legítima y lealtad institucional.

10. b) A través de medios electrónicos, que aseguren la interoperabilidad y seguridad de los sistemas y soluciones adoptadas por cada una de ellas, garantizando la protección de los datos de carácter personal, y facilitando preferentemente la prestación conjunta de servicios a los interesados.

11. a) Cada Administración Pública actúa para el cumplimiento de sus fines con personalidad jurídica única.

12. c) La dotación de los créditos necesarios para su puesta en marcha y funcionamiento.

13. b) Es irrenunciable.

14. d) Salvo los casos de avocación o delegación la competencia es irrenunciable.

15. b) No podrán ser objeto de delegación las competencias relativas a asuntos que se refieran a las relaciones con las Asambleas Legislativas de las Comunidades Autónomas.

16. d) El medio de publicación dependerá de la Administración a que pertenezca el órgano delegante y el ámbito territorial de competencia de este.

17. a) La delegación será revocable en cualquier momento por el órgano que la haya conferido.

18. c) La avocación se realizará mediante acuerdo motivado que deberá ser notificado a los interesados, si los hubiere, con anterioridad a la resolución final que se dicte.

19. d) Supone cesión de la realización de actividades de carácter material o técnico de la competencia de los órganos administrativos.

20. b) Se formalizará mediante firma del correspondiente convenio entre ellas.

21. a) No alterará la competencia del órgano delegante y para su validez no será necesaria su publicación.

22. b) No implicará alteración de la competencia.

23. b) Implica que los titulares de los órganos administrativos podrán ser suplidos temporalmente.

24. a) Remitirá el asunto al órgano que considere competente, debiendo notificar esta circunstancia a los interesados.

25. c) Los conflictos de atribuciones solo podrán suscitarse entre órganos de una misma Administración no relacionados jerárquicamente, y respecto a asuntos sobre los que no haya finalizado el procedimiento administrativo.

26. b) Mediante instrucciones y órdenes de servicio.

27. a) En el Boletín Oficial que corresponda.

28. c) Quedarán integrados en la Administración Pública que corresponda.

29. a) El Presidente del Órgano Colegiado.

30. b) Un voto particular.

31. a) Con voz, pero sin voto.

32. c) Quedarán exentos de la responsabilidad que, en su caso, pueda derivarse de los acuerdos.

33. b) El tener parentesco de afinidad dentro del segundo grado.

34. d) El tener parentesco de consanguinidad dentro del cuarto grado.

35. b) En el plazo de tres días.

36. c) Designación de su titular.

37. c) Se realizará mediante acuerdo motivado que deberá ser notificado a los interesados en el procedimiento, si los hubiere, con anterioridad o simultáneamente a la resolución final que se dicte.

38. a) Al presidente.

39. b) Al día siguiente.

40. d) No cabrá recurso administrativo.

41. c) Los interesados que sean parte en el procedimiento podrán dirigirse al órgano que estimen competente para que requiera de inhibición al que esté conociendo del asunto.

42. a) La revocación de una delegación de competencias.

43. a) Tendrá la consideración de responsable del tratamiento.

44. b) Salvo resolución judicial.

45. c) Si el plazo se fija en años, concluirá el mismo día en que se produjo el hecho que determina su iniciación en el año de vencimiento.

46. b) El Encargado.

47. d) Por Real Decreto.

48. a) Actualizados.

49. a) Hubiesen sido obtenidos por el responsable directamente del encargado.

50. c) Los responsables y encargados del tratamiento de datos así como todas las personas que intervengan en cualquier fase de este.

51. c) Inequívoca.

52. a) Será preciso que conste de manera específica e inequívoca que dicho consentimiento se otorga para todas ellas.

53. a) Cuando así lo prevea una norma de Derecho de la Unión Europea o una norma con rango de ley.

54. d) El tratamiento es necesario por razones de interés público en el ámbito de la salud pública, como la protección frente a amenazas transfronterizas graves para la salud, o para garantizar elevados niveles de calidad y de seguridad de la asistencia sanitaria y de los medicamentos o productos sanitarios.

55. c) 18.4.

56. d) Las categorías de datos objeto de tratamiento.

57. d) 16 años.

58. c) 14 años.

59. a) El interesado tendrá derecho a conocer si sus datos de carácter personal están siendo tratados, qué datos son objeto de dicho tratamiento, la finalidad del mismo, el origen de los citados datos y si se han comunicado o se van a comunicar a un tercero.

60. d) Podrán ejercerse directamente o por medio de representante legal o voluntario.

61. a) Sobre el responsable del tratamiento.

62. c) Los medios deberán ser fácilmente accesibles para el afectado.

63. c) Se podrá considerar repetitivo el ejercicio del derecho de acceso en más de una ocasión durante el plazo de seis meses, a menos que exista causa legítima para ello.

64. b) El principio de seguridad de la información.

65. a) Principio de responsabilidad proactiva.

66. a) Adicional.

67. b) Rectificación.

68. a) Excesivos.

69. d) Transparente.

70. c) Deberá existir una declaración del interesado o una acción positiva que manifieste su conformidad.

71. c) Una evaluación del impacto de las operaciones de tratamiento en la protección de datos personales.

72. d) Sí, previa autorización por escrito, específica o general, del responsable.

TEST N.º 10

La Ley 39/2015, de 1 de octubre, del procedimiento administrativo común de las Administraciones Públicas: Título Preliminar, Disposiciones generales; Título I, De los interesados en el procedimiento; Título II, De la actividad de las Administraciones Públicas

1. ¿A qué capacidad se refiere el art. 3 de la Ley 39/2015, de 1 de diciembre, en relación con las personas físicas?

a) A la capacidad jurídica.
b) A la capacidad para ser titular de derechos subjetivos.
c) A la capacidad para ser titular de deberes jurídicos.
d) A la capacidad de obrar.

2. Los menores de edad, ¿tienen capacidad de obrar ante las Administraciones Públicas?

a) Sí, en todo caso, para el ejercicio y defensa de aquellos de sus derechos e intereses cuya actuación esté permitida por el ordenamiento jurídico sin la asistencia de la persona que ejerza la patria potestad, tutela o curatela.
b) No, en ningún caso; únicamente tendrán capacidad de obrar ante las Administraciones Públicas, las personas físicas mayores de edad no incapacitadas.
c) Sí, para el ejercicio y defensa de aquellos de sus derechos e intereses cuya actuación esté permitida por el ordenamiento jurídico sin la asistencia de la persona que ejerza la patria potestad, tutela o curatela, aunque sean menores incapacitados, siempre que la extensión de la incapacitación no afecte al ejercicio y defensa de los derechos o intereses de que se trate.
d) Sí, excepto los menores incapacitados.

3. Excepto el supuesto previsto por el artículo 3.b) de la Ley 39/2015, de 1 de octubre, los menores de edad no tienen capacidad de obrar ante las Administraciones Públicas, y necesitan de la asistencia de la persona que ejerza la patria potestad, tutela o curatela. En relación con la patria potestad, señala cuál de los siguientes enunciados es incorrecto:

a) La patria potestad, como responsabilidad parental, se ejercerá siempre en interés de los hijos, de acuerdo con su personalidad, y con respeto a sus derechos, su integridad física y mental.
b) El ejercicio de la patria potestad comprende representar a sus hijos y administrar sus bienes.

c) Los hijos emancipados están bajo la patria potestad de los progenitores.

d) Si los hijos tuvieren suficiente madurez deberán ser oídos siempre antes de adoptar decisiones que les afecten.

4. ¿Quiénes de los siguientes están sujetos a tutela?

a) Los menores emancipados que estén bajo la patria potestad.

b) Los menores no emancipados que no estén bajo la patria potestad.

c) Los menores emancipados que no estén bajo la patria potestad.

d) Los hijos no emancipados.

5. ¿Cuál de las siguientes características se vincula con la institución de la curatela del menor a que hace referencia el art. 3.b) de la Ley 39/2015, de 1 de octubre?

a) El curador no cuida de la persona sujeta a curatela, sino de su patrimonio.

b) La función del curador es la de complementar la capacidad del menor en todos aquellos actos o negocios jurídicos que no puede realizar por sí mismo.

c) El curador tiene cura de la persona sujeta a curatela, pero no de su patrimonio.

d) El curador tiene cura de la persona sujeta a curatela y de su patrimonio.

6. Los patrimonios independientes o autónomos, ¿tienen capacidad de obrar ante las Administraciones Públicas?

a) Sí.

b) No.

c) Siempre que la ley así lo declare expresamente.

d) Los patrimonios independientes o autónomos tienen reconocida capacidad jurídica ante las Administraciones Públicas en aplicación del artículo 3 de la Ley 39/2015, de 1 de octubre.

7. Tendrán capacidad de obrar ante las Administraciones Públicas las personas jurídicas que ostenten capacidad de obrar con arreglo a las normas civiles. ¿En qué momento adquirirán esta capacidad?

a) Desde el instante mismo en que, con arreglo a derecho, hubiesen quedado válidamente constituidas.

b) Las personas jurídicas adquirirán su capacidad de obrar en los mismos términos que las personas físicas.

c) En el momento en que finalice su personalidad.

d) Las personas jurídicas no tienen capacidad de obrar ante las Administraciones Públicas sino capacidad jurídica.

8. En aplicación del art. 3 de la Ley 39/2015, de 1 de octubre, NO tendrán capacidad de obrar ante las Administraciones Públicas:

a) Las personas físicas incapacitadas.

b) Las personas jurídicas que ostenten capacidad de obrar con arreglo a las normas civiles.

c) Los menores de edad para el ejercicio y defensa de aquellos de sus derechos e intereses cuya actuación esté permitida por el ordenamiento jurídico sin la asistencia de la persona que ejerza la patria potestad, tutela o curatela.

d) Las asociaciones de interés público reconocidas por la ley.

9. ¿Una persona declarada pródiga tiene capacidad de obrar plena ante las Administraciones Públicas?

a) Sí; las personas físicas tienen capacidad de obrar ante las Administraciones Públicas.

b) No; puede estar sujeta a tutela.

c) No; puede estar sujeta a curatela.

d) No; está sujeta a la patria potestad de sus progenitores.

10. La Ley 40/2015, de 1 de octubre, de régimen jurídico del sector público, ¿establece alguna regulación sobre la capacidad de obrar de los interesados ante las Administraciones Públicas?

a) Sí, en su artículo 3.

b) Sí, en tanto la Ley 40/2015, de 1 de octubre, tiene por objeto regular el procedimiento administrativo común a todas las Administraciones Públicas.

c) No, en tanto la Ley 40/2015, de 1 de octubre, únicamente tiene por objeto regular los principios a los que se ha de ajustar el ejercicio de la iniciativa legislativa y la potestad reglamentaria.

d) No.

11. Una persona que quiera participar en un proceso selectivo para cubrir plazas en una Administración Pública, ¿se considera interesada en el procedimiento administrativo?

a) Sí, en aplicación del artículo 4.1.a) de la Ley 39/2015, de 1 de octubre.

b) Sí, en aplicación del artículo 4.1.b) de la Ley 39/2015, de 1 de octubre.

c) Sí, en aplicación del artículo 4.1.c) de la Ley 39/2015, de 1 de octubre.

d) No, en tanto el procedimiento lo ha promovido la Administración y no la persona interesada.

12. En un procedimiento de expropiación forzosa, una persona reclama para sí la titularidad de una parcela que no está a su nombre; ¿tendrá la consideración de persona interesada en el procedimiento administrativo?

a) Sí, en aplicación del artículo 4.1.a) de la Ley 39/2015, de 1 de octubre.

b) Sí, en aplicación del artículo 4.1.b) de la Ley 39/2015, de 1 de octubre.

c) Sí, en aplicación del artículo 4.1.c) de la Ley 39/2015, de 1 de octubre.

d) No, en tanto el procedimiento lo ha promovido la Administración y no la persona interesada.

13. En un procedimiento de expropiación forzosa, el titular de un bien inmueble objeto de expropiación, ¿tendrá la consideración de interesado en el procedimiento administrativo?

a) Sí, en aplicación del artículo 4.1.a) de la Ley 39/2015, de 1 de octubre.
b) Sí, en aplicación del artículo 4.1.b) de la Ley 39/2015, de 1 de octubre.
c) Sí, en aplicación del artículo 4.1.c) de la Ley 39/2015, de 1 de octubre.
d) Sí, en aplicación del artículo 4.2 de la Ley 39/2015, de 1 de octubre.

14. ¿Qué interés se reconocería a los Colegios Profesionales para intervenir en el procedimiento de homologación de títulos obtenidos en el extranjero?

a) Interés legítimo individual de cada uno de los profesionales que integran los Colegios Profesionales.
b) Derechos subjetivos de los poseedores de los títulos que van a ser objeto de homologación.
c) Intereses legítimos colectivos.
d) Intereses sociales.

15. La titular de un establecimiento de restauración en Benidorm, quiere solicitar al Ayuntamiento una autorización para proceder a la ocupación de un espacio de uso público con mesas, sillas y sombrillas para su negocio. ¿Tendrá la consideración de interesada en el procedimiento administrativo de autorización?

a) Sí, en aplicación del artículo 4.1.a) de la Ley 39/2015, de 1 de octubre.
b) Sí, en aplicación del artículo 4.1.b) de la Ley 39/2015, de 1 de octubre.
c) Sí, en aplicación del artículo 4.1.c) de la Ley 39/2015, de 1 de octubre.
d) Sí, en aplicación del artículo 4.2 de la Ley 39/2015, de 1 de octubre.

16. La titular de un establecimiento de restauración en Benidorm, quiere solicitar al Ayuntamiento una autorización para proceder a la ocupación de un espacio de uso público con mesas, sillas y sombrillas para su negocio y fallece antes de que el Ayuntamiento le conceda la correspondiente autorización de ocupación, ¿puede su hijo sucederla en la condición de interesado?

a) No, en tanto las autorizaciones de ocupación se conceden con carácter personal.
b) No, en tanto las autorizaciones de ocupación no pueden ser cedidas a terceros.
c) Sí, en tanto se trata de una relación jurídica transmisible.
d) Sí, como legítimo heredero.

17. Un Ayuntamiento procede a iniciar un procedimiento sancionador por una presunta infracción de una ordenanza municipal. ¿Qué precepto de la Ley 39/2015, de 1 de octubre, otorga al presunto infractor la condición de interesado en el procedimiento?

a) El artículo 4.1.b) de la Ley 39/2015, de 1 de octubre.
b) El artículo 4.1.c) de la Ley 39/2015, de 1 de octubre.

c) El artículo 4.2 de la Ley 39/2015, de 1 de octubre.
d) El artículo 4.3 de la Ley 39/2015, de 1 de octubre.

18. La relación jurídica establecida entre el Ayuntamiento y un ciudadano, como presunto infractor de una ordenanza municipal:

a) Tiene la consideración de relación jurídica transmisible, lo que determina que el derecho-habiente sucederá en la condición de interesado del presunto infractor.
b) No tiene la consideración de relación jurídica.
c) Queda fuera de la regulación establecida por la Ley 39/2015, de 1 de octubre, en tanto le será de aplicación la ordenanza municipal correspondiente.
d) No tiene la consideración de relación jurídica transmisible.

19. Según dispone el art. 5.1 de la Ley 39/2015, de 1 de octubre, podrán actuar por medio de representante, entendiéndose con este las actuaciones administrativas, salvo manifestación expresa en contra del interesado:

a) Los interesados que, sin haber iniciado el procedimiento administrativo, tengan derechos que puedan resultar afectados por la decisión que en el mismo se adopte.
b) Las personas físicas con capacidad jurídica que hayan promovido el procedimiento administrativo como titulares de derechos o intereses legítimos.
c) Los interesados con capacidad de obrar.
d) Las personas físicas o jurídicas y las asociaciones y organizaciones representativas de intereses económicos y sociales.

20. ¿Quién NO puede actuar en representación ante las Administraciones Públicas?

a) Las personas físicas con capacidad de obrar.
b) Las corporaciones, asociaciones y fundaciones de interés público reconocidas por la ley, siempre que ello esté previsto en sus Estatutos.
c) Las asociaciones de interés particular, siempre que ello esté previsto en sus Estatutos.
d) Las personas físicas menores de edad.

21. ¿En cuál de los siguientes casos NO será necesario acreditar la representación cuando se realice en nombre de otra persona?

a) Para presentar documentos que acompañen a la solicitud.
b) Para presentar un documento suscrito por un interesado en el que este manifiesta, bajo su responsabilidad, que cumple con los requisitos establecidos en la normativa vigente para obtener el reconocimiento de un derecho o facultad o para su ejercicio, que dispone de la documentación que así lo acredita, que la pondrá a disposición de la Administración cuando le sea requerida, y que se compromete a mantener el cumplimiento de las anteriores obligaciones durante el período de tiempo inherente a dicho reconocimiento o ejercicio.
c) Para interponer un recurso extraordinario de revisión.
d) Para desistir de la solicitud.

22. ¿En cuál de los siguientes supuestos será necesario acreditar la representación?

a) Para renunciar a una devolución tributaria en nombre propio.

b) Para presentar un documento en nombre de un interesado a través del cual este ponga en conocimiento de la Administración Pública competente sus datos identifica- tivos o cualquier otro dato relevante para el inicio de una actividad o el ejercicio de un derecho.

c) Para solicitar una licencia municipal de obras menores en nombre de otra persona.

d) Para interponer un recurso potestativo de reposición en nombre de otra persona.

23. La representación podrá acreditarse mediante cualquier medio válido en Derecho que deje constancia fidedigna de su existencia. ¿Cuál de los siguientes NO tendrá la consideración de medio válido en Derecho?

a) Mediante apoderamiento *apud acta* efectuado por comparecencia personal.

b) Mediante apoderamiento *apud act*a efectuado por comparecencia electrónica en la correspondiente sede electrónica.

c) A través de la acreditación de la inscripción de la representación en el registro elec- trónico de apoderamiento de cualquier Administración Pública.

d) Mediante apoderamiento *apud acta* efectuado por comparecencia en las oficinas de asistencia en materia de registros.

24. La acreditación de la condición de representante y de los poderes que tiene reconocidos en dicho momento se deberán incorporar al expediente administrati- vo. ¿A quién se atribuye la realización de dicha incorporación?

a) Al órgano competente para la iniciación del procedimiento.

b) Al órgano competente para la tramitación del procedimiento.

c) Al órgano competente para la resolución del procedimiento.

d) Al órgano competente para la revisión del procedimiento.

25. La falta o insuficiente acreditación de la representación:

a) Impedirá que se tenga por realizado el acto de que se trate.

b) No impedirá que se tenga por realizado el acto de que se trate.

c) Impedirá que se tenga por realizado el acto de que se trate si se aporta la acredita- ción de la representación o se subsana el defecto dentro del plazo de diez días o de un plazo superior cuando las circunstancias del caso así lo requieran.

d) No impedirá que se tenga por realizado el acto de que se trate si se aporta la acre- ditación de la representación o se subsana el defecto dentro del plazo de diez días o de un plazo superior cuando las circunstancias del caso así lo requieran.

26. ¿Cómo se computaría el plazo para aportar la acreditación o para subsanar un defecto?

a) Cuando los plazos se señalen por días, se entiende que estos son naturales, inclu- yéndose en el cómputo los sábados, los domingos y los declarados festivos.

b) Cuando los plazos se señalen por días, se entiende que estos son hábiles, excluyén- dose del cómputo los domingos y los declarados festivos.

c) Cuando los plazos se señalen por días, se entiende que estos son hábiles, incluyéndose en el cómputo los sábados, los domingos y los declarados festivos.

d) Cuando los plazos se señalen por días, se entiende que estos son hábiles, excluyéndose en el cómputo los sábados, los domingos y los declarados festivos.

27. Sobre la posibilidad reconocida por el art. 5.7 de la Ley 39/2015, de 1 de octubre, señala la respuesta correcta:

a) Las Administraciones Públicas deberán habilitar con carácter general o específico a personas físicas o jurídicas autorizadas para la realización de determinadas transacciones electrónicas en representación de los interesados.

b) La habilitación con carácter general o específico a personas físicas o jurídicas autorizadas para la realización de determinadas transacciones electrónicas en representación de los interesados, deberá especificar las condiciones y obligaciones a las que se comprometen los que así adquieran la condición de representantes, y determinará la presunción de validez de la representación salvo que la normativa de aplicación prevea otra cosa.

c) Las Administraciones Públicas requerirán la acreditación de la referida representación.

d) La acreditación de la referida representación impedirá que el interesado pueda comparecer por sí mismo en el procedimiento.

28. Un Organismo, ¿puede disponer de su propio registro electrónico de apoderamientos?

a) No, únicamente la Administración General del Estado y las Comunidades Autónomas podrán disponer de un registro electrónico general de apoderamientos.

b) No, únicamente la Administración General del Estado, las Comunidades Autónomas y las Entidades Locales podrán disponer de un registro electrónico general de apoderamientos.

c) Sí, en ellos se inscribirán los poderes otorgados para la realización de trámites específicos en el mismo.

d) No, únicamente se creará el Registro Electrónico de Apoderamientos de la Administración General del Estado del que formarán parte todos los Organismos.

29. Los registros electrónicos generales y particulares de apoderamientos pertenecientes a todas y cada una de las Administraciones, deberán ser plenamente interoperables entre sí, de modo que se garantice su interconexión, compatibilidad informática, así como la transmisión telemática de las solicitudes, escritos y comunicaciones que se incorporen a los mismos. ¿Cuál de los siguientes enunciados NO se refiere a la interoperabilidad?

a) La interacción entre elementos que corresponden a diversas oleadas tecnológicas.

b) La información intercambiada puede ser interpretable de forma automática y reutilizable por aplicaciones que no intervinieron en su creación.

c) La capacidad de las entidades y de los procesos a través de los cuales llevan a cabo sus actividades para colaborar con el objeto de alcanzar logros mutuamente acordados relativos a los servicios que prestan.

d) El proceso tecnológico que permite convertir un documento en soporte papel o en otro soporte no electrónico en uno o varios ficheros electrónicos que contienen la imagen codificada, fiel e íntegra del documento.

30. Los poderes que se inscriban en los registros electrónicos generales y particulares de apoderamientos deberán corresponder a determinadas tipologías (señala cuál de las siguientes es correcta):

a) Un poder para que el poderdante pueda actuar en nombre del apoderado en cualquier actuación administrativa ante una Administración u Organismo concreto.

b) Un poder para que el poderdante pueda actuar en nombre del apoderado únicamente para la realización de determinados trámites especificados en el poder.

c) Un poder para que el poderdante pueda actuar en nombre del apoderado en cualquier actuación administrativa y ante cualquier Administración.

d) Ninguna de las respuestas anteriores es correcta.

31. Señala la respuesta correcta:

a) Los poderes inscritos en el registro tendrán una validez determinada máxima de cuatro años a contar desde la fecha de inscripción.

b) En cualquier momento antes de la finalización del plazo establecido en la alternativa de respuesta a), el poderdante podrá revocar o prorrogar el poder.

c) Las prórrogas otorgadas por el poderdante al registro tendrán una validez determinada máxima de cuatro años desde la fecha de inscripción.

d) El apoderamiento *apud acta* se otorgará mediante comparecencia electrónica en la correspondiente sede electrónica haciendo uso de los sistemas de firma electrónica previstos en la Ley 39/2015, de 1 de octubre, o bien mediante comparecencia personal en las oficinas de asistencia en materia de registros.

32. Señala la respuesta incorrecta. Cuando en una solicitud, escrito o comunicación figuren varios interesados:

a) Las actuaciones a que den lugar se efectuarán con el representante que expresamente hayan señalado.

b) Las actuaciones a que den lugar se efectuarán con el interesado que figure en primer término.

c) Las actuaciones a que den lugar se efectuarán con el interesado que expresamente hayan señalado.

d) En las solicitudes, escritos o comunicaciones pueden figurar varios interesados.

33. Señala la respuesta incorrecta. El art. 22 del Reglamento (UE) n.º 910/2014 del Parlamento Europeo y del Consejo de 23 de julio de 2014 relativo a la identificación electrónica y los servicios de confianza para las transacciones electrónicas en el mercado interior y por la que se deroga la Directiva 1999/93/CE, establece, en relación con las listas de confianza:

a) Cada Estado miembro establecerá, mantendrá y publicará listas de confianza con información relativa a los prestadores cualificados de servicios de confianza con respecto a los cuales sea responsable, junto con la información relacionada con los servicios de confianza cualificados prestados por ellos.

b) Los Estados miembros notificarán a la Comisión, sin retrasos indebidos, información sobre el organismo responsable del establecimiento, mantenimiento y publicación de las listas de confianza nacionales, y detalles relativos al lugar en que se publican dichas listas, los certificados utilizados para firmar o sellar las listas de confianza y cualquier modificación de los mismos.

c) Los Estados miembros establecerán, mantendrán y publicarán, de manera segura, las listas de confianza firmadas o selladas electrónicamente en una forma apropiada para el tratamiento automático.

d) A más tardar fue el 18 de septiembre de 2017 cuando la Comisión, mediante actos de ejecución, especificara la información a que se refiere la letra a).

34. Con carácter general, para realizar cualquier actuación prevista en el procedimiento administrativo, será suficiente con que los interesados acrediten previamente su identidad a través de cualquiera de los medios de identificación previstos en la Ley 39/2015, de 1 de octubre. Las Administraciones Públicas NO requerirán a los interesados el uso obligatorio de firma para:

a) Identificar a las autoridades y al personal al servicio de las Administraciones Públicas bajo cuya responsabilidad se tramiten los procedimientos.

b) Desistir de acciones.

c) Presentar declaraciones responsables o comunicaciones.

d) Formular solicitudes.

35. En relación con la asistencia en el uso de medios electrónicos a los interesados, el art. 12.2 de la Ley 39/2015, de 1 de octubre, dispone que las Administraciones Públicas asistirán en el uso de medios electrónicos:

a) A quienes ejerzan una actividad profesional para la que se requiera colegiación obligatoria, para los trámites y actuaciones que realicen con las Administraciones Públicas en ejercicio de dicha actividad profesional.

b) A ciertos colectivos de personas físicas que por razón de su capacidad económica, técnica, dedicación profesional u otros motivos quede acreditado que tienen acceso y disponibilidad de los medios electrónicos necesarios.

c) A los empleados de las Administraciones Públicas para los trámites y actuaciones que realicen con ellas por razón de su condición de empleado público.

d) A los interesados no incluidos en los apartados 2 y 3 del artículo 14 de la Ley 39/2015, de 1 de octubre, que así lo soliciten, especialmente en lo referente a la identificación y firma electrónica, presentación de solicitudes a través del registro electrónico general y obtención de copias auténticas.

36. Si alguno de los interesados dispone de los medios electrónicos necesarios, su identificación o firma electrónica en el procedimiento administrativo podrá ser válidamente realizada por un funcionario público mediante el uso del sistema de firma electrónica del que esté dotado para ello. En este caso:

a) Será necesario que el interesado que carezca de los medios electrónicos necesarios se identifique ante el funcionario.

b) Será necesario que el interesado que carezca de los medios electrónicos necesarios se identifique ante el funcionario y preste su consentimiento expreso para esta actuación.

c) Será necesario que el interesado que carezca de los medios electrónicos necesarios se identifique ante el funcionario y preste su consentimiento expreso para esta actuación, de lo que deberá quedar constancia para los casos de discrepancia.

d) Será necesario que el interesado que carezca de los medios electrónicos necesarios se identifique ante el funcionario y preste su consentimiento expreso para esta actuación, de lo que deberá quedar constancia para los casos de discrepancia o litigio.

37. Señala la respuesta incorrecta respecto a los interesados:

a) Se consideran interesados en el procedimiento administrativo los que, sin haber iniciado el procedimiento, tengan derechos que puedan resultar afectados por la decisión que en el mismo se adopte.

b) Cuando en una solicitud, escrito o comunicación figuren varios interesados, las actuaciones a que den lugar se efectuarán con el representante o el interesado que expresamente hayan señalado, y, en su defecto, con cualquiera de los demás.

c) Cuando la condición de interesado derivase de alguna relación jurídica transmisible, el derecho-habiente sucederá en tal condición cualquiera que sea el estado del procedimiento.

d) La presentación de una denuncia y la comparecencia en el trámite de información pública, respectivamente, no confieren u otorgan, por sí solas, la condición de interesado en el procedimiento.

38. Si durante la instrucción de un procedimiento, se advierte la existencia de personas que sean titulares de derechos o intereses legítimos y directos cuya identificación resulte del expediente y que puedan resultar afectados por la resolución que se dicte:

a) Se comunicará a dichas personas la tramitación del procedimiento cuando así lo solicite el interesado que inició el procedimiento.

b) Se publicará por edictos.

c) Se comunicará a dichas personas la tramitación del procedimiento cuando este no haya tenido publicidad.

d) No se comunicará, salvo que se presenten en forma legal en el procedimiento.

39. Si en el mes de vencimiento, no hubiera día equivalente a aquel en que comienza el plazo, este plazo se entenderá que expira:

a) El subsiguiente día hábil.

b) El primer día del mes sucesivo.

c) El día siguiente.

d) El último día del mes.

40. Si el último día del plazo en meses o en años fuere inhábil:

a) Se computa el plazo hasta el último día hábil.

b) Se computará el plazo con un día menos.

c) Se prorrogará al primer día hábil siguiente.

d) Al computarse de fecha a fecha se incluirá en el cómputo.

41. Los plazos expresados en días comenzarán a computarse:

a) A partir del día de la fecha de la notificación.
b) A partir del día siguiente a aquel en que tenga lugar la notificación o publicación del acto de que se trate.
c) A partir de la fecha indicada en la notificación.
d) A partir de la fecha en que se haya dictado.

42. Si un interesado de una Comunidad Autónoma con lengua oficial específica se dirige a un órgano de la Administración General del Estado sito en su Comunidad, y concurren varios interesados y existiera discrepancia en cuanto a la lengua, el procedimiento se ha de tramitar en:

a) Castellano necesariamente.
b) Su lengua oficial exclusivamente.
c) Cualquiera de las dos anteriores, a su opción.
d) La que se le indique por la citada Administración.

43. Según la Ley 39/2015, de 1 de octubre, del Procedimiento Administrativo Común de las Administraciones Públicas, el plazo máximo en el que la Administración debe notificar la resolución no podrá exceder:

a) De seis meses, salvo que una norma con rango de ley establezca uno mayor o así venga previsto en la normativa comunitaria europea.
b) De tres meses, salvo que una norma con rango de ley establezca uno mayor o así venga previsto en la normativa comunitaria europea.
c) De seis meses, salvo que una norma con rango de ley o reglamentaria establezca uno mayor.
d) De tres meses, salvo que una norma con rango de ley o reglamentaria establezca uno mayor.

44. Según Ley 39/2015, de 1 de octubre, del Procedimiento Administrativo Común de las Administraciones Públicas, los acuerdos de ampliación de plazos:

a) Son recurribles en reposición.
b) Son recurribles en alzada o reposición según pongan o no fin a la vía administrativa.
c) No son recurribles.
d) No tienen que ser notificados a los interesados.

45. Tal y como establece la Ley 39/2015, de 1 de octubre, cuando los plazos se señalen por horas, se entienden que son hábiles:

a) Todas las horas del día que formen parte de un día hábil.
b) Desde las 9:00 hasta 20:00 horas de cada día hábil.
c) Los plazos se computan por días, no por horas.
d) Todas las horas del día que formen parte un día (excepto domingos y festivos).

46. Según la Ley 39/2015, de 1 de octubre, en todo caso, estarán obligados a relacionarse a través de medios electrónicos con las Administraciones Públicas para la realización de cualquier trámite de un procedimiento administrativo:

a) Aquellos colectivos de personas físicas que por razón de su capacidad económica, técnica, dedicación profesional u otros motivos quede acreditado que tienen acceso y disponibilidad de los medios electrónicos necesarios.
b) Quienes representen a un interesado.
c) Las entidades sin personalidad jurídica.
d) Las personas físicas.

47. Según lo establecido en la Ley 39/2015, de 26 de octubre, de Procedimiento Administrativo Común de las Administraciones Públicas, en relación con las reclamaciones previas a la vía judicial civil, ¿cuándo podrá el interesado considerar desestimada su reclamación al efecto de formular la correspondiente demanda judicial?

a) Cuando la Administración no notificara su decisión en el plazo de tres meses.
b) Cuando la Administración no notificara su decisión en el plazo de dos meses.
c) En la actualidad, tras la Ley 39/2015, de 26 de octubre, de Procedimiento Administrativo Común de las Administraciones Públicas, no existen reclamaciones previas.
d) Cuando la Administración no notificara su decisión en el plazo de un mes.

48. En cuanto a la obligación de la Administración de dictar Resolución expresa en los procedimientos:

a) Depende de la forma de iniciación del procedimiento.
b) Siempre es obligatorio dictar Resolución expresa, excepto en los supuestos que se mencionan en el párrafo tercero del apartado 1 del artículo 21 de la Ley 39/2015, de 26 de octubre, de Procedimiento Administrativo Común de las Administraciones Públicas.
c) Solo es obligatorio dictar Resolución expresa en los casos de prescripción, renuncia del derecho, caducidad del procedimiento o desistimiento de la solicitud.
d) Solo es obligatorio dictar Resolución expresa en los casos de prescripción, renuncia del derecho, caducidad del procedimiento o desistimiento de la solicitud, además en los casos de desaparición sobrevenida del objeto del procedimiento.

49. El silencio administrativo:

a) Tendrá efectos estimatorios con carácter general.
b) Tendrá efectos desestimatorios con carácter general.
c) Tendrá efectos desestimatorios salvo cuando una norma con rango de ley, por razones imperiosas de interés general o una norma de derecho comunitario establezcan lo contrario.
d) Tendrá efectos estimatorios salvo cuando una norma con rango reglamentario, por razones imperiosas de interés general o una norma de derecho comunitario establezcan lo contrario.

50. La empresa Desarrollos S.A. tiene que presentar una solicitud dirigida al Ministerio de Transportes, Movilidad y Agenda Urbana, dado que tiene su sede junto al Ayuntamiento de Valencia y se plantea si puede presentarla en el Registro del citado ayuntamiento:

a) Sí, siempre que el Ayuntamiento tenga suscrito un convenio a estos efectos con la Administración General del Estado.

b) Sí, porque es posible presentarla en cualquier ayuntamiento con independencia de que exista o no convenio.

c) No, en ningún caso.

d) Sí, porque su población supera los 175.000 habitantes.

51. Se entiende por digitalización a los efectos de lo dispuesto en el artículo 27.3 de la Ley 39/2015, de 1 de octubre, de Procedimiento Administrativo Común de las Administraciones Públicas:

a) El proceso tecnológico que permite convertir un documento en soporte papel o en otro soporte electrónico en un fichero electrónico que contiene la imagen codificada del documento.

b) El proceso tecnológico que permite convertir un documento en soporte papel o en otro soporte no electrónico en un fichero electrónico que contiene la imagen descodificada e íntegra del documento.

c) El proceso tecnológico que permite convertir un documento en soporte papel o en otro soporte no electrónico en un fichero electrónico que contiene la imagen codificada, fiel e íntegra del documento.

d) El proceso tecnológico que permite convertir un documento en soporte papel o en otro soporte no electrónico en un fichero electrónico que contiene la imagen codificada, fiel, auténtica e íntegra del documento.

52. ¿A quiénes obligan los términos y plazos, de acuerdo con lo dispuesto en el artículo 29 de la Ley 39/2015, de 1 de octubre, de Procedimiento Administrativo Común de las Administraciones Públicas?

a) A las autoridades y al personal al servicio de la Administración competente para la tramitación de los asuntos.

b) A los interesados.

c) A las autoridades y al personal al servicio de la Administración competente para la tramitación de los asuntos, así como a los interesados en los mismos.

d) A los órganos competentes.

53. Los plazos, si son fijados por días se computarán, conforme a lo dispuesto en el artículo 30.2 de la Ley 39/2015, de 1 de octubre, de Procedimiento Administrativo Común de las Administraciones Públicas:

a) Por días hábiles.

b) Por días naturales.

c) De fecha a fecha.

d) Por días inhábiles.

54. Señala la respuesta incorrecta. A tenor de lo dispuesto en el artículo 30.3 de la Ley 39/2015, de 1 de octubre, de Procedimiento Administrativo Común de las Administraciones Públicas, los plazos expresados en días se contarán:

a) A partir del día en que tenga lugar la notificación del acto de que se trate.

b) A partir del día siguiente a aquel en que tenga lugar la notificación o publicación del acto de que se trate.

c) Desde el siguiente a aquel en que se produzca la estimación por silencio administrativo.

d) Desde el siguiente a aquel en que se produzca la desestimación por silencio administrativo.

55. Señala la respuesta incorrecta. Si el plazo se fija en meses o años, de acuerdo con lo dispuesto en el artículo 30.4 de la Ley 39/2015, de 1 de octubre, de Procedimiento Administrativo Común de las Administraciones Públicas, se computarán:

a) A partir del día en que tenga lugar la publicación del acto de que se trate.

b) A partir del día siguiente a aquel en que tenga lugar la notificación o publicación del acto de que se trate.

c) Desde el siguiente a aquel en que se produzca la estimación por silencio administrativo.

d) Desde el siguiente a aquel en que se produzca la desestimación por silencio administrativo.

56. Conforme a lo dispuesto en el artículo 30.5 de la Ley 39/2015, de 1 de octubre, de Procedimiento Administrativo Común de las Administraciones Públicas, cuando el último día del plazo sea inhábil:

a) No es susceptible de prórroga.

b) Se entenderá prorrogado al primer día hábil siguiente.

c) Se entenderá prorrogado al primer día natural siguiente.

d) Se entenderá prorrogado al primer día del mes siguiente.

57. El inicio del cómputo de los plazos de los procedimientos electrónicos, conforme a lo dispuesto en el artículo 31.2 de la Ley 39/2015, de 1 de octubre, de Procedimiento Administrativo Común de las Administraciones Públicas, que hayan de cumplir las Administraciones Públicas vendrá determinado:

a) Por la fecha de presentación en el registro de cada Administración u Organismo.

b) Por la fecha y hora de presentación en el registro de cada Administración.

c) Por la fecha y hora de presentación en el registro electrónico de cada Administración u Organismo.

d) Por la fecha y hora de presentación en la oficina de Correos.

58. En el registro electrónico de cada Administración u Organismo, conforme a lo dispuesto en el artículo 31.2 de la Ley 39/2015, de 1 de octubre, de Procedimiento Administrativo Común de las Administraciones Públicas, a los efectos del cómputo de plazo fijado en días hábiles, y en lo que se refiere al cumplimiento de plazos por los interesados, los documentos se considerarán presentados:

a) Por la fecha de presentación en el registro de cada Administración.
b) A las 00.00 horas del día en que se presentan.
c) Por el orden de hora efectiva en el que lo fueron en el día inhábil.
d) Por la fecha de presentación en el registro de cada Organismo.

59. Los acuerdos sobre ampliación de plazos o sobre su denegación, conforme al artículo 32 de la Ley 39/2015, de 1 de octubre, de Procedimiento Administrativo Común de las Administraciones Públicas:

a) No serán susceptibles de recurso.
b) Podrán ser recurridos por el interesado.
c) Podrán exceder de la mitad de los mismos.
d) Podrán ser declarados urgentes.

60. Conforme a lo dispuesto en el artículo 33 de la Ley 39/2015, de 1 de octubre, de Procedimiento Administrativo Común de las Administraciones Públicas, ¿qué recurso cabe contra el acuerdo que declare la ampliación de la tramitación de urgencia al procedimiento?

a) Cabe el recurso de alzada por parte del interesado en el procedimiento.
b) No cabe recurso alguno.
c) La Administración no puede ampliar la tramitación de urgencia.
d) La tramitación de urgencia no existe en la Administración.

61. Completa el texto. En los procedimientos iniciados a solicitud de interesado se establece como regla general en el artículo 24.1 de la Ley 39/2015, de 1 de octubre "...el vencimiento del plazo máximo, sin haberse notificado resolución expresa, legitima al interesado o interesados para entenderla ... por silencio administrativo":

a) Desestimada.
b) Estimada.
c) Anulable.
d) Caducada.

62. El silencio administrativo:

a) No se produce nunca en los procedimientos iniciados de oficio.
b) Se puede producir tanto en los procedimientos iniciados de oficio como en los iniciados a solicitud del interesado.

c) No se produce nunca en los procedimientos iniciados a solicitud del interesado.

d) Siempre se produce en cualquier procedimiento administrativo iniciado de oficio o a solicitud de parte.

63. Se producirá la caducidad del procedimiento iniciado de oficio si, desde su inicio sin dictarse la resolución, transcurre el plazo de:

a) 5 meses.
b) 3 meses.
c) 6 meses.
d) 10 meses.

64. En los procedimientos administrativos iniciados a solicitud de interesado se produce con carácter general:

a) Silencio administrativo positivo.
b) Silencio administrativo negativo.
c) Siempre habrá que estar a lo que disponga la norma reguladora de cada procedimiento.
d) Ninguna es correcta.

65. Conforme a la Ley 39/2015, de 1 octubre, de Procedimiento Administrativo Común de las Administraciones Públicas, en los procedimientos iniciados de oficio, el vencimiento del plazo máximo establecido sin que se haya dictado y notificado resolución expresa producirá los siguientes efectos:

a) Producirá en todo caso su caducidad.
b) Los interesados podrán entender estimadas sus pretensiones por silencio administrativo en todo caso.
c) Producirá la caducidad o podrán los interesados entender desestimadas sus pretensiones por silencio administrativo.
d) Producirá en todo caso su prescripción.

66. Según el artículo 21 de la Ley 39/2015, de 1 octubre, de Procedimiento Administrativo Común de las Administraciones Públicas, la Administración está obligada a dictar resolución expresa:

a) En todos los procedimientos sin excepción.
b) Excepto, entre otros, en los casos de prescripción.
c) Excepto, entre otros, en los casos de caducidad del procedimiento.
d) Excepto, entre otros, en los supuestos de terminación del procedimiento por pacto o convenio.

67. El artículo 30 de la LPAC, en relación con el cómputo de plazos dispone que:

a) Siempre que por Ley o en el Derecho de la Unión Europea no se exprese otro cómputo, cuando los plazos se señalen por días, se entiende que estos son hábiles, excluyéndose del cómputo los domingos y los declarados festivos.

b) Cuando los plazos se hayan señalado por días naturales por declararlo así una ley o por el Derecho de la Unión Europea, se hará constar esta circunstancia en las correspondientes notificaciones.

c) El plazo concluirá el día anterior a aquel en que se produjo la notificación, publicación o silencio administrativo en el mes o el año de vencimiento. Si en el mes de vencimiento no hubiera día equivalente a aquel en que comienza el cómputo, se entenderá que el plazo expira el último día del mes.

d) Siempre que por Ley o en el Derecho de la Unión Europea no se exprese otro cómputo, cuando los plazos se señalen por días, se entiende que estos son naturales, incluyéndose en el cómputo los sábados, los domingos y los declarados festivos.

68. Según la Ley 39/2015, de 1 octubre, de Procedimiento Administrativo Común de las Administraciones Públicas, en procedimientos iniciados a solicitud del interesado el silencio administrativo:

a) Tendrá efecto desestimatorio en los procedimientos de impugnación de actos y disposiciones.

b) Tendrá efecto estimatorio en todos los casos, dada la obligación de la Administración de responder en plazo.

c) Tendrá efecto desestimatorio en procedimientos de petición.

d) Tendrá efecto estimatorio en todos los procedimientos de petición.

69. En relación con la obligación de resolver los procedimientos administrativos regulada en la Ley 39/2015, de 1 octubre, de Procedimiento Administrativo Común de las Administraciones Públicas:

a) La Administración está obligada a dictar resolución expresa en todos los procedimientos excepto en el caso de renuncia del derecho o desistimiento de la solicitud del interesado.

b) El plazo máximo en el que debe notificarse la resolución expresa no podrá exceder de 1 mes.

c) Excepcionalmente podrá emitirse acuerdo de ampliación del plazo máximo de resolución que deberá ser notificado a los interesados y será recurrible en vía administrativa.

d) El personal al servicio de las Administraciones Públicas que tenga a su cargo el despacho de los asuntos, así como los titulares de los órganos administrativos competentes para instruir y resolver son directamente responsables, en el ámbito de sus competencias, del cumplimiento de la obligación legal de dictar resolución expresa en plazo.

70. Según el artículo 30 de la Ley 39/2015, de 1 de octubre, del Procedimiento Administrativo Común de las Administraciones Públicas, si el plazo se fija en meses o años, se computarán:

a) A partir del mismo día en que tenga lugar la notificación o publicación del acto de que se trate, o desde el siguiente a aquel en que se produzca la estimación o desestimación por silencio administrativo.

b) A partir del día siguiente a aquel en que tenga lugar 1a notificación o publicación del acto de que se trate o desde el mismo día en que se produzca la estimación o desestimación por silencio administrativo

c) A partir del siguiente a aquel en que tenga lugar la notificación o publicación del acto que se trate o desde el siguiente a aquel en que se produzca la estimación o desestimación por silencio administrativo.

d) A partir del mismo día en que tenga lugar la notificación o publicación del acto de que se trate, o desde el mismo día en que se produzca la estimación o desestimación por silencio administrativo.

71. Según el artículo 30 de la ley 39/2015, de 1 de octubre, del Procedimiento Administrativo Común de las Administraciones Públicas, si el plazo se fija en meses o años, el plazo concluirá:

a) El día en que se produjo la notificación, publicación o si1encio administrativo en el mes o el año de vencimiento.

b) El mismo día en que se produjo la notificación, publicación o silencio administrativo.

c) Si en el mes o el año de vencimiento no hubiera día equivalente a aquel en que comienza el cómputo, se entenderá que el plazo expira el primer día del mes siguiente.

d) Cuando el último día del plazo sea inhábil, se entenderá que el plazo expira el día hábil anterior.

72. Según el artículo 22 de la Ley 39/2015, de 1 de octubre, del Procedimiento Administrativo Común de las Administraciones Públicas, «se suspenderá» el transcurso del plazo máximo legal para resolver un procedimiento y notificar la resolución del mismo:

a) Cuando se soliciten informes preceptivos a un órgano de la misma o distinta Administración, por el tiempo que medie entre la petición y la recepción del informe.

b) Cuando deban realizarse pruebas técnicas o análisis contradictorios o dirimentes propuestos por los interesados, durante el tiempo necesario para la incorporación de los resultados al expediente.

c) Cuando para la resolución del procedimiento sea indispensable la obtención de un previo pronunciamiento parte de un órgano jurisdiccional desde el momento en que se solicita hasta que la Administración tenga constancia del mismo.

d) Cuando los interesados promuevan la recusación en cualquier momento de la tramitación de un procedimiento, desde que esta se plantee hasta que sea resuelta por el superior jerárquico del recusado.

73. Con respecto al funcionamiento del registro electrónico, a los efectos del cómputo de plazo fijado en días hábiles, y en lo que se refiere al cumplimiento de plazos por los interesados, la 39/2015, de 1 de octubre, del Procedimiento Administrativo Común de las Administraciones Públicas, establece que:

a) La presentación en un día inhábil se entenderá realizada ese mismo día, puesto que el registro electrónico permitirá la recepción de documentos todos los días del año durante las veinticuatro horas.

b) La presentación en un día inhábil se entenderá realizada en la misma hora del primer día hábil siguiente, salvo que una norma permita expresamente la recepción en día inhábil.

c) La presentación en un día inhábil se entenderá realizada en la primera hora del primer día hábil siguiente, salvo que una norma permita expresamente la recepción en inhábil.

d) Los documentos se considerarán presentados por el orden de hora en el que lo fueron en el día inhábil. Los documentos presentados en el día inhábil se reputarán posteriores, según el mismo orden, a los que lo fueran el primer día hábil posterior.

74. De acuerdo con el artículo 24.3 de la Ley 39/2015, de 1 de octubre, del Procedimiento Administrativo Común de las Administraciones Públicas, la obligación de dictar resolución expresa a que se refiere el apartado primero del artículo 21 de la misma, se sujetará al siguiente régimen:

a) En los casos de desestimación por silencio administrativo, la resolución posterior al vencimiento del plazo se adoptará por la Administración confirmando la desestimación.

b) En los casos de estimación por silencio administrativo, la resolución expresa posterior a la producción del acto podrá dictarse sin vinculación alguna al sentido del silencio.

c) En los casos de estimación por silencio administrativo, no es necesario dictar la resolución expresa posterior a la producción del acto.

d) En los casos de desestimación por silencio administrativo, la resolución expresa posterior al vencimiento del plazo se adoptará por la Administración sin vinculación alguna al sentido del silencio.

75. Conforme a lo dispuesto en la ley 39/2015, de 1 de octubre, del Procedimiento Administrativo Común de las Administraciones Públicas, la comparecencia de las personas ante las oficinas públicas, ya sea presencialmente o por medios electrónicos:

a) Solo será obligatoria cuando así esté previsto en una norma con rango de ley.

b) Solo será obligatoria cuando lo disponga una disposición de carácter reglamentario.

c) Será potestativa, y a instancia de la unidad administrativa.

d) En todo caso será discrecional del órgano superior jerárquico que adopte la decisión.

76. En todo caso, NO estarán obligados a relacionarse a través de medios electrónicos con las Administraciones Públicas para la realización de cualquier trámite de un procedimiento administrativo, al menos, los siguientes sujetos:

a) Las personas jurídicas.

b) Las entidades sin personalidad jurídica.

c) Quienes ejerzan una actividad profesional para la que se requiera colegiación obligatoria, para los trámites y actuaciones que realicen con las Administraciones Públicas en ejercicio de dicha actividad profesional. En todo caso, dentro de este colectivo se entenderán incluidos los notarios y registradores de la propiedad y mercantiles.

d) Los empleados de las Administraciones Públicas.

77. En relación con la lengua de los procedimientos, señala la respuesta correcta:

a) La lengua de los procedimientos tramitados por la Administración General del Estado será el español.

b) Si concurrieran varios interesados en el procedimiento, el procedimiento se tramitará en castellano.

c) Los interesados que se dirijan a los órganos de la Administración General del Estado con sede en el territorio de una Comunidad Autónoma podrán utilizar también la lengua que sea cooficial en ella.

d) En los procedimientos tramitados por las Administraciones de las Comunidades Autónomas y de las Entidades Locales, el uso de la lengua se ajustará a lo previsto en la legislación básica del Estado.

78. Cada Administración, en los términos establecidos en la normativa reguladora aplicable, deberá mantener un archivo electrónico único de los documentos electrónicos que correspondan a:

a) Procedimientos iniciados.

b) Procedimientos en trámite.

c) Procedimientos finalizados.

d) Procedimientos iniciados, en trámite y finalizados.

79. Conforme a lo dispuesto en la ley 39/2015, de 1 de octubre, del Procedimiento Administrativo Común de las Administraciones Públicas, los interesados en un procedimiento que conozcan datos que permitan identificar a otros interesados que no hayan comparecido en él tienen:

a) El derecho de denunciarlos.

b) El deber de denunciarlos.

c) El derecho de proporcionárselos a la Administración actuante.

d) El deber de proporcionárselos a la Administración actuante.

80. De acuerdo con lo dispuesto en el artículo 21 de la ley 39/2015, de 1 de octubre, del Procedimiento Administrativo Común de las Administraciones Públicas, se exceptúan de la obligación de dictar resolución expresa y a notificarla en todos los procedimientos cualquiera que sea su forma de iniciación, los supuestos de:

a) Prescripción.

b) Renuncia del derecho.

c) Los procedimientos relativos al ejercicio de derechos sometidos únicamente al deber de declaración responsable o comunicación a la Administración.

d) Caducidad del procedimiento.

Solución al test n.º 10

1. d) A la capacidad de obrar.

2. c) Sí, para el ejercicio y defensa de aquellos de sus derechos e intereses cuya actuación esté permitida por el ordenamiento jurídico sin la asistencia de la persona que ejerza la patria potestad, tutela o curatela, aunque sean menores incapacitados, siempre que la extensión de la incapacitación no afecte al ejercicio y defensa de los derechos o intereses de que se trate.

3. c) Los hijos emancipados están bajo la patria potestad de los progenitores.

4. b) Los menores no emancipados que no estén bajo la patria potestad.

5. b) La función del curador es la de complementar la capacidad del menor en todos aquellos actos o negocios jurídicos que no puede realizar por sí mismo.

6. c) Siempre que la ley así lo declare expresamente.

7. a) Desde el instante mismo en que, con arreglo a derecho, hubiesen quedado válidamente constituidas.

8. a) Las personas físicas incapacitadas.

9. c) No; puede estar sujeta a curatela.

10. d) No.

11. b) Sí, en aplicación del artículo 4.1.b) de la Ley 39/2015, de 1 de octubre.

12. c) Sí, en aplicación del artículo 4.1.c) de la Ley 39/2015, de 1 de octubre.

13. b) Sí, en aplicación del artículo 4.1.b) de la Ley 39/2015, de 1 de octubre.

14. c) Intereses legítimos colectivos.

15. a) Sí, en aplicación del artículo 4.1.a) de la Ley 39/2015, de 1 de octubre.

16. c) Sí, en tanto se trata de una relación jurídica transmisible.

17. a) El artículo 4.1.b) de la Ley 39/2015, de 1 de octubre.

18. d) No tiene la consideración de relación jurídica transmisible.

19. c) Los interesados con capacidad de obrar.

20. d) Las personas físicas menores de edad.

21. a) Para presentar documentos que acompañen a la solicitud.

22. a) Para renunciar a una devolución tributaria en nombre propio.

23. c) A través de la acreditación de la inscripción de la representación en el registro electrónico de apoderamiento de cualquier Administración Pública.

24. b) Al órgano competente para la tramitación del procedimiento.

25. d) No impedirá que se tenga por realizado el acto de que se trate si se aporta la acreditación de la representación o se subsana el defecto dentro del plazo de diez días o de un plazo superior cuando las circunstancias del caso así lo requieran.

26. d) Cuando los plazos se señalen por días, se entiende que estos son hábiles, excluyéndose en el cómputo los sábados, los domingos y los declarados festivos.

27. b) La habilitación con carácter general o específico a personas físicas o jurídicas autorizadas para la realización de determinadas transacciones electrónicas en representación de los interesados, deberá especificar las condiciones y obligaciones a las que se comprometen los que así adquieran la condición de representantes, y determinará la presunción de validez de la representación salvo que la normativa de aplicación prevea otra cosa.

28. c) Sí, en ellos se inscribirán los poderes otorgados para la realización de trámites específicos en el mismo.

29. d) El proceso tecnológico que permite convertir un documento en soporte papel o en otro soporte no electrónico en uno o varios ficheros electrónicos que contienen la imagen codificada, fiel e íntegra del documento.

30. d) Ninguna de las respuestas anteriores es correcta.

31. d) El apoderamiento *apud acta* se otorgará mediante comparecencia electrónica en la correspondiente sede electrónica haciendo uso de los sistemas de firma electrónica previstos en la Ley 39/2015, de 1 de octubre, o bien mediante comparecencia personal en las oficinas de asistencia en materia de registros.

32. b) Las actuaciones a que den lugar se efectuarán con el interesado que figure en primer término.

33. d) A más tardar fue el 18 de septiembre de 2017 cuando la Comisión, mediante actos de ejecución, especificara la información a que se refiere la letra a).

34. a) Identificar a las autoridades y al personal al servicio de las Administraciones Públicas bajo cuya responsabilidad se tramiten los procedimientos.

35. d) A los interesados no incluidos en los apartados 2 y 3 del artículo 14 de la Ley 39/2015, de 1 de octubre, que así lo soliciten, especialmente en lo referente a la identificación y firma electrónica, presentación de solicitudes a través del registro electrónico general y obtención de copias auténticas.

36. d) Será necesario que el interesado que carezca de los medios electrónicos necesarios se identifique ante el funcionario y preste su consentimiento expreso para esta actuación, de lo que deberá quedar constancia para los casos de discrepancia o litigio.

37. b) Cuando en una solicitud, escrito o comunicación figuren varios interesados, las actuaciones a que den lugar se efectuarán con el representante o el interesado que expresamente hayan señalado, y, en su defecto, con cualquiera de los demás.

38. c) Se comunicará a dichas personas la tramitación del procedimiento cuando este no haya tenido publicidad.

39. d) El último día del mes.

40. c) Se prorrogará al primer día hábil siguiente.

41. b) A partir del día siguiente a aquel en que tenga lugar la notificación o publicación del acto de que se trate.

42. a) Castellano necesariamente.

43. a) De seis meses, salvo que una norma con rango de ley establezca uno mayor o así venga previsto en la normativa comunitaria europea.

44. c) No son recurribles.

45. a) Todas las horas del día que formen parte de un día hábil.

46. c) Las entidades sin personalidad jurídica.

47. c) En la actualidad, tras la Ley 39/2015, de 26 de octubre, de Procedimiento Administrativo Común de las Administraciones Públicas, no existen reclamaciones previas.

48. b) Siempre es obligatorio dictar Resolución expresa, excepto en los supuestos que se mencionan en el párrafo tercero del apartado 1 del artículo 21.1 in fine de la Ley 39/2015, de 26 de octubre, de Procedimiento Administrativo Común de las Administraciones Públicas.

49. a) Tendrá efectos estimatorios con carácter general.

50. c) No, en ningún caso.

51. c) El proceso tecnológico que permite convertir un documento en soporte papel o en otro soporte no electrónico en un fichero electrónico que contiene la imagen codificada, fiel e íntegra del documento.

52. c) A las autoridades y al personal al servicio de la Administración competente para la tramitación de los asuntos, así como a los interesados en los mismos.

53. a) Por días hábiles.

54. a) A partir del día en que tenga lugar la notificación del acto de que se trate.

55. a) A partir del día en que tenga lugar la publicación del acto de que se trate.

56. b) Se entenderá prorrogado al primer día hábil siguiente.

57. c) Por la fecha y hora de presentación en el registro electrónico de cada Administración u Organismo.

58. c) Por el orden de hora efectiva en el que lo fueron en el día inhábil.

59. a) No serán susceptibles de recurso.

60. b) No cabe recurso alguno.

61. b) Estimada.

62. b) Se puede producir tanto en los procedimientos iniciados de oficio como en los iniciados a solicitud del interesado.

63. b) 3 meses.

64. a) Silencio administrativo positivo.

65. c) Producirá la caducidad o podrán los interesados entender desestimadas sus pretensiones por silencio administrativo.

66. d) Excepto, entre otros, en los supuestos de terminación del procedimiento por pacto o convenio.

67. b) Cuando los plazos se hayan señalado por días naturales por declararlo así una ley o por el Derecho de la Unión Europea, se hará constar esta circunstancia en las correspondientes notificaciones.

68. a) Tendrá efecto desestimatorio en los procedimientos de impugnación de actos y disposiciones.

69. d) El personal al servicio de las Administraciones públicas que tenga a su cargo el despacho de los asuntos, así como los titulares de los órganos administrativos competentes para instruir y resolver son directamente responsables, en el ámbito de sus competencias, del cumplimiento de la obligación legal de dictar resolución expresa en plazo.

70. c) A partir del siguiente a aquel en que tenga lugar la notificación o publicación del acto que se trate o desde el siguiente a aquel en que se produzca la estimación o desestimación por silencio administrativo.

71. b) El mismo día en que se produjo la notificación, publicación o silencio administrativo.

72. d) Cuando los interesados promuevan la recusación en cualquier momento de la tramitación de un procedimiento, desde que ésta se plantee hasta que sea resuelta por el superior jerárquico del recusado.

73. c) La presentación en un día inhábil se entenderá realizada en la primera hora del primer día hábil siguiente, salvo que una norma permita expresamente la recepción en inhábil.

74. d) En los casos de desestimación por silencio administrativo, la resolución expresa posterior al vencimiento del plazo se adoptará por la Administración sin vinculación alguna al sentido del silencio.

75. a) Solo será obligatoria cuando así esté previsto en una norma con rango de ley.

76. d) Los empleados de las Administraciones Públicas.

77. c) Los interesados que se dirijan a los órganos de la Administración General del Estado con sede en el territorio de una Comunidad Autónoma podrán utilizar también la lengua que sea cooficial en ella.

78. c) Procedimientos finalizados.

79. d) El deber de proporcionárselos a la Administración actuante.

80. c) Los procedimientos relativos al ejercicio de derechos sometidos únicamente al deber de declaración responsable o comunicación a la Administración.

TEST N.º 11

La Ley 39/2015, de 1 de octubre, del procedimiento administrativo común de las Administraciones Públicas: Título III, De los actos administrativos; Título VI, De la iniciativa legislativa y la potestad para dictar reglamentos y otras disposiciones

1. Señala la respuesta incorrecta. Según el artículo 35 de la Ley 39/2015, de 1 de octubre, de Procedimiento Administrativo Común de las Administraciones Públicas, serán motivados, con sucinta referencia de hechos y fundamentos de Derecho:

a) Los actos que limiten derechos subjetivos o intereses legítimos.

b) Los actos que resuelvan procedimientos de revisión de oficio de disposiciones o actos administrativos, recursos administrativos, reclamaciones previas a la vía judicial y procedimientos de arbitraje.

c) Los actos que se separen del criterio seguido en actuaciones precedentes o del dictamen de órganos consultivos.

d) Los actos declarativos de derechos.

2. De acuerdo con el artículo 39 de la Ley 39/2015, de 1 de octubre, de Procedimiento Administrativo Común de las Administraciones Públicas, con carácter general, los actos de las Administraciones Públicas sujetos al Derecho Administrativo se presumirán válidos y producirán efectos desde:

a) La fecha en que se dicten, salvo que en ellos se disponga otra cosa.

b) Su notificación.

c) Su publicación.

d) La aprobación superior.

3. En relación con las notificaciones en papel, de acuerdo con lo dispuesto en el artículo 42 de la Ley 39/2015, de 1 de octubre, de Procedimiento Administrativo Común de las Administraciones Públicas de los actos administrativos, señala la respuesta incorrecta:

a) Se notificarán a los interesados las resoluciones y actos administrativos que afecten a sus derechos e intereses.

b) Toda notificación deberá ser cursada dentro del plazo de diez días a partir de la fecha en que el acto haya sido dictado.

c) En los procedimientos iniciados a solicitud del interesado, la notificación se practicará en el domicilio del interesado. Cuando ello no fuera posible, en cualquier lugar adecuado a tal fin.

d) Cuando la notificación se practique en el domicilio del interesado, de no hallarse presente este en el momento de entregarse la notificación podrá hacerse cargo de la misma cualquier persona mayor de 14 años que se encuentre en el domicilio y haga constar su identidad.

4. Conforme al artículo 45 de la Ley 39/2015, de 1 de octubre, de Procedimiento Administrativo Común de las Administraciones Públicas, la publicación sustituirá a la notificación surtiendo sus mismos efectos en los siguientes casos:

a) Cuando el acto tenga por destinatario a una persona jurídica.

b) Cuando la Administración estime que la notificación efectuada a un solo interesado es insuficiente para garantizar la notificación a todos, siendo, en este último caso, adicional a la notificación efectuada.

c) En los procedimientos iniciados a solicitud del interesado.

d) Cuando la notificación se practique en el domicilio del interesado.

5. De acuerdo con el artículo 47 de la Ley 39/2015, de 1 de octubre, de Procedimiento Administrativo Común de las Administraciones Públicas, los actos de las Administraciones Públicas son nulos de pleno derecho en los casos siguientes:

a) Los actos de la Administración que incurran en cualquier infracción del ordenamiento jurídico.

b) Los actos dictados por órgano manifiestamente incompetente por razón de la jerarquía.

c) Los actos que tengan un contenido imposible.

d) Los actos de la Administración que incurran en desviación de poder.

6. Son anulables, de acuerdo con el artículo 48.1 de la Ley 39/2015, de 1 de octubre, de Procedimiento Administrativo Común de las Administraciones Públicas:

a) Los actos de la Administración que incurran en cualquier infracción del ordenamiento jurídico, incluso la desviación de poder.

b) Los actos dictados prescindiendo total y absolutamente del procedimiento legalmente establecido o de las normas que contienen las reglas esenciales para la formación de la voluntad de los órganos colegiados.

c) Los actos expresos o presuntos contrarios al ordenamiento jurídico por los que se adquieren facultades o derechos cuando se carezca de los requisitos esenciales para su adquisición.

d) Los actos dictados por órgano manifiestamente incompetente por razón de la materia.

7. Conforme con el artículo 48.2 de la Ley 39/2015, de 1 de octubre, de Procedimiento Administrativo Común de las Administraciones Públicas, el defecto de forma de los actos de las Administraciones Públicas solo determinará la anulabilidad:

a) Siempre.

b) Nunca.

c) Cuando el acto carezca de los requisitos formales, dando lugar a la indefensión de los interesados.

d) Cuando el acto administrativo se notifique fuera de plazo, no siendo esencial el término o plazo.

8. La Administración podrá convalidar los actos anulables, subsanando los vicios de que adolezcan. Si el vicio consistiera en incompetencia no determinante de nulidad, la convalidación podrá realizarse, de conformidad con el artículo 52.3 de la Ley 39/2015, de 1 de octubre, de Procedimiento Administrativo Común de las Administraciones Públicas, por:

a) El órgano competente cuando sea inferior jerárquico del que dictó el acto viciado.

b) El órgano competente cuando sea superior jerárquico del que dictó el acto viciado.

c) El órgano competente por razón de la materia.

d) El órgano competente por razón del territorio.

9. En relación con la forma de los actos administrativos, señala la respuesta incorrecta:

a) Los actos administrativos se producirán por escrito a través de medios electrónicos, a menos que su naturaleza exija otra forma más adecuada de expresión y constancia.

b) En los casos en que los órganos administrativos ejerzan su competencia de forma verbal, la constancia escrita del acto, cuando sea necesaria, se efectuará y firmará por el titular del órgano superior, expresando en la comunicación del mismo la autoridad de la que procede.

c) Si se tratara de resoluciones, el titular de la competencia deberá autorizar una relación de las que haya dictado de forma verbal, con expresión de su contenido.

d) Cuando deba dictarse una serie de actos administrativos de la misma naturaleza, tales como nombramientos, concesiones o licencias, podrán refundirse en un único acto.

10. Son actos anulables de acuerdo con el artículo 48 de la Ley 39/2015, de 1 de octubre, de Procedimiento Administrativo Común de las Administraciones Públicas:

a) Los de contenido imposible.

b) Los que carezcan de los requisitos formales indispensables para alcanzar su fin.

c) Los dictados prescindiendo total y absolutamente de los procedimientos legalmente establecidos para ellos.

d) Los dictados prescindiendo total y absolutamente del procedimiento establecido por las normas que contienen las reglas esenciales para la formación de la voluntad de los órganos colegiados.

11. De todas las resoluciones citadas a continuación, ¿cuáles de ellas no necesitarán ser motivadas?

a) Las que sigan el criterio seguido en actuaciones precedentes.
b) Los acuerdos de suspensión de actos.
c) Las que se dicten en el ejercicio de potestades discrecionales.
d) Las que resuelvan los recursos.

12. ¿En qué casos un defecto de forma determinará la anulabilidad del acto?

a) Cuando carezcan de los requisitos formales indispensables para alcanzar su fin o dé lugar a indefensión.
b) Cuando sean insubsanables.
c) Solo en los casos en los que se dé lugar a indefensión.
d) Solo cuando carezcan de los requisitos formales indispensables.

13. Señala la respuesta incorrecta. Cuando una Administración Pública tenga que dictar, en el ámbito de sus competencias, un acto que necesariamente tenga por base otro dictado por una Administración Pública distinta y aquella entienda que es ilegal:

a) Podrá requerir a la otra Administración previamente para que anule o revise el acto de acuerdo con lo dispuesto en el artículo 44 de la Ley 29/1998, de 13 de julio, reguladora de la Jurisdicción Contencioso-Administrativa.
b) Realizado el requerimiento y al ser rechazado este, podrá interponer recurso contencioso-administrativo.
c) Realizado el requerimiento y al ser rechazado este, podrá interponer recurso de revisión.
d) En estos casos, quedará suspendido el procedimiento para dictar resolución.

14. Las notificaciones administrativas por medios electrónicos requerirán para su validez:

a) El señalamiento explícito de dicho medio de notificación en el momento de iniciación del procedimiento.
b) El establecimiento de este sistema por medio de una norma de rango legal.
c) El acceso a su contenido, momento a partir del cual la notificación se entenderá practicada a todos los efectos legales.
d) El establecimiento de este sistema por medio de una norma de rango reglamentario.

15. Por regla general una notificación electrónica se entenderá rechazada con los efectos previstos en el artículo 43.2 de la Ley 39/2015, de 1 de octubre, del Procedimiento Administrativo Común de las Administraciones Públicas, cuando teniendo constancia de la puesta a disposición transcurran:

a) Diez días hábiles sin que se acceda a su contenido.
b) Diez días naturales desde que se accedió al contenido sin existir respuesta.

c) Diez días naturales sin que se acceda al contenido.

d) Quince días hábiles desde que se accedió al contenido sin existir respuesta.

16. Señala cuál de las siguientes afirmaciones es falsa conforme a la Ley 39/2015, de 1 de octubre:

a) Las resoluciones administrativas de carácter particular no podrán vulnerar lo establecido en una disposición de carácter general, aunque aquellas procedan de un órgano de igual jerarquía al que dictó la disposición general.

b) Toda notificación deberá ser cursada dentro del plazo de quince días a partir de la fecha en que el acto haya sido dictado.

c) Los actos administrativos se producirán por escrito a través de medios electrónicos, a menos que su naturaleza exija otra forma más adecuada de expresión y constancia.

d) Las resoluciones administrativas de carácter particular no podrán vulnerar lo establecido en una disposición de carácter general, aunque aquellas procedan de un órgano de superior jerarquía al que dictó la disposición general.

17. ¿Cuál de los siguientes actos es susceptible de convalidación por parte de la Administración subsanando los vicios de que adolezcan?

a) El dictado por órgano manifiestamente incompetente por razón de la materia.

b) El dictado prescindiendo total y absolutamente de las normas que contienen las reglas esenciales para la formación de la voluntad de los órganos colegiados.

c) El dictado por órgano incompetente en razón de su jerarquía.

d) El dictado por órgano manifiestamente incompetente por razón del territorio.

18. Cuando los actos administrativos limiten derechos subjetivos o intereses legítimos:

a) No tendrán que ser motivados si no ponen fin al procedimiento.

b) Solo serán motivados si no se dictan en el ejercicio de potestades administrativas.

c) Tendrán que ser motivados, con sucinta referencia de hechos y fundamentos de derechos.

d) Tendrán efectos retroactivos.

19. Según establece el artículo 40 de la Ley 39/2015, de 1 de octubre, de Procedimiento Administrativo Común de las Administraciones Públicas, toda notificación deberá ser cursada:

a) Dentro del plazo de 10 días a partir de la fecha en que el acto haya sido dictado.

b) Dentro del plazo de 15 días a partir de la fecha en que el acto haya sido dictado.

c) Dentro del plazo de 1 mes a partir de la fecha en que el acto haya sido dictado.

d) Dentro del plazo de tres meses a partir de la fecha en que el acto haya sido dictado.

20. Según el artículo 35 de la Ley 39/2015, de 1 de octubre, de Procedimiento Administrativo Común de las Administraciones Públicas, los actos que se separen del criterio seguido en actuaciones precedentes o del dictamen de órganos consultivos deben ser:

a) Discrecionales.
b) Motivados.
c) Inválidos.
d) Nulos de pleno derecho.

21. Conforme al artículo 35 de la Ley 39/2015, del Procedimiento Administrativo Común de las Administraciones Públicas, los actos administrativos que resuelven recursos, necesariamente habrán de ser:

a) Inimpugnables.
b) Motivados.
c) Discrecionales.
d) De trámite.

22. Como norma general, los actos administrativos serán válidos y producirán efectos salvo que, en ellos, se disponga otra cosa:

a) Los 20 días de dictarse el acto.
b) Desde que se aprueben por el superior jerárquico.
c) Desde la publicación en el Boletín correspondiente.
d) Desde que se dicten.

23. La nulidad o anulabilidad en parte del acto administrativo:

a) Implicará la de las partes del mismo independientes de aquella.
b) Implicará la de las partes del mismo independientes de aquella, salvo cuando la administración proceda a la convalidación del acto.
c) No implicará necesariamente la de las partes del mismo independientes de aquella.
d) No implicará la de los sucesivos en el procedimiento que sean independientes del primero.

24. Los actos de las Administraciones Públicas no son nulos de pleno derecho en los casos siguientes:

a) Los que lesionen los derechos y libertades susceptibles de amparo constitucional.
b) Los que tengan un contenido imposible.
c) Los dictados prescindiendo total y absolutamente del procedimiento legalmente establecido o de las normas que contienen las reglas esenciales para la formación de la voluntad de los órganos colegiados.
d) Los que sean constitutivos de infracción administrativa y se dicten como consecuencia de esta.

25. En cuanto a los actos dictados por un órgano administrativo incompetente por razón del territorio:

a) Serán anulables.
b) Serán nulos.
c) Habrá una mera irregularidad de forma.
d) Serán plenamente eficaces ya que son susceptibles de convalidación.

26. Según la Ley 39/2015, de 1 de octubre, en alguno de los siguientes supuestos no estamos ante un acto nulo de pleno derecho. Señala en cuál:

a) El dictado por órgano manifiestamente incompetente por razón de materia o territorio.
b) El que lesione derechos o libertades susceptibles de amparo constitucional.
c) El que incurra en cualquier infracción del ordenamiento jurídico.
d) El que sea constitutivo de infracción penal o se dicte como consecuencia de esta.

27. Conforme a la Ley 39/2015, de 1 octubre, de Procedimiento Administrativo Común de las Administraciones Públicas, la notificación a los interesados de las resoluciones y actos administrativos que afecten a sus derechos e intereses deberá ser cursada dentro del plazo de:

a) Diez días naturales a partir de la fecha en que el acto haya sido dictado.
b) Diez días hábiles a partir del día siguiente a aquel en que el acto haya sido dictado.
c) Diez días naturales a partir del día siguiente a aquel en que el acto haya sido dictado.
d) Diez días hábiles a partir de la fecha en que el acto haya sido dictado.

28. El órgano competente para la resolución de un expediente está preparando el oportuno acto administrativo. Indica, según la Ley 39/2015, de 1 octubre, de Procedimiento Administrativo Común de las Administraciones Públicas, qué acto de entre los siguientes estará exento de la obligación de ser motivado:

a) Los que resuelvan procedimientos de arbitraje.
b) Los acuerdos de aplicación de la ampliación de plazos.
c) Los que sigan el dictamen de órganos consultivos.
d) Los acuerdos de suspensión de actos.

29. Según la Ley 39/2015, de 1 octubre, de Procedimiento Administrativo Común de las Administraciones Públicas, podrá quedar demorada la eficacia de un acto administrativo:

a) Cuando esté supeditada a su publicación.
b) Cuando esté supeditada a su aprobación por un órgano inferior.
c) Cuando no lo exija el contenido del acto.
d) Cuando el interesado lo solicite al órgano que lo dicta.

30. Con arreglo al principio de inderogabilidad singular del artículo 37 de la Ley 39/2015, de 1 de octubre, del Procedimiento Administrativo Común de las Administraciones Públicas, las resoluciones administrativas que vulneren lo establecido en una disposición reglamentaria son:

a) Nulas.
b) Anulables.
c) Ineficaces.
d) Inconstitucionales.

31. En relación con la práctica de las notificaciones en papel, el artículo 42.2 de la Ley 39/2015, de 1 de octubre, del Procedimiento Administrativo Común de las Administraciones Públicas, establece que si nadie se hiciera cargo de la notificación, se hará constar esta circunstancia en el expediente, junto con el día y la hora en que se intentó la notificación, intento que se repetirá por una sola vez y en una hora distinta dentro de los:

a) Tres días siguientes. En caso de que el primer intento de notificación se haya realizado antes de las catorce horas, el segundo intento deberá realizarse después de las catorce horas y viceversa, dejando en todo caso al menos un margen de diferencia de tres horas entre ambos intentos de notificación.
b) Dos días siguientes. En caso de que el primer intento de notificación se haya realizado antes de las catorce horas, el segundo intento deberá realizarse después de las catorce horas y viceversa, dejando en todo caso al menos un margen de diferencia de dos horas entre ambos intentos de notificación.
c) Tres días siguientes. En caso de que el primer intento de notificación se haya realizado antes de las quince horas, el segundo intento deberá realizarse después de las quince horas y viceversa, dejando en todo caso al menos un margen de diferencia de tres horas entre ambos intentos de notificación.
d) Tres días siguientes. En caso de que el primer intento de notificación se haya realizado antes de las quince horas, el segundo intento deberá realizarse después de las quince horas y viceversa, dejando en todo caso al menos un margen de diferencia de dos horas entre ambos intentos de notificación.

32. Cuando se ignore el lugar de notificación de los interesados en un procedimiento:

a) Previamente a la publicación de un anuncio en el Boletín Oficial de Estado y con carácter preceptivo las Administraciones deberán publicar un anuncio en el Boletín Oficial de la Comunidad Autónoma del último domicilio del interesado.
b) Previamente a la publicación de un anuncio en el Boletín Oficial de Estado y con carácter preceptivo las Administraciones deberán publicar un anuncio en el Boletín Oficial de la provincia del último domicilio del interesado.
c) La notificación se hará por medio de un anuncio publicado en el Boletín Oficial del Estado.
d) No será preceptivo practicar la notificación.

33. Según establece la Ley 39/2015, de 1 de octubre, de Procedimiento Administrativo Común de las Administraciones Públicas:

a) No podrá ser convalidado en ningún caso el acto anulable viciado por falta de alguna autorización.

b) El órgano que anule las actuaciones dispondrá siempre la conservación de aquellos actos cuyo contenido se hubiera mantenido igual de no haberse cometido la infracción.

c) El defecto de forma determinará en todo caso la anulabilidad del acto administrativo.

d) La realización de actuaciones administrativas fuera del tiempo establecido para ellas implicará, en todo caso, la anulabilidad del acto.

34. Según establece la Ley 39/2015, de 1 de octubre, de Procedimiento Administrativo Común de las Administraciones Públicas, la notificación a los interesados de los actos administrativos que afecten a sus derechos e intereses:

a) Deberá ser cursada dentro del plazo de diez días a partir de la fecha en que el acto haya sido dictado.

b) Deberá ser cursada dentro del plazo de quince días a partir de la fecha en que el acto haya sido dictado.

c) Deberá ser cursada dentro del plazo de veinte días a partir de la fecha en que el acto haya sido dictado.

d) Deberá ser cursada dentro del plazo de un mes a partir de la fecha en que el acto haya sido dictado.

35. Según establece la Ley 39/2015, de 1 de octubre, de Procedimiento Administrativo Común de las Administraciones Públicas:

a) Los actos administrativos se producirán siempre por escrito.

b) En ningún caso podrá otorgarse eficacia retroactiva a los actos administrativos cuando se dicten en sustitución de actos anulados.

c) En todo caso los actos de las Administraciones Públicas sujetos al Derecho Administrativo producirán efectos desde la fecha en que se dicten.

d) Los acuerdos de suspensión de actos administrativos, cualquiera que sea el motivo de esta, serán motivados.

36. De acuerdo con lo establecido en la Ley 39/2015, de 1 de octubre, de Procedimiento Administrativo Común de las Administraciones Públicas, las resoluciones administrativas de carácter particular:

a) No podrán vulnerar lo establecido en una disposición de carácter general.

b) Podrán vulnerar lo establecido en una disposición de carácter general, si la autoridad que la dicta es de igual o superior rango a la que dictó la de carácter general.

c) Podrán vulnerar lo establecido en una disposición de carácter general dependiendo de a quién se refieran.

d) No existen resoluciones administrativas de carácter particular.

37. Conforme a lo establecido en la Ley 39/2015, de 1 de octubre, de Procedimiento Administrativo Común de las Administraciones Públicas, ¿en cuál de estos casos no podrá la Administración Pública convalidar un acto administrativo?

a) Si el acto es anulable subsanando los vicios de que adolezca.

b) Si el acto está dictado por un órgano manifiestamente incompetente por razón de la materia.

c) Si el acto adolece de un defecto de forma porque carece de los requisitos formales indispensables para alcanzar su fin.

d) En ninguno de los casos anteriores.

d) Si el acto está dictado por un órgano incompetente por razón de la jerarquía.

38. Según la Ley 39/2015, de 1 de octubre, del Procedimiento Administrativo Común de las Administraciones Públicas, cuando la notificación por medios electrónicos sea de carácter obligatorio o elegida por el interesado se podrá entender rechazada cuando hayan transcurrido:

a) Diez días hábiles sin que el interesado acceda a su contenido.

b) Diez días desde la puesta a disposición sin que se acceda a su contenido.

c) Diez días sin que el interesado reciba acuse de recibo.

d) Diez días naturales desde su puesta a disposición sin que se acceda a su contenido.

39. ¿En cuál de estos casos la publicación sustituirá a la notificación administrativa surtiendo sus mismos efectos, según la Ley 39/2015, de 1 octubre, de Procedimiento Administrativo Común de las Administraciones Públicas?

a) Siempre que el acto tenga varios interesados.

b) Cuando el acto forme parte de un procedimiento urgente y sumario.

c) Cuando se trate de actos integrantes de un procedimiento selectivo.

d) En caso de que el interesado o su representante rechacen la notificación de un acto administrativo.

40. Indica qué actos o disposiciones son anulables:

a) Los actos expresos o presuntos contrarios al ordenamiento jurídico por los que se adquieren facultades o derechos cuando se carezca de los requisitos esenciales para su adquisición.

b) Los actos de la Administración que incurran en cualquier infracción del ordenamiento jurídico, incluso la desviación de poder.

c) Las disposiciones administrativas que establezcan la retroactividad de disposiciones sancionadoras no favorables o restrictivas de derechos individuales.

d) Los dictados por órgano manifiestamente incompetente por razón de la materia o del territorio.

41. Según la Ley 39/2015, de 1 octubre, de Procedimiento Administrativo Común de las Administraciones Públicas, ¿cuándo se entiende practicada la notificación por medios electrónicos?

a) A los tres días del envío del aviso de la puesta a disposición del acto objeto de notificación.

b) En el momento en que se accede a la puesta a disposición del interesado del acto objeto de notificación.

c) Cuando, existiendo constancia de la puesta a disposición, transcurrieran cinco días naturales sin que se acceda a su contenido.

d) En el momento en que se produzca el acceso al contenido del acto notificado.

42. En la práctica de las notificaciones por medios electrónicos, según lo establecido en el artículo 43 de la Ley 39/2015, de 1 de octubre, del Procedimiento Administrativo Común de las Administraciones Públicas, señala cuál de las siguientes afirmaciones es incorrecta:

a) Se llevarán a cabo mediante comparecencia en la sede electrónica de la Administración u Organismo actuante, a través de la dirección electrónica habilitada únicamente o mediante ambos sistemas, según disponga cada Administración u Organismo.

b) Se entenderán practicadas en el momento en que se produzca el acceso a su contenido.

c) Cuando la notificación por medios electrónicos sea de carácter obligatorio, se entenderá rechazada cuando hayan transcurrido 10 días hábiles desde la puesta a disposición de la notificación sin que se acceda a su contenido.

d) Cuando la notificación por medios electrónicos haya sido expresamente elegida por el interesado, se entenderá rechazada cuando hayan transcurrido 10 días naturales desde la puesta a disposición de la notificación sin que se acceda a su contenido.

43. De conformidad con lo previsto en el artículo 47.1 de la Ley 39/2015, de 1 de octubre, del Procedimiento Administrativo Común de las Administraciones Públicas, son causas de nulidad de pleno derecho de los actos de las Administraciones Públicas:

a) Los dictados por órgano incompetente por razón del territorio.

b) Los dictados prescindiendo del procedimiento legalmente establecido o de las normas que contienen las reglas para la formación de la voluntad de los órganos colegiados.

c) Los que sean constitutivos de infracción administrativa o se dicten como consecuencia de esta.

d) Cualquier infracción del ordenamiento jurídico.

44. Según el artículo 35 de la Ley 39/2015, de 1 de octubre del Procedimiento Administrativo Común de las AAPP, entre otros, serán motivados los actos administrativos cuando:

a) Resuelvan procedimientos de revisiones de oficio.

b) Admitan las pruebas propuestas por los interesados.

c) Reconozcan derechos subjetivos.

d) Reconozcan intereses legítimos.

45. Indica, de conformidad con el artículo 52 de la Ley 39/2015, de 1 de octubre, del Procedimiento Administrativo Común de las Administraciones Públicas, la respuesta correcta sobre la convalidación de actos:

a) Cuando el vicio consista en incompetencia determinante de nulidad, podrá convalidarse por el órgano superior jerárquico del que dictó el acto viciado.

b) La Administración podrá convalidar los actos nulos de pleno derecho, subsanando los vicios de que adolezcan.

c) Como regla general, la convalidación producirá efecto desde la fecha en que fue dictado el acto convalidado.

d) Si el vicio consistiese en la falta de alguna autorización, se podrá convalidar el acto mediante el otorgamiento de la misma por el órgano competente.

46. Indica qué acto administrativo debe ser objeto de motivación según el artículo 35 de la Ley 39/2015, de 1 de octubre, del Procedimiento Administrativo Común de las Administraciones Públicas:

a) El requerimiento de subsanación de una solicitud presentada por el interesado.

b) Un acto de trámite que no se separe del criterio seguido en actuaciones precedentes.

c) El acto por el que se acuerda la admisión de pruebas propuestas por el interesado.

d) La propuesta de resolución en un procedimiento sancionador.

47. Según el principio de inderogabilidad singular de los reglamentos recogido en la Ley 39/2015, de 1 de octubre, del Procedimiento Administrativo Común de las Administraciones Públicas:

a) Las resoluciones administrativas de carácter particular no podrán vulnerar lo establecido en una disposición de carácter general, aunque aquellas procedan de un órgano de igual o superior jerarquía al que dictó la disposición general.

b) Las resoluciones administrativas de carácter particular pueden contradecir lo establecido en una disposición de carácter general cuando procedan de un órgano de igual o superior jerarquía al que dictó la disposición general.

c) Las resoluciones administrativas de carácter particular solo pueden vulnerar lo establecido en una disposición de carácter general cuando procedan de un órgano superior.

d) Las resoluciones administrativas de carácter particular podrán vulnerar lo establecido en una disposición de carácter general si proviene de un órgano de igual jerarquía al que dictó la disposición general.

48. Según lo dispuesto en la Ley 39/2015, de 1 de octubre, del Procedimiento Administrativo Común de las Administraciones Públicas, señala la respuesta correcta en relación con la práctica de las notificaciones en papel:

a) Cuando la notificación se practique en el domicilio del interesado, de no hallarse presente este en el momento de entregarse la notificación, podrá hacerse cargo de la misma cualquier persona mayor de 13 años que se encuentre en el domicilio y haga constar su identidad.

b) Si nadie se hiciera cargo de la notificación, se hará constar esta circunstancia en el expediente, junto con el día y la hora en que se intentó la notificación, intento que se repetirá por una sola vez y en una hora distinta dentro de las 48 horas siguientes.

c) Si la notificación resulta infructuosa, se entenderá que la misma ha sido rechazada, especificándose las circunstancias del intento de notificación y el medio, dando por efectuado el trámite y siguiéndose el procedimiento.

d) Todas las notificaciones que se practiquen en papel deberán ser puestas a disposición del interesado en la sede electrónica de la Administración u Organismo actuante para que pueda acceder al contenido de las mismas de forma voluntaria.

49. En relación con el artículo 47 de la Ley 39/2015, señala qué actos de las Administraciones Públicas son nulos de pleno derecho en todo caso:

a) Los que incurran en cualquier infracción del ordenamiento jurídico, incluso la desviación de poder.

b) Los que sean dictados fallando alguna autorización.

c) Los actos expresos o presuntos contrarios al ordenamiento jurídico por los que se adquieren facultades o derechos cuando se carezca de los requisitos esenciales para su adquisición.

d) Los dictados con defectos de forma que den lugar a la indefensión de los interesados.

50. La inderogabilidad singular de los reglamentos significa que:

a) Un reglamento no puede derogar parcialmente a otro reglamento.

b) Las resoluciones administrativas de carácter particular no pueden vulnerar lo establecido en una disposición de carácter general, aunque aquellas procedan de un órgano de igual o superior jerarquía al que dictó la disposición general.

c) Las resoluciones administrativas de carácter particular no pueden vulnerar lo establecido en una disposición de carácter general, salvo que aquellas procedan de un órgano de igual o superior jerarquía al que dictó la disposición general.

d) Un reglamento no puede derogar singularmente a otro reglamento.

51. De conformidad con la Ley 39/2015, del Procedimiento Administrativo Común de las Administraciones Públicas, en relación con las resoluciones y actos administrativos y sus notificaciones:

a) Para que sean válidas las resoluciones administrativas de carácter particular que se opongan a lo establecido en una disposición de carácter general, bastará con que procedan de un órgano de igual o superior jerarquía al que dictó la disposición general.

b) La Administración no podrá convalidar en ningún caso los actos anulables, aunque se subsanen los vicios de que adolezcan.

c) Los actos administrativos de las Administraciones Públicas se presumirán válidos y producirán efectos retroactivos desde la fecha en que se inició el procedimiento, salvo que en ellos se disponga otra cosa.

d) Las normas y actos dictados por los órganos de las Administraciones Públicas en el ejercicio de su propia competencia deberán ser observadas por el resto de los órganos administrativos, aunque no dependan jerárquicamente entre sí o pertenezcan a otra Administración.

52. Según establece la Ley 39/2015, del Procedimiento Administrativo Común de las Administraciones Públicas, en relación con notificaciones infructuosas, la notificación, con carácter obligatorio, se hará:

a) Por medio de un anuncio publicado en el Boletín Oficial del Estado.

b) Por medio de un anuncio en el Boletín Oficial del Estado y en el Boletín de la Comunidad Autónoma correspondiente.

c) Por medio de un anuncio en el Boletín Oficial del Estado y en el Boletín de la Comunidad Autónoma correspondiente, así como en el tablón de edictos del Ayuntamiento del último domicilio del interesado.

d) Tras la entrada en vigor de la Ley 39/2015, solo es preceptivo la publicación del anuncio en el boletín correspondiente de la Comunidad Autónoma, así como en el tablón de edictos del Ayuntamiento del último domicilio del interesado.

53. Según dispone la Ley 39/2015, del Procedimiento Administrativo Común de las Administraciones Públicas, cuando el interesado en el procedimiento fuera notificado por distintos cauces, se tomará como fecha de notificación la de aquella que:

a) Se pone a disposición en la sede electrónica de la Administración que tramita el procedimiento.

b) Fue remitida y notificada en papel.

c) Se hubiera producido en primer lugar.

d) Resulte más favorable al interesado.

54. Un acto dictado por un órgano incompetente por razón de la jerarquía:

a) Puede ser convalidado.

b) Solo puede convalidarse si es de trámite.

c) No puede ser convalidado.

d) Produce la invalidez de los actos subsistentes en el procedimiento.

55. De las siguientes respuestas relativas a la nulidad en los actos administrativos, según la Ley 39/2015, del Procedimiento Administrativo Común de las Administraciones Públicas, ¿encuentras alguna que sea incorrecta?

a) El acto nulo no puede ser objeto de convalidación.

b) Los actos nulos que, sin embargo, contengan los elementos constitutivos de otro distinto no producirán los efectos de este.

c) La Administración podrá en cualquier momento declarar la nulidad.

d) Los actos anulables son convalidables.

56. La definición de que los actos de la Administración serán válidos y producirán efectos desde la fecha en que se dicten, salvo que en ellos se disponga otra cosa, responde a determinado principio; ¿sabes cuál es?

a) Presunción de validez de los actos administrativos.
b) Presunción de calidad.
c) Presunción de oficialidad.
d) Presunción de veracidad de los actos administrativos.

57. De acuerdo con la Ley 39/2015, del Procedimiento Administrativo Común de las Administraciones Públicas, son actos anulables:

a) Los de contenido imposible.
b) Los que carezcan de los requisitos formales indispensables para alcanzar su fin.
c) Los dictados prescindiendo total y absolutamente de los procedimientos legalmente establecidos para ellos.
d) Los dictados prescindiendo total y absolutamente del procedimiento establecido por las normas que contienen las reglas esenciales para la formación de la voluntad de los órganos colegiados.

58. No han de ser necesariamente motivados los actos administrativos que:

a) Resuelven recursos.
b) Se separen del dictamen de los órganos consultivos.
c) Limiten derechos subjetivos.
d) Reconozcan el derecho de una licencia de apertura.

59. ¿En cuál de los siguientes supuestos queda demorada la eficacia de un acto administrativo?

a) Si se trata de actos dictados para sustituir a otros que han sido anulados.
b) Cuando dicho acto incurre en desviación de poder.
c) Cuando así lo exija el contenido del acto.
d) Cuando produce efectos favorables al interesado.

60. Conforme al artículo 47 de la Ley 39/2015, del Procedimiento Administrativo Común de las Administraciones Públicas, los actos de la Administración son nulos de pleno derecho si:

a) Se dictan fuera del plazo.
b) Se dictan sin seguir, en forma estricta, el procedimiento establecido.
c) Infringen el ordenamiento jurídico.
d) Los dictados prescindiendo total y absolutamente del procedimiento legalmente previsto.

61. Los actos dictados prescindiendo total y absolutamente de las normas que contienen las reglas esenciales de la formación de la voluntad de los órganos colegiados, según el artículo 47 de la Ley 39/2015, del Procedimiento Administrativo Común de las Administraciones Públicas, son:

a) Anulables.
b) Nulos de pleno derecho.
c) Irregulares.
d) Convalidables.

62. A tenor de lo dispuesto en la Ley 39/2015, del Procedimiento Administrativo Común de las Administraciones Públicas, ¿quién acordará la conservación de los actos?

a) Será el superior jerárquico del autor del acto nulo.
b) Será el propio órgano autor del acto nulo.
c) Será el órgano que acordó la nulidad.
d) Únicamente puede hacerlo la Jurisdicción Contencioso-Administrativa.

63. El ordenamiento jurídico prevé la convalidación de ciertos actos administrativos que adolecen de vicios. Señala cuáles se encuentran en ese supuesto:

a) Los dictados por órgano manifiestamente incompetente por razón de la materia.
b) Los constitutivos de delito.
c) Los de contenido imposible.
d) Los anulables.

64. Un acto que carezca de los requisitos de forma indispensable para alcanzar su fin, según el artículo 48 de la Ley 39/2015, del Procedimiento Administrativo Común de las Administraciones Públicas, es:

a) Nulo.
b) Irregular.
c) Anulable,
d) Perfectamente normal.

65. De acuerdo con el artículo 48 de la Ley 39/2015, del Procedimiento Administrativo Común de las Administraciones Públicas, cuando la Administración dicta un acto administrativo incurriendo en desviación de poder, dicho acto es:

a) Nulo de pleno derecho.
b) Anulable.
c) Impugnable en vía administrativa.
d) Irrecurrible en vía contencioso-administrativa.

66. La conversión de los actos administrativos se aplica, conforme a la Ley 39/2015, del Procedimiento Administrativo Común de las Administraciones Públicas:

a) A los actos nulos solo.
b) A los actos anulables solo.
c) A los actos irregulares, anulables y nulos.
d) A los actos anulables y nulos.

67. Los actos administrativos que limiten derechos subjetivos, necesariamente, según el artículo 35 de la Ley 39/2015, del Procedimiento Administrativo Común de las Administraciones Públicas habrán de ser:

a) Inimpugnables.
b) Motivados.
c) Discrecionales.
d) De trámite.

68. De acuerdo con la Ley 39/2015, del Procedimiento Administrativo Común de las Administraciones Públicas, el contenido del acto administrativo debe ser:

a) Posible, formal y causal.
b) Posible, objetivo y causal.
c) Posible, determinado, causal y formal.
d) Posible, lícito, determinado y adecuado a sus fines.

69. Según la Ley 39/2015, del Procedimiento Administrativo Común de las Administraciones Públicas, el acto de convalidación producirá efectos:a) Cuando se notifique, salvo lo dispuesto en el artículo 37.3 de la misma ley para la retroactividad de los actos administrativos:

b) Cuando se publique, salvo lo dispuesto en el artículo 39.3 de la misma ley para la retroactividad de los actos administrativos.
c) Desde su fecha, salvo lo dispuesto en el artículo 37.3 de la misma ley para la retroactividad de los actos administrativos.
d) Desde su fecha, salvo lo dispuesto en el artículo 39.3 de la misma ley para la retroactividad de los actos administrativos.

70. No son nulos de pleno derecho los actos administrativos que, según el artículo 47 de la Ley 39/2015, del Procedimiento Administrativo Común de las Administraciones Públicas:

a) Limiten derechos subjetivos.
b) Lesionen derechos y libertades susceptibles de amparo constitucional.
c) Dictados por órgano manifiestamente incompetente por razón de la materia.
d) Dictados por órgano manifiestamente incompetente por razón del territorio.

71. En la notificación de todo acto administrativo no es necesario que conste siempre:

a) Su texto íntegro.
b) Los recursos que contra el mismo procedan.
c) Los motivos en que se basa la decisión.
d) El plazo de interposición de los recursos.

72. Conforme a la Ley 39/2015, del Procedimiento Administrativo Común de las Administraciones Públicas, para que un acto tenga eficacia retroactiva es necesario que:

a) Limite derechos de los particulares.
b) Restrinja el ejercicio de facultades de los particulares.
c) Imponga deberes u obligaciones.
d) No se lesionen derechos legítimos de otras personas.

73. Cuando el Delegado Territorial de una Consejería de Agricultura de una Comunidad Autónoma de una Provincia concreta resuelve una solicitud en materia propia de la Delegación Territorial de una Consejería de Empleo de distinta Provincia, incurre en una incompetencia:

a) Material y jerárquica.
b) Territorial y jerárquica.
c) Material y territorial.
d) Territorial exclusivamente.

74. Cuando un órgano administrativo, al dictar un acto, se desvía de un dictamen vinculante de un órgano consultivo, según el artículo 48 de la Ley 39/2015, del Procedimiento Administrativo Común de las Administraciones Públicas:

a) Vicia el acto de que se trate.
b) Debe motivar el acto.
c) No puede hacerlo.
d) Debe justificar por qué lo hace.

75. Cuando un órgano administrativo, al dictar un acto, se separa de un dictamen facultativo, según el artículo 45 de la Ley 39/2015, del Procedimiento Administrativo Común de las Administraciones Públicas:

a) Vicia el acto.
b) Debe motivarlo.
c) No puede hacerlo.
d) Al ser facultativo, no es necesaria la motivación del acto.

76. El Gobierno de la Nación:

a) Ejercerá la iniciativa legislativa, mediante la elaboración y aprobación de los ante-proyectos de ley y podrá aprobar reales decretos-leyes y reales decretos legislativos en los términos previstos en la Constitución.

b) Podrá aprobar los proyectos de ley y los reales decretos-leyes en los términos previstos en la Constitución.

c) Ejercerá la iniciativa legislativa prevista en la Constitución mediante la elaboración y aprobación de los anteproyectos de ley y podrá aprobar los proyectos de ley.

d) Podrá aprobar los reales decretos-leyes y reales decretos legislativos en los términos previstos en la Constitución.

77. El ejercicio de la potestad reglamentaria corresponde:

a) Al Gobierno de la Nación.

b) Al Gobierno de la Nación y a los órganos de Gobierno de las CCAA, de conformidad con lo establecido en sus respectivos Estatutos de Autonomía.

c) A los órganos de Gobierno de las CCAA, de conformidad con lo establecido en sus respectivos Estatutos de Autonomía.

d) Al Gobierno de la Nación, a los órganos de Gobierno de las CCAA, de conformidad con lo establecido en sus respectivos Estatutos, a los órganos de gobierno locales, de acuerdo con lo previsto en la Constitución, los Estatutos de Autonomía y la Ley 7/1985, de 2 de abril, reguladora de las Bases del Régimen Local, así como por órganos y autoridades distintas de los Gobiernos respectivos.

78. ¿Qué artículo y norma regula el ejercicio de la potestad reglamentaria por órganos y autoridades distintas de los Gobiernos respectivos?

a) El art. 128.2 de la LPACAP.

b) El art. 128.1. de la LRJSP.

c) El art. 129.4 de la LPACAP.

d) El art. 129.4. de la LRJSP.

79. De conformidad con la LPACAP, los órganos de gobierno de las CCAA podrán aprobar:

a) Reales decretos-leyes y reales decretos legislativos, de conformidad con lo establecido en la Constitución y en sus respectivos Estatutos de Autonomía.

b) Anteproyectos de ley, reales decretos-leyes y reales decretos legislativos, de conformidad con lo establecido en la Constitución y en sus respectivos Estatutos de Autonomía.

c) Proyectos de ley y reales decretos-leyes, de conformidad con lo establecido en la Constitución y en sus respectivos Estatutos de Autonomía.

d) Anteproyectos de ley y reales decretos legislativos, de conformidad con lo establecido en la Constitución y en sus respectivos Estatutos de Autonomía.

80. La aprobación de los reglamentos y disposiciones administrativas quedan sometidos a una serie de limitaciones, que suponen que los citados reglamentos y disposiciones administrativas no podrán:

a) Vulnerar la CE ni regular aquellas materias que los Estatutos de Autonomía reconoce de la competencia de las Asambleas Legislativas de las CCAA o de las Entidades Locales.

b) Vulnerar la CE o las leyes, regular aquellas materias que la CE o los Estatutos de Autonomía reconocen de la competencia de las Cortes Generales o de las Asambleas Legislativas de las CCAA y vulnerar los preceptos de otra de rango superior.

c) Vulnerar las leyes,; regular aquellas materias que la CE reconoce de la competencia de las Cortes Generales o de las Asambleas Legislativas de las CCAA; y vulnerar los preceptos de otra de rango inferior.

d) Vulnerar la CE o las leyes, ni vulnerar los preceptos de cualquier otra norma, ya sean de rango superior o inferior.

81. Los reglamentos y disposiciones administrativas:

a) Podrán tipificar infracciones administrativas, pero no podrán tipificar delitos y faltas.

b) No podrán tipificar delitos, pero sí faltas e infracciones administrativas.

c) No podrán tipificar delitos, faltas o infracciones administrativas, pero podrán establecer tributos, exacciones parafiscales u otras cargas o prestaciones personales o patrimoniales de carácter público.

d) No podrán tipificar delitos, faltas o infracciones administrativas, ni podrán establecer penas o sanciones, ni tributos, exacciones parafiscales u otras cargas o prestaciones personales o patrimoniales de carácter público.

82. En el ejercicio de la iniciativa legislativa y la potestad reglamentaria, las Administraciones Públicas (en adelante, AAPP) actuarán de acuerdo con los principios de:

a) Necesidad, eficacia, proporcionalidad, seguridad jurídica, transparencia, y eficiencia.

b) Celeridad, eficacia, proporcionalidad y seguridad jurídica.

c) Simplificación administrativa, eficacia y proporcionalidad.

d) Seguridad jurídica, transparencia e igualdad.

83. Cuando la iniciativa normativa afecte a los gastos o ingresos públicos presentes o futuros se deberán:

a) Cuantificar y valorar sus repercusiones y efectos, y supeditarse al cumplimiento de los principios de sostenibilidad presupuestaria y de estabilidad financiera.

b) Cuantificar sus repercusiones y valorar sus efectos, y supeditarse al cumplimiento del principio de estabilidad financiera.

c) Cuantificar y valorar sus repercusiones y efectos, y supeditarse al cumplimiento de los principios de estabilidad presupuestaria y de sostenibilidad financiera.

d) Valorar sus repercusiones y cuantificar sus efectos, y supeditarse al cumplimiento del principio de sostenibilidad financiera.

84. Cada uno de los principios que rigen el ejercicio de la iniciativa legislativa y la potestad reglamentaria ha de quedar justificado en:

a) La memoria justificativa de la iniciativa.

b) La exposición de motivos de los anteproyectos de ley o en el preámbulo de los proyectos de reglamento.

c) El texto de la iniciativa.

d) El Plan Anual Normativo, respecto de las iniciativas legales o reglamentarias que vayan a ser elevadas para su aprobación en el año siguiente.

85. Las AAPP revisarán su normativa vigente para adaptarla a los principios de buena regulación. El resultado de la evaluación se plasmará en:

a) Un informe que se publicará, anualmente, por el órgano que determine la normativa reguladora de la Administración correspondiente.

b) Un informe que se publicará, bianualmente, por el órgano que determine la normativa reguladora de la Administración correspondiente.

c) Un informe que se publicará, cada cinco años, por el órgano que determine la normativa reguladora de la Administración correspondiente.

d) Un informe que se hará público, con el detalle, periodicidad y por el órgano que determine la normativa reguladora de la Administración correspondiente.

86. ¿Qué será necesario para que las normas con rango de ley, los reglamentos y disposiciones administrativas entren en vigor?

a) Habrán de publicarse en el diario oficial correspondiente. Adicionalmente, y de manera facultativa, las AAPP podrán establecer otros medios de publicidad complementarios.

b) Habrán de publicarse en el diario oficial correspondiente. Adicionalmente, y de manera preceptiva, las AAPP establecerán otros medios de publicidad complementarios.

c) Habrán de publicarse en el diario oficial correspondiente, preceptivamente, en edición impresa. Adicionalmente, y de manera facultativa, podrán publicarse en las sedes electrónicas de la Administración, Órgano, Organismo público o Entidad competente.

d) Habrán de publicarse en el diario oficial correspondiente, preceptivamente, en las sedes electrónicas de la Administración, Órgano, Organismo público o Entidad competente. Adicionalmente, y de manera facultativa, se podrán publicar en el diario oficial en edición impresa.

87. Las AAPP harán público el Plan Normativo:

a) Anualmente y contendrá las iniciativas legales o reglamentarias que vayan a ser elevadas para su aprobación en los años siguientes. Una vez aprobado, el Plan Anual Normativo se publicará en el diario oficial correspondiente.

b) Anualmente y contendrá las iniciativas legales o reglamentarias que vayan a ser elevadas para su aprobación en el año siguiente. Una vez aprobado, el Plan Anual Normativo se publicará en las sedes electrónicas de la Administración, Órgano, Organismo público o Entidad competente.

c) Anualmente y contendrá las iniciativas legales o reglamentarias que vayan a ser elevadas para su aprobación en el año siguiente. Una vez aprobado, el Plan Anual Normativo se publicará en el Portal de la Transparencia de la Administración Pública correspondiente.

d) Cada dos años y contendrá las iniciativas legales o reglamentarias que vayan a ser elevadas para su aprobación en los años siguientes. Una vez aprobado, el Plan Anual Normativo se publicará en el diario oficial correspondiente.

88. La consulta pública, que se realiza con carácter previo a la elaboración del proyecto o anteproyecto de ley o de reglamento, pretende recabar la opinión de:

a) Los ciudadanos afectados, cuando la norma afecte a sus derechos e intereses legítimos.

b) Los sujetos y de las organizaciones más representativas potencialmente afectados por la futura norma.

c) Los ciudadanos afectados y otras personas o entidades, cuando la norma afecte a sus derechos e intereses legítimos.

d) Los ciudadanos afectados; a otras personas o entidades, cuando la norma afecte a sus derechos e intereses legítimos y a organizaciones o asociaciones reconocidas por ley que agrupen o representen a las personas cuyos derechos o intereses legítimos se vieren afectados por la norma y cuyos fines guarden relación directa con su objeto.

89. Se podrá omitir la consulta pública, con carácter previo a la elaboración del proyecto o anteproyecto de ley o de reglamento:

a) Cuando concurran razones graves de interés financiero que lo justifiquen, en el caso de normas tributarias u organizativas de la Administración General del Estado, la Administración autonómica, la Administración local o de las organizaciones dependientes o vinculadas a estas.

b) Cuando la propuesta normativa no tenga un impacto significativo en la actividad administrativa.

c) Cuando no imponga obligaciones relevantes a los destinatarios.

d) Cuando regule la totalidad de los aspectos de una materia.

90. La iniciativa normativa debe estar justificada por una razón de interés general, basarse en una identificación clara de los fines perseguidos y ser el instrumento más adecuado para garantizar su consecución, en virtud de los principios de:

a) Necesidad y eficacia.

b) Proporcionalidad y seguridad jurídica.

c) Necesidad y proporcionalidad.

d) Seguridad jurídica y eficacia.

91. Cuando en materia de procedimiento administrativo la iniciativa normativa establezca trámites adicionales o distintos a los contemplados en esta ley, estos deberán ser justificados atendiendo a:

a) La singularidad de la materia o a los fines perseguidos por la propuesta.

b) La singularidad de la materia o a la eficacia de la propuesta.

c) La eficacia de la propuesta.

d) La eficacia, proporcionalidad y necesariedad de la propuesta.

92. Quedará suficientemente justificada la adecuación de la iniciativa legislativa y la potestad reglamentaria a los principios de buena regulación:

a) En el preámbulo, en los anteproyectos de ley y en los proyectos de reglamentos.

b) En la exposición de motivos, en los proyectos de reglamentos.

c) En el preámbulo, en los anteproyectos de ley.

d) En la exposición de motivos, en los anteproyectos de ley.

93. ¿Cuál de los principios de buena regulación supone que la iniciativa que se proponga deba contener la regulación imprescindible para atender la necesidad a cubrir con la norma, tras constatar que no existen otras medidas menos restrictivas de derechos, o que impongan menos obligaciones a los destinatarios?

a) El principio de seguridad jurídica.

b) El principio de necesidad.

c) El principio de eficacia.

d) El principio de proporcionalidad.

94. La iniciativa normativa se ejercerá de manera coherente con el resto del ordenamiento jurídico, nacional y de la Unión Europea, para generar un marco normativo estable, predecible, integrado, claro y de certidumbre, que facilite su conocimiento y comprensión y, en consecuencia, la actuación y toma de decisiones de las personas y empresas por aplicación del:

a) Principio de seguridad jurídica.

b) Principio de necesidad.

c) Principio de eficacia.

d) Principio de proporcionalidad.

Solución al test n.º 11

1. d) Los actos declarativos de derechos.

2. a) La fecha en que se dicten, salvo que en ellos se disponga otra cosa.

3. c) En los procedimientos iniciados a solicitud del interesado, la notificación se practicará en el domicilio del interesado. Cuando ello no fuera posible, en cualquier lugar adecuado a tal fin.

4. b) Cuando la Administración estime que la notificación efectuada a un solo interesado es insuficiente para garantizar la notificación a todos, siendo, en este último caso, adicional a la notificación efectuada.

5. c) Los actos que tengan un contenido imposible.

6. a) Los actos de la Administración que incurran en cualquier infracción del ordenamiento jurídico, incluso la desviación de poder.

7. c) Cuando el acto carezca de los requisitos formales, dando lugar a la indefensión de los interesados.

8. b) El órgano competente cuando sea superior jerárquico del que dictó el acto viciado.

9. b) En los casos en que los órganos administrativos ejerzan su competencia de forma verbal, la constancia escrita del acto, cuando sea necesaria, se efectuará y firmará por el titular del órgano superior, expresando en la comunicación del mismo la autoridad de la que procede.

10. b) Los que carezcan de los requisitos formales indispensables para alcanzar su fin.

11. a) Las que sigan el criterio seguido en actuaciones precedentes.

12. a) Cuando carezcan de los requisitos formales indispensables para alcanzar su fin o dé lugar a indefensión.

13. c) Realizado el requerimiento y al ser rechazado este, podrá interponer recurso de revisión.

14. c) El acceso a su contenido, momento a partir del cual la notificación se entenderá practicada a todos los efectos legales.

15. c) Diez días naturales sin que se acceda al contenido.

16. b) Toda notificación deberá ser cursada dentro del plazo de quince días a partir de la fecha en que el acto haya sido dictado.

17. c) El dictado por órgano incompetente en razón de su jerarquía.

18. c) Tendrán que ser motivados, con sucinta referencia de hechos y fundamentos de derechos.

19. a) Dentro del plazo de 10 días a partir de la fecha en que el acto haya sido dictado.

20. b) Motivados.

21. b) Motivados.

22. d) Desde que se dicten.

23. c) No implicará necesariamente la de las partes del mismo independientes de aquella.

24. d) Los que sean constitutivos de infracción administrativa y no se dicten como consecuencia de esta.

25. b) Serán nulos.

26. c) El que incurra en cualquier infracción del ordenamiento jurídico.

27. d) Diez días hábiles a partir de la fecha en que el acto haya sido dictado.

28. c) Los que sigan el dictamen de órganos consultivos.

29. a) Cuando esté supeditada a su publicación.

30. a) Nulas.

31. c) Tres días siguientes. En caso de que el primer intento de notificación se haya realizado antes de las quince horas, el segundo intento deberá realizarse después de las quince horas y viceversa, dejando en todo caso al menos un margen de diferencia de tres horas entre ambos intentos de notificación.

32. c) La notificación se hará por medio de un anuncio publicado en el Boletín Oficial del Estado.

33. b) El órgano que anule las actuaciones dispondrá siempre la conservación de aquellos actos cuyo contenido se hubiera mantenido igual de no haberse cometido la infracción.

34. a) Deberá ser cursada dentro del plazo de diez días a partir de la fecha en que el acto haya sido dictado.

35. d) Los acuerdos de suspensión de actos administrativos, cualquiera que sea el motivo de esta, serán motivados.

36. a) No podrán vulnerar lo establecido en una disposición de carácter general.

37. b) Si el acto está dictado por un órgano manifiestamente incompetente por razón de la materia.

38. d) Diez días naturales desde su puesta a disposición sin que se acceda a su contenido.

39. c) Cuando se trate de actos integrantes de un procedimiento selectivo.

40. b) Los actos de la Administración que incurran en cualquier infracción del ordenamiento jurídico, incluso la desviación de poder.

41. d) En el momento en que se produzca el acceso al contenido del acto notificado.

42. c) Cuando la notificación por medios electrónicos sea de carácter obligatorio, se entenderá rechazada cuando hayan transcurrido 10 días hábiles desde la puesta a disposición de la notificación sin que se acceda a su contenido.

43. a) Los dictados por órgano incompetente por razón del territorio.

44. a) Resuelvan procedimientos de revisiones de oficio.

45. d) Si el vicio consistiese en la falta de alguna autorización, se podrá convalidar el acto mediante el otorgamiento de la misma por el órgano competente.

46. d) La propuesta de resolución en un procedimiento sancionador.

47. a) Las resoluciones administrativas de carácter particular no podrán vulnerar lo establecido en una disposición de carácter general, aunque aquellas procedan de un órgano de igual o superior jerarquía al que dictó la disposición general.

48. d) Todas las notificaciones que se practiquen en papel deberán ser puestas a disposición del interesado en la sede electrónica de la Administración u Organismo actuante para que pueda acceder al contenido de las mismas de forma voluntaria.

49. c) Los actos expresos o presuntos contrarios al ordenamiento jurídico por los que se adquieren facultades o derechos cuando se carezca de los requisitos esenciales para su adquisición.

50. b) Las resoluciones administrativas de carácter particular no pueden vulnerar lo establecido en una disposición de carácter general, aunque aquellas procedan de un órgano de igual o superior jerarquía al que dictó la disposición general.

51. d) Las normas y actos dictados por los órganos de las Administraciones Públicas en el ejercicio de su propia competencia deberán ser observadas por el resto de los órganos administrativos, aunque no dependan jerárquicamente entre sí o pertenezcan a otra Administración.

52. a) Por medio de un anuncio publicado en el Boletín Oficial del Estado.

53. c) Se hubiera producido en primer lugar.

54. a) Puede ser convalidado.

55. b) Los actos nulos que, sin embargo, contengan los elementos constitutivos de otro distinto no producirán los efectos de este.

56. a) Presunción de validez de los actos administrativos.

57. b) Los que carezcan de los requisitos formales indispensables para alcanzar su fin.

58. d) Reconozcan el derecho de una licencia de apertura.

59. c) Cuando así lo exija el contenido del acto.

60. d) Los dictados prescindiendo total y absolutamente del procedimiento legalmente previsto.

61. b) Nulos de pleno derecho.

62. c) Será el órgano que acordó la nulidad.

63. d) Los anulables.

64. c) Anulable.

65. b) Anulable.

66. d) A los actos anulables y nulos.

67. b) Motivados.

68. d) Posible, lícito, determinado y adecuado a sus fines.

69. d) Desde su fecha, salvo lo dispuesto en el artículo 39.3 de la misma ley para la retroactividad de los actos administrativos.

70. a) Limiten derechos subjetivos.

71. c) Los motivos en que se basa la decisión.

72. d) No se lesionen derechos legítimos de otras personas.

73. c) Material y territorial.

74. a) Vicia el acto de que se trate.

75. b) Debe motivarlo.

76. a) Ejercerá la iniciativa legislativa, mediante la elaboración y aprobación de los anteproyectos de ley y podrá aprobar reales decretos-leyes y reales decretos legislativos en los términos previstos en la Constitución.

77. d) Al Gobierno de la Nación, a los órganos de Gobierno de las CCAA, de conformidad con lo establecido en sus respectivos Estatutos, a los órganos de gobierno locales, de acuerdo con lo previsto en la Constitución, los Estatutos de Autonomía y la Ley 7/1985, de 2 de abril, reguladora de las Bases del Régimen Local, así como por órganos y autoridades distintas de los Gobiernos respectivos.

78. c) El art. 129.4 de la LPACAP.

79. b) Anteproyectos de ley, reales decretos-leyes y reales decretos legislativos, de conformidad con lo establecido en la Constitución y en sus respectivos Estatutos de Autonomía.

80. b) Vulnerar la CE o las leyes, regular aquellas materias que la CE o los Estatutos de Autonomía reconocen de la competencia de las Cortes Generales o de las Asambleas Legislativas de las CCAA y vulnerar los preceptos de otra de rango superior.

81. d) No podrán tipificar delitos, faltas o infracciones administrativas, ni podrán establecer penas o sanciones, ni tributos, exacciones parafiscales u otras cargas o prestaciones personales o patrimoniales de carácter público.

82. a) Necesidad, eficacia, proporcionalidad, seguridad jurídica, transparencia, y eficiencia.

83. c) Cuantificar y valorar sus repercusiones y efectos, y supeditarse al cumplimiento de los principios de estabilidad presupuestaria y de sostenibilidad financiera.

84. b) La exposición de motivos de los anteproyectos de ley o en el preámbulo de los proyectos de reglamento.

85. d) Un informe que se hará público, con el detalle, periodicidad y por el órgano que determine la normativa reguladora de la Administración correspondiente.

86. a) Habrán de publicarse en el diario oficial correspondiente. Adicionalmente, y de manera facultativa, las AAPP podrán establecer otros medios de publicidad complementarios.

87. c) Anualmente y contendrá las iniciativas legales o reglamentarias que vayan a ser elevadas para su aprobación en el año siguiente. Una vez aprobado, el Plan Anual Normativo se publicará en el Portal de la Transparencia de la Administración Pública correspondiente.

88. b) Los sujetos y de las organizaciones más representativas potencialmente afectados por la futura norma.

89. c) Cuando no imponga obligaciones relevantes a los destinatarios.

90. a) Necesidad y eficacia.

91. a) La singularidad de la materia o a los fines perseguidos por la propuesta.

92. d) En la exposición de motivos, en los anteproyectos de ley.

93. d) El principio de proporcionalidad.

94. a) Principio de seguridad jurídica.

TEST N.º 12

La Ley 39/2015, de 1 de octubre, del procedimiento administrativo común de las Administraciones Públicas: Título IV, De las disposiciones sobre el procedimiento administrativo común

1. Los que tuvieren la condición de interesados en un procedimiento administrativo, podrán conocer del estado de la tramitación del mismo:

a) En el trámite de audiencia.
b) En el trámite de información pública.
c) En cualquier momento
d) Solo cuando lo permita el instructor del procedimiento.

2. Las medidas provisionales adoptadas antes de la iniciación del procedimiento administrativo, deberán ser confirmadas, modificadas o levantadas en el acuerdo de iniciación del procedimiento, que deberá efectuarse:

a) Dentro de los quince días siguientes a su adopción, pudiendo ser recurrido.
b) Dentro de los veinte días siguientes a su adopción, pudiendo de ser recurrido.
c) Dentro de los diez días siguientes a su adopción, sin posibilidad de ser recurrido.
d) Dentro de los veinte días siguientes a su adopción, sin posibilidad de ser recurrido.

3. Cuando el acuerdo de iniciación del procedimiento no contenga un pronunciamiento expreso acerca de las medidas provisionales previas, dichas medidas:

a) Se mantendrán, hasta la fase de alegaciones.
b) Se mantendrán, salvo que haya recurso pendiente.
c) Se prorrogaran por quince días.
d) Quedarán sin efecto.

4. Los procedimientos de naturaleza sancionadora se iniciarán:

a) De oficio o a instancia de parte.
b) Siempre a instancia de parte.
c) Siempre de oficio.
d) En virtud de denuncia.

5. Si la solicitud de iniciación del procedimiento administrativo no reúne los requisitos recogidos en la Ley 39/2015 u otros exigidos por la legislación específica aplicable:

a) Se inadmitirá la solicitud presentada por el interesado.

b) Se le dará un plazo de cinco días para que vuelva a presentar la solicitud correctamente.

c) Se le dará un plazo de veinte días para que subsane la falta o acompañe los documentos preceptivos.

d) Se le dará un plazo de diez días para que subsane la falta o acompañe los documentos preceptivos.

6. ¿Suspenderá la tramitación del procedimiento las cuestiones incidentales que se susciten en el mismo?

a) No.

b) Sí.

c) No, salvo las que se refieran a la nulidad de actuaciones.

d) No, incluso las relativas a la recusación no se suspenderán.

7. Señala cuál de las siguientes no podrá adoptarse como medidas provisionales en un procedimiento administrativo:

a) Embargo preventivo de bienes.

b) Inmovilización de cosa mueble.

c) Retirada o intervención de bienes productivos.

d) Suspensión definitiva de actividades.

8. El interesado en el procedimiento administrativo tiene derecho:

a) A formular alegaciones y a utilizar los medios de defensa admitidos por el Ordenamiento Jurídico en cualquier fase del procedimiento.

b) A formular alegaciones, a utilizar los medios de defensa admitidos por el Ordenamiento Jurídico, y a aportar documentos en cualquier fase del procedimiento anterior al trámite de audiencia.

c) A formular alegaciones y a utilizar los medios de defensa admitidos por el Ordenamiento Jurídico en cualquier fase del procedimiento, pero solo podrá aportar documentos con posterioridad al trámite de audiencia.

d) A formular alegaciones y a utilizar los medios de defensa admitidos por el Ordenamiento Jurídico en cualquier fase del procedimiento anterior al dictado de la resolución por la que se pone fin al procedimiento.

9. Contra el acuerdo de acumulación de procedimientos:

a) Cabe recurso de revisión.

b) Cabe recurso extraordinario de revisión.

c) No cabe recurso alguno.

d) Cabe recurso de alzada.

10. Los procedimientos administrativos que no tengan naturaleza sancionadora se podrán iniciar:

a) Por acuerdo del órgano competente o a petición razonada de otros órganos.

b) Por acuerdo del órgano competente, bien por propia iniciativa o como consecuencia de orden superior, a petición razonada de otros órganos o por denuncia.

c) Por denuncia solamente.

d) De oficio siempre.

11. Cuando el procedimiento se iniciara por una denuncia en la que se invocara un perjuicio en el patrimonio de las Administraciones Públicas:

a) La no iniciación del procedimiento deberá ser motivada y se notificará a los denunciantes la decisión de si se ha iniciado o no el procedimiento.

b) La iniciación del procedimiento deberá ser motivada y no se notificará a los denunciantes, si el instructor lo considera oportuno.

c) La no iniciación del procedimiento quedará a la decisión del instructor, sin necesidad de motivarla, salvo a petición del denunciante.

d) La no iniciación del procedimiento nunca deberá ser motivada.

12. Los interesados podrán solicitar el inicio de un procedimiento de responsabilidad patrimonial:

a) Siempre.

b) Dentro de los cuatro años siguientes a aquel en que se produjo el acto que motiva la indemnización.

c) Si así se dispone por sentencia.

d) Cuando no haya prescrito su derecho a reclamar.

13. El plazo de subsanación de la solicitud de iniciación del procedimiento podrá ampliarse prudencialmente, cuando la aportación de los documentos requeridos presente dificultades especiales:

a) Hasta cinco días.

b) Hasta diez días.

c) Hasta quince días.

d) Siempre por diez días más.

14. En los procedimientos de naturaleza sancionadora, ¿cuál de los siguientes no es un derecho de los presuntos responsables?

a) A ser notificado de la identidad del instructor.

b) A saber quién es la autoridad competente para imponer la sanción.

c) A ser informado de sus derechos procesales penales.

d) A ser notificado de los hechos que se le imputen.

15. ¿Hay presunción de existencia de responsabilidad administrativa mientras no se demuestre lo contrario?

a) Sí, salvo excepciones.
b) Nunca.
c) Solo en los procedimientos de naturaleza sancionadora.
d) Siempre.

16. Iniciado el procedimiento administrativo, pueden adoptarse medidas provisionales, ¿por qué órgano?

a) Por el órgano administrativo competente para resolver.
b) Por el órgano administrativo competente para instruir.
c) Por cualquier órgano administrativo.
d) No podrán adoptarse medidas provisionales.

17. En caso de daños de carácter físico o psíquico a las personas, el derecho a reclamar en un procedimiento de responsabilidad patrimonial prescribe:

a) A los cinco años a contar desde la completa curación.
b) No prescriben nunca, cuando sean de carácter psíquico.
c) Al año a contar desde la curación o la determinación del alcance de las secuelas.
d) A los dos años a contar desde la curación o la determinación del alcance de las secuelas.

18. Señala cuál de las siguientes puede ser una definición de expediente administrativo:

a) Diligencias encaminadas a ejecutar la resolución administrativa, medidas adoptadas para ello y anotaciones practicadas.
b) El conjunto de actuaciones que sirven de antecedente y fundamento a la resolución administrativa.
c) Documentos que se aportan por las partes para dictar resolución administrativa.
d) El conjunto ordenado de documentos y actuaciones que sirven de antecedente y fundamento a la resolución administrativa, así como las diligencias encaminadas a ejecutarla.

19. ¿En virtud de qué principio administrativo se puede acordar en un solo acto todos los trámites que, por su naturaleza, admitan un impulso simultáneo y no sea obligado su cumplimiento sucesivo?

a) Principio de simplificación administrativa.
b) Principio de eficacia administrativa.
c) Principio de eficiencia administrativa.
d) Principio de racionalidad.

20. Por regla general, salvo en el caso de que en la norma correspondiente se fije plazo distinto, los trámites que deban ser cumplimentados por los interesados deberán realizarse en el plazo de:

a) 20 días.
b) 15 días.
c) 10 días.
d) 5 días.

21. Señala la respuesta incorrecta. En la iniciación del procedimiento administrativo a instancia de parte, la solicitud que se formule deberá contener, entre otros:

a) Lugar y fecha.
b) Nombre y sexo del interesado.
c) Nombre y apellidos de la persona que represente al interesado.
d) Hechos, razones y petición en que se concrete, con toda claridad, la solicitud.

22. Los interesados en un procedimiento administrativo, ¿tienen que presentar los documentos originales?

a) Sí, como regla general.
b) No, como regla general.
c) Sí, siempre, salvo dispensa.
d) Nunca.

23. El interesado en el procedimiento administrativo, en el caso de que la Administración no dicte ni notifique resolución expresa en plazo, tiene derecho:

a) A conocer el sentido del silencio administrativo que corresponda.
b) A impugnar la falta de resolución expresa, mediante recurso de apelación.
c) A exigir responsabilidad civil a la Administración por falta de resolución.
d) A solicitar resolución expresa.

24. ¿Cómo se denomina al periodo que el órgano competente podrá abrir, con anterioridad al inicio del procedimiento, con el fin de conocer las circunstancias del caso concreto y la conveniencia o no de iniciar el procedimiento?

a) Período de información o actuaciones previas.
b) Período de iniciación.
c) Período preliminar.
d) Período voluntario.

25. Señala cuál de las siguientes no es una medida provisional que se pueda adoptar en el procedimiento administrativo:

a) Prestación de fianzas.
b) Suspensión temporal de servicios por razones de sanidad, higiene o seguridad.

c) Cierre definitivo del establecimiento por razones de sanidad, higiene o seguridad.

d) Embargo preventivo de rentas.

26. ¿Cuándo podrán ser alzadas o modificadas las medidas provisionales?

a) Solo al final del procedimiento.

b) Durante la tramitación del procedimiento.

c) Tras la firmeza de resolución.

d) Cuando se inicie el procedimiento.

27. En todo caso, se extinguirán las medidas provisionales:

a) Cuando surta efectos la resolución administrativa que ponga fin al procedimiento correspondiente.

b) Cuando lo solicite la parte interesada.

c) Cuando se interponga resolución contra los actos de trámite.

d) Cuando se impugnen esas medidas.

28. ¿Cómo se denomina en el ámbito administrativo, al acto por el que cualquier persona, en cumplimiento o no de una obligación legal, pone en conocimiento de un órgano administrativo la existencia de un determinado hecho que pudiera justificar la iniciación de oficio de un procedimiento administrativo?

a) Demanda.

b) Escrito de iniciación.

c) Denuncia.

d) Querella.

29. Los trámites que deban ser cumplimentados por los interesados deberán realizarse en el plazo establecido por la ley, pero ¿desde cuándo comenzará a contarse este plazo?

a) A partir del mismo día de la notificación del correspondiente acto.

b) A partir del día siguiente al del que se dicta la resolución.

c) A partir del día siguiente al de la notificación del correspondiente acto.

d) A partir del mismo día en que se dicta la resolución.

30. Las medidas provisionales que, una vez iniciado el procedimiento administrativo puede imponer el órgano competente, han de cumplir los principios de:

a) Igualdad, eficacia y menor onerosidad.

b) Proporcionalidad, efectividad y menor onerosidad.

c) Eficiencia, efectividad y mayor onerosidad.

d) Igualdad y necesidad.

31. Cuando la Administración considere que alguno de los actos de los interesados no reúne los requisitos necesarios, ¿qué hará?

a) Inadmitirá el acto.
b) Le podrá declarar decaído en su derecho al trámite correspondiente.
c) Lo pondrá en conocimiento de su autor, concediéndole un plazo de cinco días para cumplimentarlo.
d) Lo pondrá en conocimiento de su autor, concediéndole un plazo de diez días para cumplimentarlo.

32. Señala la respuesta incorrecta. En la iniciación del procedimiento administrativo a instancia de parte, la solicitud que se formule deberá contener, entre otros:

a) Firma del solicitante o acreditación de la autenticidad de su voluntad expresada por cualquier medio.
b) Órgano, centro o unidad administrativa a la que se dirige y su correspondiente código de identificación.
c) Nombre y apellidos del interesado.
d) Teléfono fijo de contacto.

33. Señala cuál de las siguientes no es una medida provisional que se pueda adoptar en el procedimiento administrativo:

a) Retirada de bienes productivos.
b) Intervención de bienes productivos.
c) Depósito de cosa mueble.
d) Embargo de cosas infungibles.

34. En los procedimientos de responsabilidad patrimonial, ¿qué no debe contener la petición?

a) La relación de causalidad entre la lesión producida y el funcionamiento del servicio público.
b) La lesión producida en una persona o grupo de personas.
c) Su evaluación económica, en todo caso.
d) El momento en que la lesión se produjo.

35. La presentación de una denuncia:

a) No confiere, por sí sola, la condición de interesado en el procedimiento.
b) Confiere, por sí sola, la condición de interesado en el procedimiento.
c) Confiere, por sí sola, capacidad de obrar al interesado en el procedimiento.
d) Confiere, por sí sola, capacidad jurídica al interesado en el procedimiento.

36. En los procedimientos de naturaleza sancionadora:

a) Solo hay una fase sancionadora.
b) Deberá separarse la fase instructora y la sancionadora.
c) La fase instructora y la sancionadora se practican juntas.
d) Se separan las fases preliminar, instructora, mediadora y sancionadora.

37. Quienes se relacionen con las Administraciones Públicas a través de medios electrónicos, tendrán derecho a consultar la información:

a) En el Punto Electrónico de Información de la Administración.
b) En el Punto de Acceso Telemático de la Administración.
c) En el Punto Neutro de la Administración.
d) En el Punto de Acceso General electrónico de la Administración.

38. En caso de que el interesado en el procedimiento administrativo, excepcionalmente, deban presentar un documento original, tendrán derecho:

a) A obtener una copia autenticada de este.
b) A que se queden con una copia y le devuelvan el original.
c) No tendrá derecho alguno a copia.
d) A obtener una fotocopia de este.

39. El interesado en el procedimiento administrativo, ¿tiene derecho a identificar a las autoridades y al personal al servicio de las Administraciones Públicas bajo cuya responsabilidad se tramiten los procedimientos?

a) No.
b) Sí.
c) Solo en los procedimientos declarativos.
d) Solo en los procedimientos sancionadores.

40. Los procedimientos podrán iniciarse:

a) De oficio en todo caso.
b) A solicitud del interesado, siempre.
c) Por querella del tercero no interesado.
d) De oficio o a solicitud del interesado.

41. Iniciado el procedimiento, el órgano administrativo competente podrá adoptar medidas provisionales:

a) Siempre de oficio.
b) De oficio o a instancia de parte y de forma motivada.
c) Siempre a instancia de parte, de forma motivada.
d) Sin necesidad de motivarlas.

42. Señala cuál de las siguientes no es una medida provisional que se pueda adoptar en el procedimiento administrativo:

a) Intervención de bienes improductivos.
b) Consignación de depósito de las cantidades que se reclamen.
c) La retención de ingresos a cuenta que deban abonar las Administraciones Públicas.
d) Retención de cosa mueble.

43. Señala la respuesta incorrecta. En el caso de procedimientos de naturaleza sancionadora, las actuaciones previas se orientarán a:

a) Determinar la sanción que recaerá en la resolución final.
b) Determinar, con la mayor precisión posible, los hechos susceptibles de motivar la incoación del procedimiento.
c) La identificación de la persona o personas que pudieran resultar responsables.
d) Las circunstancias relevantes que concurran en los hechos o las personas responsables.

44. En el ámbito administrativo, ¿en los términos previstos en qué ley podrán acordarse medidas provisionales?

a) En la Ley de responsabilidad Civil.
b) En la Ley de Expropiación Forzosa.
c) En la Ley de Enjuiciamiento Civil.
d) En la Ley de Enjuiciamiento Criminal.

45. La intervención y depósito de ingresos obtenidos mediante una actividad que se considere ilícita y cuya prohibición o cesación se pretenda, puede imponerse:

a) No podrá imponerse en el ámbito administrativo.
b) Como medida provisional.
c) Como medida preliminar.
d) Como medida definitiva.

46. No se podrán adoptar medidas provisionales:

a) Que puedan causar perjuicio de difícil o imposible reparación a los interesados.
b) Que no impliquen violación de derechos.
c) Que no causen perjuicio o pueda ser reparable.
d) Que puedan causar perjuicio reparable.

47. El órgano administrativo que inicie o tramite un procedimiento, cualquiera que haya sido la forma de su iniciación, podrá disponer su acumulación a otros con los que guarde identidad sustancial o íntima conexión:

a) En todo caso.
b) Siempre que sea diferente el órgano que deba tramitar el procedimiento del que deba resolverlo.

c) Siempre que sea el mismo órgano quien deba tramitar y resolver el procedimiento.

d) Siempre que así se prevea expresamente en la norma que regula ese procedimiento, con independencia de que sean los mismos o diferentes los órganos que instruyan y resuelvan.

48. ¿Cómo se denomina la propuesta de iniciación del procedimiento formulada por cualquier órgano administrativo que no tiene competencia para iniciar el mismo y que ha tenido conocimiento de las circunstancias, conductas o hechos objeto del procedimiento, bien ocasionalmente o bien por tener atribuidas funciones de inspección, averiguación o investigación?

a) Inicio del procedimiento por petición razonada de otro órgano.

b) Inicio del procedimiento por petición fundada de otro órgano.

c) Inicio del procedimiento por petición motivada de otro órgano.

d) Inicio del procedimiento por petición consensuada de otro órgano.

49. Señala la respuesta incorrecta. En los procedimientos de naturaleza sancionadora, las peticiones razonadas de iniciación por otro órgano deberán especificar:

a) La persona o personas presuntamente responsables.

b) Las conductas o hechos que pudieran constituir infracción administrativa y su tipificación.

c) La cuantía exacta de la multa a imponer.

d) El lugar, la fecha, fechas o período de tiempo continuado en que los hechos se produjeron.

50. En los procedimientos de naturaleza sancionadora:

a) Se encomiendan a órganos distintos la fase instructora y la sancionadora.

b) Un solo órgano instruye y sanciona.

c) Se encomiendan a órganos distintos la fase instructora, la sancionadora y la de revisión.

d) Al haber una sola fase, solo existe un órgano competente.

51. La acumulación de un procedimiento con otros con los que guarde identidad sustancial o íntima conexión se llevará a cabo:

a) Siempre de oficio.

b) A instancia de parte, salvo en los procedimientos sancionadores, que se hará solo de oficio.

c) A instancia de parte, en todo caso.

d) De oficio o a instancia de parte.

52. La petición de inicio del procedimiento por petición razonada de otro órgano:

a) Vincula al órgano competente para iniciar el procedimiento.

b) No vincula al órgano competente para iniciar el procedimiento.

c) Vincula al órgano competente para resolver el procedimiento.
d) No es posible esta forma de iniciar el procedimiento administrativo.

53. Señala la opción incorrecta. En la iniciación del procedimiento administrativo mediante denuncia, esta deberá expresar en todo caso:

a) La identidad de la persona que la presentan.
b) El relato de los hechos que se ponen en conocimiento de la Administración.
c) La identidad de la persona responsable.
d) Si la presentan un grupo de personas, la identidad de todas las personas que la presentan.

54. ¿Podrá imponerse una sanción sin que se haya tramitado el oportuno procedimiento administrativo sancionador?

a) Sí.
b) En ningún caso.
c) No, salvo excepciones.
d) Sí, salvo excepciones.

55. ¿Cómo denomina la Ley 39/2015 al documento suscrito por un interesado en el que este manifiesta, bajo su responsabilidad, que cumple con los requisitos establecidos en la normativa vigente para obtener el reconocimiento de un derecho o facultad o para su ejercicio, que dispone de la documentación que así lo acredita, que la pondrá a disposición de la Administración cuando le sea requerida, y que se compromete a mantener el cumplimiento de las anteriores obligaciones durante el período de tiempo inherente a dicho reconocimiento o ejercicio?

a) Declaración jurada.
b) Declaración responsable.
c) Comunicación.
d) Declaración *apud acta*.

56. Señala la respuesta incorrecta. El acuerdo de iniciación del procedimiento sancionador ha de contener, entre otros:

a) Identificación del instructor del procedimiento.
b) Identificación del Secretario del procedimiento.
c) Identificación de la persona o personas presuntamente responsables.
d) Medidas de carácter provisional que se hayan acordado por el órgano competente para resolver el procedimiento sancionador.

57. En el procedimiento sancionador, ¿cuándo se podrá realizar la calificación de los hechos en una fase posterior al acuerdo de iniciación?

a) Como regla general, siempre que lo determine el instructor.
b) Excepcionalmente, cuando en el momento de dictar el acuerdo de iniciación no existan elementos suficientes para identificar a todos los presuntos responsables.

c) Siempre.

d) Excepcionalmente, cuando en el momento de dictar el acuerdo de iniciación no existan elementos suficientes para la calificación inicial de los hechos que motivan la incoación del procedimiento.

58. Cuando las Administraciones Públicas decidan iniciar de oficio un procedimiento de responsabilidad patrimonial será necesario:

a) Que no haya prescrito el derecho a la reclamación del interesado.

b) Que no haya caducado el derecho a la reclamación del interesado.

c) Que no haya prescrito la sanción aplicable a dicho procedimiento.

d) Que no haya prescrito el hecho constitutivo de sanción.

59. Cuando las pretensiones correspondientes a una pluralidad de personas tengan un contenido y fundamento idéntico o sustancialmente similar:

a) Deberán ser formuladas en distintas solicitudes.

b) Podrán ser formuladas en una única solicitud, salvo que la norma disponga lo contrario.

c) Nunca podrán ser formuladas en una única solicitud.

d) El instructor decidirá si se pueden presentar en una o varias solicitudes.

60. ¿Cómo se denomina a la posibilidad de que el órgano administrativo que inicie o tramite un procedimiento administrativo disponga, de oficio o a instancia de parte, que se tramite junto a otros con los que guarde identidad sustancial o íntima conexión?

a) Reunificación.

b) Unificación.

c) Tramitación solidaria.

d) Acumulación.

61. La petición de inicio del procedimiento por petición razonada de otro órgano no vincula al órgano competente para iniciar el procedimiento, pero deberá:

a) Remitir el expediente al órgano que hubiera formulado la petición.

b) Comunicar al órgano que hubiera formulado la petición, los motivos por los que no procede la iniciación.

c) Remitir el expediente al órgano que hubiera formulado la petición, motivando la remisión.

d) Archivar la petición.

62. Cuando la Administración en un procedimiento concreto establezca expresamente modelos específicos de presentación de solicitudes:

a) Serán de uso potestativo por los interesados.

b) Serán de uso obligatorio por los interesados.

c) Son facilitados por la Administración, con carácter orientativo para el administrado.

d) Pueden presentarse en modelo diferente, siempre y cuando se hagan constar los datos exigidos por la norma.

63. Cuando el administrado se relacione con las Administraciones Públicas a través de medios electrónicos, se entenderá cumplida la obligación de la Administración de facilitar copias de los documentos contenidos en los procedimientos, mediante la puesta a disposición de las mismas:

a) En el Punto de Acceso General electrónico de la Administración competente.
b) En la sede física de la Administración competente.
c) En el Punto Neutro General de la Administración Pública.
d) En el Punto General Electrónico de la Administración Pública.

64. Los interesados en el procedimiento administrativo tienen derecho:

a) A actuar asistido de asesor cuando lo consideren conveniente en defensa de sus intereses.
b) A obtener fotocopia del documento original que ha de presentar siempre.
c) A conocer el órgano competente para resolver, antes de iniciar el procedimiento.
c) A conocer el órgano competente para instruir, antes de iniciar el procedimiento.

65. ¿Cuándo puede el órgano competente para iniciar o instruir el procedimiento, adoptar de forma motivada las medidas provisionales que resulten convenientes?

a) Al finalizar el procedimiento administrativo.
b) De instancia de parte en todo caso, y antes de la iniciación del procedimiento administrativo.
c) Antes de la iniciación del procedimiento administrativo.
d) De oficio en todo caso, y antes de la iniciación del procedimiento administrativo.

66. ¿Pueden las medidas provisionales ser alzadas o modificadas durante la tramitación del procedimiento?

a) Sí, de oficio, en virtud de circunstancias que pudieron ser tenidas en cuenta en el momento de su adopción.
b) Sí, a instancia de parte, en virtud de circunstancias que pudieron ser tenidas en cuenta en el momento de su adopción.
c) Sí, de oficio o a instancia de parte, en virtud de circunstancias ya existentes que pudieron ser tenidas en cuenta en el momento de su adopción.
d) Sí, de oficio o a instancia de parte, en virtud de circunstancias sobrevenidas o que no pudieron ser tenidas en cuenta en el momento de su adopción.

67. Señala la respuesta incorrecta. El acuerdo de iniciación del procedimiento sancionador, ha de contener, entre otros:

a) Expresa indicación del régimen de recusación de los presuntos responsables.
b) Órgano competente para la resolución del procedimiento.
c) La posible calificación de los hechos y las sanciones que pudieran corresponder, sin perjuicio de lo que resulte de la instrucción.
d) Los hechos que motivan la incoación del procedimiento.

68. ¿Qué harán las Administraciones Públicas si alguno de los sujetos que están obligados a relacionarse electrónicamente con las Administraciones Públicas presenta su solicitud presencialmente?

a) Inadmitirán la solicitud por defecto de forma.

b) Requerirán al interesado para que la subsane a través de su presentación electrónica.

c) Requerirán al interesado para que la subsane a través de su presentación presencial.

d) Admitirán la presentación presencial, advirtiéndole de que el resto de los trámites deberán hacerse telemáticamente.

69. ¿Cómo denomina la Ley 39/2015 al documento mediante el que los interesados ponen en conocimiento de la Administración Pública competente sus datos identificativos o cualquier otro dato relevante para el inicio de una actividad o el ejercicio de un derecho?

a) *Apud acta*.

b) *Poder in legis*.

c) Declaración responsable.

d) Comunicación.

70. ¿Cuándo se considerará que un órgano es competente para iniciar el procedimiento administrativo?

a) Cuando a él vaya dirigida la denuncia del interesado.

b) Cuando así lo determine el órgano superior.

c) Cuando así lo disponga la resolución de inhibición.

d) Cuando así lo determinen las normas reguladoras del procedimiento.

71. La inexactitud, falsedad u omisión, de carácter esencial, de cualquier dato o información que se incorpore a una declaración responsable, ¿qué consecuencias conllevará?

a) La imposibilidad de continuar con el ejercicio del derecho o actividad afectada.

b) La subsanación, durante el periodo establecido por la Administración, de dicha inexactitud.

c) La posibilidad de presentar la documentación omitida.

d) El archivo del procedimiento si no se subsana en tiempo.

72. Cuando en virtud de una norma sea preciso remitir el expediente electrónico, se hará de acuerdo con lo previsto en el Esquema Nacional de Interoperabilidad y en las correspondientes Normas Técnicas de Interoperabilidad, y se enviará:

a) Completo y en un solo archivo firmado digitalmente por el órgano emisor.

b) Completo, firmado y acompañado de un índice de los documentos que contenga.

c) Completo y acompañado de un índice de los documentos que contenga.

d) Completo, foliado, autentificado y acompañado de un índice, asimismo autentificado, de los documentos que contenga.

73. Señala la respuesta incorrecta. El acuerdo de iniciación del procedimiento sancionador ha de contener, entre otros:

a) Norma que le atribuya la competencia para resolver al órgano competente.

b) Indicación de que, en caso de no efectuar alegaciones en el plazo previsto sobre el contenido del acuerdo de iniciación, este podrá ser considerado propuesta de resolución aun cuando no contenga un pronunciamiento preciso acerca de la responsabilidad imputada.

c) Indicación del derecho a formular alegaciones.

d) Ha de recoger la posibilidad de que el presunto responsable pueda reconocer voluntariamente su responsabilidad.

74. En el procedimiento sancionador, cuando se realice la calificación de los hechos en una fase posterior al acuerdo de iniciación, esta se llevará a cabo mediante la elaboración de:

a) Un Pliego de cargos.

b) Una Propuesta de sanción.

c) Un Pliego de sanciones.

d) Una Proposición de responsabilidades.

75. Cuando las Administraciones Públicas requieran, para la presentación telemática, a alguno de los sujetos que están obligados a relacionarse electrónicamente con ellas y que hubieran presentado su solicitud presencialmente, ¿cuál será la fecha en la que se considerará presentada la solicitud?

a) La fecha en que se le haya requerido para la subsanación.

b) La fecha en que se hizo la primera presentación presencial.

c) La fecha en que se presentó inicialmente.

d) La fecha en la que haya sido realizada la subsanación.

76. Con carácter general, los actos de instrucción necesarios para la determinación, conocimiento y comprobación de los hechos en virtud de los cuales deba pronunciarse la resolución, se realizarán, por el órgano que tramite el procedimiento:

a) A instancia de parte y a través de medios electrónicos.

b) De oficio y a través de medios electrónicos.

c) De oficio o a instancia de parte y a través de cualquier medio que deje constancia de la resolución.

d) Siempre de oficio y a través del medio que elija el administrado.

77. En cualquier caso, el órgano instructor durante los actos de instrucción, adoptará las medidas necesarias para lograr el pleno respeto a los principios de:

a) Legalidad y proporcionalidad.
b) Eficacia y eficiencia durante la instrucción.
c) Contradicción y de igualdad de los interesados en el procedimiento.
d) Proporcionalidad e igualdad de los interesados en el procedimiento.

78. ¿Transcurrido cuánto tiempo sin que el particular requerido realice las actividades necesarias para reanudar la tramitación, la Administración acordará el archivo de las actuaciones, notificándoselo al interesado?

a) Treinta días.
b) Tres meses.
c) Seis meses.
d) Doce meses.

79. ¿En qué momento del procedimiento podrán los interesados aducir alegaciones y aportar documentos u otros elementos de juicio?

a) En cualquier momento del procedimiento, en virtud del principio de flexibilidad.
b) En cualquier momento del procedimiento anterior al trámite de audiencia.
c) Únicamente en la fase de alegaciones.
d) Durante la fase de alegaciones y el trámite de audiencia.

80. ¿Cuándo podrán los interesados alegar los defectos de tramitación, como los que supongan paralización, infracción de los plazos preceptivamente señalados o la omisión de trámites que pueden ser subsanados antes de la resolución definitiva del asunto?

a) En cualquier momento.
b) Únicamente durante el periodo de prueba.
c) En cualquier momento del procedimiento anterior al trámite de audiencia.
d) Siempre durante el periodo de emisión de informes.

81. En el caso de reclamaciones en materia de responsabilidad patrimonial del Estado por el funcionamiento anormal de la Administración de Justicia, el plazo para dictar resolución quedará suspendido por el tiempo que medie entre la solicitud, del informe y su recepción, no pudiendo exceder dicho plazo de:

a) Tres meses.
b) Dos meses.
c) Un mes.
d) Veinte días naturales.

82. Cuando la Administración no tenga por ciertos los hechos alegados por los interesados o la naturaleza del procedimiento lo exija, el instructor del mismo, a fin de que puedan practicarse cuantas pruebas juzgue pertinentes, acordará la apertura de un período de prueba:

a) Por un plazo no superior a treinta días ni inferior a diez.
b) Por un plazo no superior a treinta días ni inferior a quince.
c) Por un plazo no superior a veinte días ni inferior a siete.
d) Por un plazo no superior a veinte días ni inferior a cinco.

83. Cuando lo considere necesario, el instructor del procedimiento, a petición de los interesados, podrá decidir la apertura de un período extraordinario de prueba:

a) Por un plazo no superior a treinta días.
b) Por un plazo no superior a veinte días.
c) Por un plazo no superior a quince días.
d) Por un plazo no superior a diez días.

84. Los hechos relevantes para la decisión de un procedimiento podrán acreditarse por cualquier medio de prueba admisible en Derecho, cuya valoración se realizará de acuerdo con los criterios establecidos en:

a) El Real decreto de 14 de septiembre de 1882 por el que se aprueba la Ley de Enjuiciamiento Criminal.
b) La Ley 40/2015, de 1 de octubre, de Régimen Jurídico del Sector Público.
c) La Ley 1/2000, de 7 de enero, de Enjuiciamiento Civil.
d) La Ley 7/1985, de 2 de abril, reguladora de las Bases del Régimen Local.

85. ¿Cuándo establece el art. 78.1 de la Ley 39/2015, de 1 de octubre, que la Administración comunicará a los interesados el inicio de las actuaciones necesarias para la realización de las pruebas que hayan sido admitidas?

a) Con una antelación mínima de treinta días.
b) Con una antelación mínima de veinte días.
c) Con una antelación mínima de quince días.
d) Con antelación suficiente.

86. Salvo disposición expresa en contrario, los informes serán:

a) Obligatorios y vinculantes.
b) Obligatorios pero no vinculantes.
c) Facultativos y no vinculantes.
d) Facultativos y vinculantes.

87. Salvo que una disposición o el cumplimiento del resto de los plazos del procedimiento permita o exija otro plazo mayor o menor, los informes serán emitidos:

a) A través de cualquier medio que permita su constancia y en el plazo de veinte días.
b) A través de cualquier medio que permita su constancia y en el plazo de diez días.
c) A través de medios electrónicos y en el plazo de veinte días.
d) A través de medios electrónicos y en el plazo de diez días.

88. En el procedimiento administrativo, las actuaciones complementarias deberán practicarse en un plazo:

a) No superior a quince días.
b) No inferior a quince días.
c) No superior a veinte días.
d) De entre diez y veinte días.

89. En el caso de los procedimientos de responsabilidad patrimonial será preceptivo solicitar informe al servicio cuyo funcionamiento haya ocasionado la presunta lesión indemnizable:

a) No pudiendo exceder de treinta días el plazo de su emisión.
b) No pudiendo exceder de veinte días el plazo de su emisión.
c) No pudiendo exceder de quince días el plazo de su emisión.
d) No pudiendo exceder de diez días el plazo de su emisión.

90. Será preceptivo solicitar dictamen del Consejo de Estado o, en su caso, del órgano consultivo de la Comunidad Autónoma, cuando las indemnizaciones reclamadas sean:

a) De cuantía igual o superior a 50.000 euros o a la que se establezca en la correspondiente legislación autonómica.
b) De cuantía igual o superior a 36.000 euros o a la que se establezca en la correspondiente legislación autonómica.
c) De cuantía igual o superior a 30.000 euros o a la que se establezca en la correspondiente legislación autonómica.
d) De cuantía igual o superior a 25.000 euros o a la que se establezca en la correspondiente legislación autonómica.

91. ¿De quién será preceptivo su informe en el caso de reclamaciones en materia de responsabilidad patrimonial del Estado por el funcionamiento anormal de la Administración de Justicia?

a) Del Ministro de Hacienda.
b) Del Ministro de Justicia.

c) Del Consejo General del Poder Judicial.
d) Del Consejo de Estado.

92. ¿En qué plazo máximo será evacuado el informe por el órgano preceptivo en el caso de reclamaciones en materia de responsabilidad patrimonial del Estado por el funcionamiento anormal de la Administración de Justicia?

a) Tres meses.
b) Dos meses.
c) Un mes.
d) Veinte días naturales.

93. ¿Pueden dar lugar las alegaciones que presenten los interesados por defectos de tramitación que supongan paralización, infracción de los plazos preceptivamente señalados o la omisión de trámites, a algún tipo de responsabilidad?

a) No.
b) Sí, a responsabilidad penal.
c) Sí, a responsabilidad disciplinaria.
d) Sí, a responsabilidad penal y disciplinaria.

94. Durante el trámite de audiencia, los interesados podrán alegar y presentar los documentos y justificaciones que estimen pertinentes, en un plazo:

a) No superior a treinta días.
b) No superior a veinte días.
c) No inferior a diez días ni superior a quince.
d) No inferior a siete días ni superior a veinte.

95. ¿A quién corresponde establecer los órganos a quien atañe la resolución de los procedimientos de responsabilidad patrimonial en el caso de las Entidades de Derecho Público?

a) Al Consejo de Ministros.
b) Al Ministerio de Hacienda.
c) A quien determinen las normas de su régimen jurídico.
d) A los órganos correspondientes de las Entidades que integran la Administración Local de donde radiquen.

96. Con respecto a la información pública:

a) El órgano al que corresponda la instrucción del procedimiento, cuando la naturaleza de este lo requiera, podrá acordar un período de información pública.
b) El período de información pública se publicará mediante un anuncio en un diario de la localidad a fin de que cualquier persona física o jurídica pueda examinar el expediente, o la parte del mismo que se acuerde.

c) La incomparecencia en este trámite impedirá a los interesados interponer los recursos procedentes contra la resolución definitiva del procedimiento.

d) El anuncio señalará el lugar de exhibición, debiendo estar en todo caso a disposición de las personas que lo soliciten a través de medios electrónicos en la sede electrónica correspondiente, y determinará el plazo para formular alegaciones.

97. El plazo para formular alegaciones previsto en el trámite de información pública, en ningún caso podrá ser inferior a:

a) Treinta días.
b) Veinte días.
c) Quince días.
d) Diez días.

98. La resolución de un procedimiento administrativo:

a) Ha de limitarse a lo solicitado por el interesado.
b) No puede conceder más de lo pedido.
c) No puede conceder otra cosa de lo solicitado.
d) Debe resolver lo solicitado y cuanto se derive del propio expediente.

99. La audiencia al interesado es:

a) Potestativa siempre.
b) Obligatoria en todo caso.
c) Obligatoria en ocasiones.
d) Puede no darse en determinados supuestos tasados.

100. Los gastos de la práctica de las pruebas corren a cargo:

a) Del interesado.
b) Del interesado y de la Administración Pública, según los casos.
c) De la Administración Pública.
d) Se reparten proporcionalmente.

101. Cuando la sanción tenga únicamente carácter pecuniario o bien quepa imponer una sanción pecuniaria y otra de carácter no pecuniario pero se ha justificado la improcedencia de la segunda, el pago voluntario por el presunto responsable, en cualquier momento anterior a la resolución, implicará la terminación del procedimiento, salvo en lo relativo a la reposición de la situación alterada o a la determinación de la indemnización por los daños y perjuicios causados por la comisión de la infracción. En ambos casos, cuando la sanción tenga únicamente carácter pecuniario, el órgano competente para resolver el procedimiento aplicará reducciones de:

a) Al menos, el 20% sobre el importe de la sanción propuesta.
b) Al menos, el 25% sobre el importe de la sanción propuesta.

c) Como máximo, el 30% sobre el importe de la sanción propuesta.
d) Como máximo, el 50% sobre el importe de la sanción propuesta.

102. ¿Podrá ser incrementado el porcentaje de reducción previsto en la Ley 39/2015, de 1 de octubre, para las sanciones pecuniarias?

a) En ningún caso.
b) Sí, mediante ley.
c) Sí, mediante reglamento.
d) Sí, con el visto bueno del Ministerio de Hacienda.

103. El acuerdo de realización de actuaciones complementarias se notificará a los interesados, concediéndoseles un plazo para formular las alegaciones que tengan por pertinentes tras la finalización de las mismas, de:

a) Veinte días.
b) Quince días.
c) Diez días.
d) Siete días.

104. A tenor del art. 80.4 de la Ley 39/2015, de 1 de octubre, el informe emitido fuera de plazo:

a) No será tenido en cuenta al adoptar la correspondiente resolución.
b) Podrá no ser tenido en cuenta al adoptar la correspondiente resolución.
c) Deberá ser tenido en cuenta al adoptar la correspondiente resolución.
d) Siempre, los informes emitidos fuera de plazo, y salvo que en un Juzgado de lo Contencioso-Administrativo determine lo contrario, no se tendrá en cuenta para adoptar la oportuna resolución.

105. A tenor del art. 100 de la Ley 39/2015, de 1 de octubre, la ejecución forzosa por las Administraciones Públicas se efectuará, respetando siempre el principio de:

a) Legalidad.
b) Lesividad.
c) Subsidiariedad.
d) Proporcionalidad.

106. ¿Transcurrido qué plazo desde que se inició el procedimiento en materia de responsabilidad patrimonial sin que haya recaído y se notifique resolución expresa o, en su caso, se haya formalizado el acuerdo, podrá entenderse que la resolución es contraria a la indemnización del particular?

a) Un mes.
b) Tres meses.

c) Cinco meses.
d) Seis meses.

107. En el ámbito de la Administración General del Estado, los procedimientos de responsabilidad patrimonial se resolverán por:

a) El Presidente del Gobierno.

b) El Ministro respectivo o por el Consejo de Ministros, previo informe favorable del Ministerio de Hacienda.

c) El Ministro respectivo o por el Consejo de Ministros en los casos del artículo 32.3 de la Ley de Régimen Jurídico del Sector Público o cuando una ley así lo disponga.

d) El Ministro respectivo o por el Consejo de Ministros en los casos del artículo 32.3 de la Ley de Régimen Jurídico del Sector Público o cuando una ley así lo disponga, previo informe favorable del Consejo de Estado.

108. ¿Cuándo se podrá prescindir del trámite de audiencia?

a) Cuando así lo declare expresamente la Administración.

b) Únicamente en los procedimientos de responsabilidad patrimonial a los que se refiere el artículo 32.9 de la Ley de Régimen Jurídico del Sector Público.

c) Cuando no figuren en el procedimiento ni sean tenidos en cuenta en la resolución otros hechos ni otras alegaciones y pruebas que las aducidas por el interesado.

d) Siempre será necesario agotar los tiempos previstos para el trámite de audiencia, de lo contrario podría dar lugar a la anulación de lo actuado.

109. Señala la respuesta incorrecta respecto al desistimiento y la renuncia:

a) Si el escrito de iniciación se hubiera formulado por dos o más interesados, el desistimiento o la renuncia efectuada por uno de ellos afectará a todos los demás.

b) Todo interesado podrá desistir de su solicitud o, cuando ello no esté prohibido por el ordenamiento jurídico, renunciar a sus derechos.

c) Tanto el desistimiento como la renuncia podrán hacerse por cualquier medio que permita su constancia, siempre que incorpore las firmas que correspondan de acuerdo con lo previsto en la normativa aplicable.

d) Si la cuestión suscitada por la incoación del procedimiento entrañase interés general o fuera conveniente sustanciarla para su definición y esclarecimiento, la Administración podrá limitar los efectos del desistimiento o la renuncia al interesado y seguirá el procedimiento.

110. La Administración aceptará de plano el desistimiento o la renuncia, y declarará concluso el procedimiento salvo que, habiéndose personado en el mismo terceros interesados, instasen estos su continuación:

a) En el plazo de diez días desde que fueron notificados del desistimiento o renuncia.

b) En el plazo de quince días desde que fueron notificados del desistimiento o renuncia.

c) En el plazo de veinte días desde que fueron notificados del desistimiento o renuncia.

d) En el plazo de un mes desde que fueron notificados del desistimiento o renuncia.

111. En los procedimientos iniciados a solicitud del interesado, cuando se produzca su paralización por causa imputable al mismo, la Administración le advertirá que se producirá la caducidad del procedimiento, transcurridos:

a) Treinta días.

b) Tres meses.

c) Seis meses.

d) Doce meses.

112. Los actos de instrucción que requieran la intervención de los interesados habrán de practicarse en la forma que resulte más conveniente para ellos y sea compatible, en la medida de lo posible, con sus obligaciones:

a) Administrativas.

b) Personales.

c) Familiares.

d) Laborales o profesionales.

113. La Administración comunicará a los interesados el inicio de las actuaciones necesarias para la realización de las pruebas que hayan sido admitidas:

a) Con 24 horas de antelación.

b) Con 48 horas de antelación.

c) Con 72 horas de antelación.

d) Con antelación suficiente.

114. Si el informe debiera ser emitido por una Administración Pública distinta de las que tramita el procedimiento en orden a expresar el punto de vista correspondiente a sus competencias respectivas, y transcurriera el plazo sin que aquel se hubiera emitido:

a) Se suspenderá el procedimiento.

b) Se podrán proseguir las actuaciones.

c) Se podrá ampliar el plazo para emitir el informe hasta 5 días más.

d) Se podrá ampliar el plazo para emitir el informe hasta 10 días más.

115. En el caso de los procedimientos de responsabilidad patrimonial será:

a) Facultativo solicitar informe al servicio cuyo funcionamiento haya ocasionado la presunta lesión indemnizable, no pudiendo exceder de 10 días el plazo de su emisión.

b) Facultativo solicitar informe al servicio cuyo funcionamiento haya ocasionado la presunta lesión indemnizable, no pudiendo exceder de 5 días el plazo de su emisión.

c) Preceptivo solicitar informe al servicio cuyo funcionamiento haya ocasionado la presunta lesión indemnizable, no pudiendo exceder de 10 días el plazo de su emisión.

d) Preceptivo solicitar informe al servicio cuyo funcionamiento haya ocasionado la presunta lesión indemnizable, no pudiendo exceder de 5 días el plazo de su emisión.

116. El trámite de audiencia se realiza:

a) Inmediatamente antes de redactar la propuesta de resolución.

b) Inmediatamente antes de la información pública.

c) Inmediatamente después de la práctica de la prueba.

d) Inmediatamente después del acuerdo de iniciación del procedimiento.

117. Señala la respuesta incorrecta. Pondrán fin al procedimiento:

a) El desistimiento.

b) La renuncia al derecho en que se funde la solicitud, cuando tal renuncia esté prohibida por el ordenamiento jurídico.

c) La resolución.

d) La declaración de caducidad.

118. La Ley 39/2015, de 1 de octubre, del Procedimiento Administrativo Común de las Administraciones Públicas, en su art. 85 establece, respecto a la terminación en los procedimientos sancionadores, que:

a) Iniciado un procedimiento sancionador, si el infractor reconoce su responsabilidad, se podrá resolver el procedimiento con la imposición de la sanción que proceda.

b) Iniciado un procedimiento sancionador, en todo caso se podrá resolver el procedimiento con la imposición de una sanción.

c) Iniciado un procedimiento sancionador, en ningún caso se podrá resolver el procedimiento con la imposición de una sanción.

d) Iniciado un procedimiento sancionador, aunque el infractor no reconozca su responsabilidad, se podrá resolver el procedimiento con la imposición de la sanción que proceda.

119. Las Administraciones Públicas podrán celebrar acuerdos, pactos, convenios o contratos, con el alcance, efectos y régimen jurídico específico que, en su caso, prevea la disposición que lo regule:

a) No pudiendo tales actos tener la consideración de finalizadores de los procedimientos administrativos o insertarse en los mismos con carácter previo, vinculante o no, a la resolución que les ponga fin.

b) No pudiendo tales actos tener la consideración de finalizadores de los procedimientos administrativos o insertarse en los mismos con carácter posterior, vinculante, a la resolución que les ponga fin.

c) Pudiendo tales actos tener la consideración de finalizadores de los procedimientos administrativos o insertarse en los mismos con carácter previo, vinculante o no, a la resolución que les ponga fin.

d) Pudiendo tales actos tener la consideración de finalizadores de los procedimientos administrativos o insertarse en los mismos con carácter posterior, vinculante, a la resolución que les ponga fin.

120. En ningún caso podrá la Administración abstenerse de resolver so pretexto de silencio, oscuridad o insuficiencia de los preceptos legales aplicables al caso:

a) Aunque podrá acordarse la inadmisión de las solicitudes de reconocimiento de derechos no previstos en el ordenamiento jurídico o manifiestamente carentes de fundamento, sin perjuicio del derecho de petición previsto por el art. 27 de la Constitución.

b) Aunque podrá acordarse la inadmisión de las solicitudes de reconocimiento de derechos no previstos en el ordenamiento jurídico o manifiestamente carentes de fundamento, sin perjuicio del derecho de petición previsto por el art. 29 de la Constitución.

c) Ni podrá acordarse la inadmisión de las solicitudes de reconocimiento de derechos no previstos en el ordenamiento jurídico o manifiestamente carentes de fundamento, sin perjuicio del derecho de petición previsto por el art. 27 de la Constitución.

d) Ni podrá acordarse la inadmisión de las solicitudes de reconocimiento de derechos no previstos en el ordenamiento jurídico o manifiestamente carentes de fundamento, sin perjuicio del derecho de petición previsto por el art. 29 de la Constitución.

121. Los acuerdos, pactos, convenios o contratos que celebren las Administraciones Públicas:

a) Deberán publicarse cuando así se establezcan en los mismos.

b) Deberán publicarse o no según su naturaleza y las personas a las que estuvieran destinados.

c) Deberán publicarse en el Diario Oficial correspondiente en el plazo de 10 días desde su firma.

d) Deberán publicarse en la sede electrónica correspondiente en el plazo de 10 días desde su firma.

122. Respecto de la propuesta de resolución en los procedimientos de carácter sancionador, señala la respuesta incorrecta:

a) La propuesta de resolución deberá indicar la puesta de manifiesto del procedimiento y el plazo para formular alegaciones y presentar los documentos e informaciones que se estimen pertinentes.

b) En el caso de procedimientos de carácter sancionador, una vez concluida la instrucción del procedimiento, el órgano instructor formulará una propuesta de resolución que no se notificará a los interesados.

c) En la propuesta de resolución se fijarán de forma motivada los hechos que se consideren probados y su exacta calificación jurídica, se determinará la infracción que, en su caso, aquellos constituyan, la persona o personas responsables y la sanción que se proponga.

d) En la propuesta de resolución se fijará la valoración de las pruebas practicadas, en especial aquellas que constituyan los fundamentos básicos de la decisión, así como las medidas provisionales que, en su caso, se hubieran adoptado.

123. Cuando la resolución sea ejecutiva, se podrá suspender cautelarmente, si el interesado manifiesta a la Administración su intención de:

a) Interponer recurso contencioso-administrativo contra la resolución firme en vía administrativa.

b) Interponer recurso de alzada contra la resolución firme en vía administrativa.

c) Interponer recurso de alzada contra la resolución que no sea firme en vía administrativa.

d) Interponer recurso contencioso-administrativo contra la resolución que no sea firme en vía administrativa.

124. En el ámbito autonómico y local, los procedimientos de responsabilidad patrimonial se resolverán por:

a) Las asambleas parlamentarias mediante consenso.

b) Los órganos correspondientes de las Comunidades Autónomas o de las Entidades que integran la Administración Local.

c) Los órganos de gobierno si se trata de casos de cuantía elevada.

d) Una comisión especializada creada para la ocasión.

125. En los procedimientos iniciados de oficio:

a) La Administración no podrá desistir en ningún caso del procedimiento.

b) La Administración podrá desistir, sin necesidad de motivación, en los supuestos y con los requisitos previstos en las leyes.

c) La Administración podrá desistir libremente cuando lo considere conveniente.

d) La Administración podrá desistir, motivadamente, en los supuestos y con los requisitos previstos en las leyes.

Solución al test n.º 12

1. c) En cualquier momento.

2. a) Dentro de los quince días siguientes a su adopción, pudiendo ser recurrido.

3. d) Quedarán sin efecto.

4. c) Siempre de oficio.

5. d) Se le dará un plazo de diez días para que subsane la falta o acompañe los documentos preceptivos.

6. a) No.

7. d) Suspensión definitiva de actividades.

8. b) A formular alegaciones, a utilizar los medios de defensa admitidos por el Ordenamiento Jurídico, y a aportar documentos en cualquier fase del procedimiento anterior al trámite de audiencia.

9. c) No cabe recurso alguno.

10. b) Por acuerdo del órgano competente, bien por propia iniciativa o como consecuencia de orden superior, a petición razonada de otros órganos o por denuncia.

11. a) La no iniciación del procedimiento deberá ser motivada y se notificará a los denunciantes la decisión de si se ha iniciado o no el procedimiento.

12. d) Cuando no haya prescrito su derecho a reclamar.

13. a) Hasta cinco días.

14. c) A ser informado de sus derechos procesales penales.

15. b) Nunca.

16. a) Por el órgano administrativo competente para resolver.

17. c) Al año a contar desde la curación o la determinación del alcance de las secuelas.

18. d) El conjunto ordenado de documentos y actuaciones que sirven de antecedente y fundamento a la resolución administrativa, así como las diligencias encaminadas a ejecutarla.

19. a) Principio de simplificación administrativa.

20. c) 10 días.

21. b) Nombre y sexo del interesado.

22. b) No, como regla general.

23. a) A conocer el sentido del silencio administrativo que corresponda.

24. a) Período de información o actuaciones previas.

25. c) Cierre definitivo del establecimiento por razones de sanidad, higiene o seguridad.

26. b) Durante la tramitación del procedimiento.

27. a) Cuando surta efectos la resolución administrativa que ponga fin al procedimiento correspondiente.

28. c) Denuncia.

29. c) A partir del día siguiente al de la notificación del correspondiente acto.

30. b) Proporcionalidad, efectividad y menor onerosidad.

31. d) Lo pondrá en conocimiento de su autor, concediéndole un plazo de diez días para cumplimentarlo.

32. d) Teléfono fijo de contacto.

33. d) Embargo de cosas infungibles.

34. c) Su evaluación económica, en todo caso.

35. a) No confiere, por sí sola, la condición de interesado en el procedimiento.

36. b) Deberá separarse la fase instructora y la sancionadora.

37. d) En el Punto de Acceso General electrónico de la Administración.

38. a) A obtener una copia autenticada de este.

39. b) Sí.

40. d) De oficio o a solicitud del interesado.

41. b) De oficio o a instancia de parte y de forma motivada.

42. a) Intervención de bienes improductivos.

43. a) Determinar la sanción que recaerá en la resolución final.

44. c) En la Ley de Enjuiciamiento Civil.

45. b) Como medida provisional.

46. a) Que puedan causar perjuicio de difícil o imposible reparación a los interesados.

47. c) Siempre que sea el mismo órgano quien deba tramitar y resolver el procedimiento.

48. a) Inicio del procedimiento por petición razonada de otro órgano.

49. c) La cuantía exacta de la multa a imponer.

50. a) Se encomiendan a órganos distintos la fase instructora y la sancionadora.

51. d) De oficio o a instancia de parte.

52. b) No vincula al órgano competente para iniciar el procedimiento.

53. c) La identidad de la persona responsable.

54. b) En ningún caso.

55. b) Declaración responsable.

56. d) Medidas de carácter provisional que se hayan acordado por el órgano competente para resolver el procedimiento sancionador.

57. d) Excepcionalmente, cuando en el momento de dictar el acuerdo de iniciación no existan elementos suficientes para la calificación inicial de los hechos que motivan la incoación del procedimiento.

58. a) Que no haya prescrito el derecho a la reclamación del interesado.

59. b) Podrán ser formuladas en una única solicitud, salvo que la norma disponga lo contrario.

60. d) Acumulación.

61. b) Comunicar al órgano que hubiera formulado la petición, los motivos por los que no procede la iniciación.

62. b) Serán de uso obligatorio por los interesados.

63. a) En el Punto de Acceso General electrónico de la Administración competente.

64. a) A actuar asistido de asesor cuando lo consideren conveniente en defensa de sus intereses.

65. c) Antes de la iniciación del procedimiento administrativo.

66. d) Sí, de oficio o a instancia de parte, en virtud de circunstancias sobrevenidas o que no pudieron ser tenidas en cuenta en el momento de su adopción.

67. a) Expresa indicación del régimen de recusación de los presuntos responsables.

68. b) Requerirán al interesado para que la subsane a través de su presentación electrónica.

69. d) Comunicación.

70. d) Cuando así lo determinen las normas reguladoras del procedimiento.

71. a) La imposibilidad de continuar con el ejercicio del derecho o actividad afectada.

72. d) Completo, foliado, autentificado y acompañado de un índice, asimismo autentificado, de los documentos que contenga.

73. b) Indicación de que, en caso de no efectuar alegaciones en el plazo previsto sobre el contenido del acuerdo de iniciación, este podrá ser considerado propuesta de resolución aun cuando no contenga un pronunciamiento preciso acerca de la responsabilidad imputada.

74. a) Un Pliego de cargos.

75. d) La fecha en la que haya sido realizada la subsanación.

76. b) De oficio y a través de medios electrónicos.

77. c) Contradicción y de igualdad de los interesados en el procedimiento.

78. b) Tres meses.

79. b) En cualquier momento del procedimiento anterior al trámite de audiencia.

80. a) En cualquier momento.

81. b) Dos meses.

82. a) Por un plazo no superior a treinta días ni inferior a diez.

83. d) Por un plazo no superior a diez días.

84. c) La Ley 1/2000, de 7 de enero, de Enjuiciamiento Civil.

85. d) Con antelación suficiente.

86. c) Facultativos y no vinculantes.

87. d) A través de medios electrónicos y en el plazo de diez días.

88. a) No superior a quince días.

89. d) No pudiendo exceder de diez días el plazo de su emisión.

90. a) De cuantía igual o superior a 50.000 euros o a la que se establezca en la correspondiente legislación autonómica.

91. c) Del Consejo General del Poder Judicial.

92. b) Dos meses.

93. c) Sí, a responsabilidad disciplinaria.

94. c) No inferior a diez días ni superior a quince.

95. c) A quien determinen las normas de su régimen jurídico.

96. d) El anuncio señalará el lugar de exhibición, debiendo estar en todo caso a disposición de las personas que lo soliciten a través de medios electrónicos en la sede electrónica correspondiente, y determinará el plazo para formular alegaciones.

97. b) Veinte días.

98. d) Debe resolver lo solicitado y cuanto se derive del propio expediente.

99. d) Puede no darse en determinados supuestos tasados.

100. b) Del interesado y de la Administración Pública, según los casos.

101. a) Al menos, el 20 % sobre el importe de la sanción propuesta.

102. c) Sí, mediante reglamento.

103. d) Siete días.

104. b) Podrá no ser tenido en cuenta al adoptar la correspondiente resolución.

105. d) Proporcionalidad.

106. d) Seis meses.

107. c) El Ministro respectivo o por el Consejo de Ministros en los casos del artículo 32.3 de la Ley de Régimen Jurídico del Sector Público o cuando una ley así lo disponga.

108. c) Cuando no figuren en el procedimiento ni sean tenidos en cuenta en la resolución otros hechos ni otras alegaciones y pruebas que las aducidas por el interesado.

109. a) Si el escrito de iniciación se hubiera formulado por dos o más interesados, el desistimiento o la renuncia efectuada por uno de ellos afectará a todos los demás.

110. a) En el plazo de diez días desde que fueron notificados del desistimiento o renuncia.

111. b) Tres meses.

112. d) Laborales o profesionales.

113. d) Con antelación suficiente.

114. b) Se podrán proseguir las actuaciones.

115. c) Preceptivo solicitar informe al servicio cuyo funcionamiento haya ocasionado la presunta lesión indemnizable, no pudiendo exceder de 10 días el plazo de su emisión.

116. a) Inmediatamente antes de redactar la propuesta de resolución.

117. b) La renuncia al derecho en que se funde la solicitud, cuando tal renuncia esté prohibida por el ordenamiento jurídico.

118. a) Iniciado un procedimiento sancionador, si el infractor reconoce su responsabilidad, se podrá resolver el procedimiento con la imposición de la sanción que proceda.

119. c) Pudiendo tales actos tener la consideración de finalizadores de los procedimientos administrativos o insertarse en los mismos con carácter previo, vinculante o no, a la resolución que les ponga fin.

120. b) Aunque podrá acordarse la inadmisión de las solicitudes de reconocimiento de derechos no previstos en el ordenamiento jurídico o manifiestamente carentes de fundamento, sin perjuicio del derecho de petición previsto por el art. 29 de la Constitución.

121. b) Deberán publicarse o no según su naturaleza y las personas a las que estuvieran destinados.

122. b) En el caso de procedimientos de carácter sancionador, una vez concluida la instrucción del procedimiento, el órgano instructor formulará una propuesta de resolución que no se notificará a los interesados.

123. a) Interponer recurso contencioso-administrativo contra la resolución firme en vía administrativa.

124. b) Los órganos correspondientes de las Comunidades Autónomas o de las Entidades que integran la Administración Local.

125. d) La Administración podrá desistir, motivadamente, en los supuestos y con los requisitos previstos en las leyes.

La Ley 39/2015, de 1 de octubre, del procedimiento administrativo común de las Administraciones Públicas: Título V, De la revisión de los actos en vía administrativa

1. La revisión de las disposiciones dictadas por las Administraciones Públicas en vía administrativa supone:

a) La anulabilidad de los actos y disposiciones siempre que no hayan sido recurridos en plazo.
b) La estimación de las reclamaciones efectuadas por los particulares cuando haya transcurrido el plazo sin que se hubiera dictado la resolución correspondiente.
c) La declaración de oficio de la nulidad de los actos administrativos que pongan fin a la vía administrativa.
d) La posibilidad de que la nulidad de los actos administrativos sea declarada mediante dictamen del Consejo de Estado u órgano consultivo equivalente de la Comunidad Autónoma.

2. Transcurridos seis meses desde que la Administración inició de oficio el procedimiento de revisión de una disposición administrativa o un acto nulo, sin dictarse resolución, se producirá:

a) La prescripción del derecho del interesado a reclamar.
b) La nulidad *ipso iure* de la disposición o acto.
c) La desestimación de la pretensión ejercitada en el mismo.
d) La caducidad del procedimiento.

3. En los procedimientos de revisión de disposiciones administrativas y actos nulos, no será preceptiva la intervención del Consejo de Estado u órgano equivalente de la Comunidad Autónoma:

a) Cuando la nulidad sea declarada de oficio pero a instancias de interesado.
b) Para acordar motivadamente la inadmisión a trámite de las solicitudes formuladas por los interesados, siempre que no se basen en una nulidad de pleno derecho.
c) En los supuestos en que la nulidad dimane de una vulneración de normas de rango superior.
d) Para acordar motivadamente la inadmisión a trámite de las solicitudes formuladas por los interesados en cualquier caso.

4. Cuando una disposición administrativa haya sido declarada nula, el particular afectado por el acto en cuestión:

a) Tendrá derecho a ser indemnizado, siempre que el daño causado sea efectivo, evaluable, individualizado y no hubiera tenido el deber jurídico de soportarlo.

b) Será indemnizado, si en la resolución que así lo declare se reconoce ese derecho.

c) No será indemnizado en ningún caso, pues subsisten las consecuencias de los actos firmes dictados en aplicación de la misma.

d) Deberá ser indemnizado en todo caso y por el simple hecho de la declaración de nulidad, pues al serle aplicada una norma manifiestamente ilegal, el perjuicio o daño se presume.

5. El plazo para declarar de oficio la nulidad de los actos administrativos que hayan puesto fin a la vía administrativa o que no hayan sido recurridos en su momento oportuno, es:

a) De seis meses.

b) De cuatro años.

c) De cuatro años para los que no hayan sido recurridos en plazo e indefinidamente para los que pongan fin a la vía administrativa.

d) *Sine die*, es decir, no existe plazo alguno para ello.

6. La declaración de lesividad de los actos administrativos favorables a los interesados:

a) Supone la nulidad automática de los mismos, sin necesidad de recabar dictamen del Consejo de Estado u órgano consultivo equivalente de la Comunidad Autónoma.

b) Reconoce el derecho de los particulares a ser indemnizados como consecuencia de los daños y perjuicios que les haya causado la aplicación de los actos declarados nulos.

c) Permite a las Administraciones Públicas impugnar ante la Jurisdicción Contencioso-Administrativa dichos actos.

d) Es la Resolución por la que se declara la anulabilidad de los mismos.

7. Los actos administrativos con defectos de forma pero con los requisitos formales indispensables para alcanzar su fin, sin causar indefensión de los interesados:

a) Serán declarados lesivos para el interés público si ha beneficiado al interesado o interesados.

b) Son anulables, previa declaración de lesividad y el dictamen favorable del Consejo de Estado u órgano consultivo equivalente de la Comunidad Autónoma.

c) Son nulos de pleno derecho.

d) No son anulables, por lo general.

8. La lesividad de un acto administrativo podrá declararse:

a) A los cuatro años desde su dictado.

b) Antes de los seis meses desde que se dictó.

c) Cuatro años después de conocido el vicio que lo invalida.
d) En cualquier momento.

9. El transcurso del plazo previsto para la resolución del procedimiento en el que se declare la lesividad del acto, sin haberse acordado la misma, supone:

a) La anulabilidad del acto administrativo.
b) La nulidad del acto administrativo.
c) La firmeza del acto administrativo.
d) La caducidad del procedimiento administrativo.

10. La competencia para declarar la lesividad de un acto emanado de una entidad de las que integran la Administración Local corresponde:

a) Al Alcalde de la Corporación.
b) Al Pleno de la Corporación.
c) Al órgano individual superior de la Corporación.
d) Al Consejo de Estado u órgano consultivo equivalente de la Comunidad Autónoma.

11. La suspensión de la ejecución de los actos administrativos sobre los que se haya iniciado un procedimiento de revisión de oficio se podrá acordar:

a) Siempre, cuando así discrecionalmente lo decida la Administración.
b) En ningún caso, pues no es posible su suspensión.
c) Cuando así lo solicite el interesado, previo aval que garantice las responsabilidades que se pudieran derivar.
d) Si se pudieran causar perjuicios de imposible o difícil reparación.

12. Los errores materiales, de hecho o aritméticos existentes en los actos administrativos podrán ser rectificados:

a) Siempre que no haya transcurrido el plazo de prescripción.
b) En cualquier momento.
c) Cuando no constituya exención o dispensa contraria a la ley.
d) Si no atenta contra la igualdad, el interés público o el ordenamiento jurídico.

13. No es un límite al ejercicio de las facultades de revisión de actos administrativos expresamente previsto en la Ley 39/2015, de 1 de octubre:

a) El interés público.
b) La equidad.
c) La buena fe.
d) Los derechos de los ciudadanos.

14. La competencia para la revisión de oficio de las disposiciones y de actos nulos y anulables dictados por los Secretarios de Estado de la Administración General la ostenta:

a) El Consejo de Ministros.
b) El máximo órgano rector colegiado del Ministerio al que se encuentren adscritos.

c) Ellos mismos.

d) El Ministro del que dependan.

15. ¿Qué recurso o recursos se pueden oponer contra los actos administrativos de trámite que no se encuentren afectos de nulidad ni anulabilidad?

a) Alzada.

b) Reposición.

c) Ninguno, sin perjuicio de alegar el defecto que corresponda al recurrir contra la resolución que ponga fin al procedimiento, en su caso.

d) Alzada y potestativo de reposición.

16. La competencia para resolver sobre un recurso administrativo fundado únicamente en la nulidad de una disposición administrativa de carácter general la ostenta:

a) El órgano superior jerárquico de aquel que dictó la disposición impugnada.

b) El órgano superior jerárquico de aquel que dictó el acto impugnado.

c) Nadie, pues no es posible impugnar, ni directa ni indirectamente, una disposición de carácter general.

d) El órgano que dictó la disposición de carácter general afectada de nulidad.

17. Son actos que ponen fin a la vía administrativa, salvo que la ley disponga otra cosa:

a) La resolución administrativa de los procedimientos de responsabilidad patrimonial.

b) Las resoluciones de los órganos administrativos que carezcan de superior jerárquico.

c) La resolución de los procedimientos complementarios en materia sancionadora.

d) Las resoluciones de los recursos de alzada o recursos sustitutivos de estos.

18. Los vicios y defectos que hagan anulable un acto administrativo no podrán ser alegados:

a) Por la Administración autora del mismo.

b) Por los interesados.

c) Por quienes los hubieren causado.

d) Por el interesado que lo hubiere dejado firme.

19. No es causa de inadmisión de los recursos administrativos:

a) El transcurso del plazo para su interposición.

b) La incompetencia del órgano al que se remite, siempre.

c) La carencia de legitimación del recurrente.

d) La ausencia de calificación del recurso o el error cometido en la misma.

20. Cuando un recurso administrativo carezca manifiestamente de fundamento, procederá:

a) Su desestimación.
b) Su caducidad.
c) Su inadmisión.
d) Su tramitación hasta el dictado de la resolución que corresponda.

21. Por regla general, la interposición de cualquier recurso administrativo:

a) Suspenderá la ejecución del acto impugnado, en todo caso.
b) No suspenderá la ejecución del acto recurrido, salvo que se disponga otra cosa.
c) No suspenderá la ejecución del acto impugnado en ningún caso.
d) Suspenderá la ejecución del acto recurrido, salvo que una norma disponga expresamente lo contrario.

22. La ejecución de un acto administrativo objeto de recurso administrativo por incurrir en desviación de poder que pudiera causar perjuicios de difícil o imposible reparación, podrá ser suspendido:

a) Por el órgano superior jerárquico al que dictó el acto.
b) Por el órgano a quien compete resolver el recurso.
c) Por el órgano autor del acto.
d) En ningún caso.

23. Transcurrido un mes desde que se solicite la suspensión de la ejecución de un acto administrativo, sin que el órgano a quien compete resolver el recurso haya notificado resolución expresa al respecto:

a) El solicitante podrá interesar la certificación del silencio para recurrir los actos ejecutivos que se dicten en aplicación del mismo.
b) La Administración dispondrá de diez días para informar al interesado del plazo máximo establecido para la resolución del procedimiento conforme al art. 21.4 de la LPACAP.
c) Se producirá la suspensión del acto por silencio administrativo.
d) Se entenderá desestimada la solicitud por silencio administrativo.

24. El acuerdo de suspensión de la ejecución de un acto administrativo:

a) Conllevará obligatoriamente la adopción de medidas cautelares que aseguren la eficacia del mismo.
b) Deberá ser publicado en el periódico oficial en el que se hizo este, si afecta a una pluralidad de personas.

c) Prolongará su eficacia en todo caso hasta después de agotada la vía administrativa.

d) Solo surtirá efectos si se ha prestado caución o garantía suficiente por el impugnante, aun cuando no se derive perjuicio alguno de la misma.

25. En la tramitación de los recursos administrativos, el trámite de audiencia de los interesados:

a) Es obligatoria su práctica, en todo caso, por un plazo no inferior a diez días ni superior a quince.

b) Se corresponde con el trámite de aportación de las pruebas de que intenten valerse los mismos, y que por cualquier causa no se hayan practicado en el expediente.

c) Solo se concede al impugnante.

d) Solo se dará cuando hayan de tenerse en cuenta nuevos hechos o documentos no recogidos en el expediente originario.

26. Cuando no se estime procedente resolver sobre el fondo del recurso administrativo planteado, por apreciarse vicio de forma, la resolución del mismo:

a) Lo estimará íntegramente.

b) Ordenará la retroacción del procedimiento al momento en el que el vicio fue cometido.

c) Lo estimará parcialmente.

d) Declarará su inadmisión.

27. Cuando deban resolverse una pluralidad de recursos administrativos que traigan causa de un mismo acto administrativo, y se hubiera interpuesto un recurso judicial contra el mismo, el órgano encargado de resolver:

a) Ordenará la suspensión del plazo para resolver hasta que recaiga resolución judicial.

b) Emplazará a los demás impugnantes a personarse ante el Juzgado para que sea este quien resuelva la *litis*.

c) Acumulará todos los procedimientos al que se está sustanciando judicialmente para su resolución conjunta.

d) Deberá resolver cada uno de los procedimientos según su curso sin atender a las disposiciones judiciales.

28. A efecto del recurso de alzada, los superiores jerárquicos de los Tribunales y órganos de selección del personal al servicio de las Administraciones Públicas que no se encuentren adscritos a ningún órgano de las mismas, serán:

a) Ellos mismos, al carecer de superior jerárquico.

b) El órgano competente en materia de personal de la Administración de que se trate.

c) La Oficina de Recursos Humanos de la Administración que corresponda.

d) El órgano que haya nombrado al presidente de los mismos.

29. El recurso de alzada podrá interponerse ante:

a) Cualquier órgano de la Administración a la que se encuentre adscrita el autor del acto impugnado.
b) Exclusivamente ante el órgano competente para su resolución.
c) Solo ante el órgano autor del acto impugnado.
d) Indistintamente, ante el órgano competente para su resolución o ante el autor del acto recurrido.

30. El plazo para la interposición del recurso de alzada contra los actos tácitos será:

a) De un mes desde su eficacia por silencio.
b) De tres meses desde que el mismo despliega sus efectos.
c) De un mes desde la certificación del silencio administrativo.
d) Cualquier momento desde el día siguiente a aquel en que produzca sus efectos.

31. El plazo para entender desestimado el recurso de alzada interpuesto contra la desestimación por silencio administrativo de una solicitud de acceso a información pública es:

a) De tres meses.
b) Ninguno, pues en ese caso habrá de entenderse estimado, por regla general.
c) De un mes.
d) De tres meses y un día.

32. El recurso de reposición es potestativo debido a que:

a) Se trata de una excepción al agotamiento de la vía administrativa.
b) Es voluntad del administrado su interposición o acudir directamente a la vía judicial.
c) Solo cabe cuando no existe otro recurso.
d) Su resolución o no es una potestad administrativa.

33. Interpuesto recurso de reposición, la vía judicial contencioso-administrativa:

a) No se podrá ejercitar hasta tanto se dicte resolución expresa de aquel o transcurra el plazo para el dictado de la misma.
b) Se puede acudir paralelamente a la tramitación de aquel.
c) Queda desierta, entendiéndose que se renuncia a la misma por haber optado a la resolución administrativa del conflicto.
d) Quedará en suspenso y la sentencia que en ella recaiga deberá acomodarse a la resolución administrativa que se dicte en aquel.

34. Los plazos para la interposición y resolución del recurso de reposición contra un acto expreso son:

a) De un mes y tres meses, respectivamente.
b) De un mes, salvo que se interponga contra la resolución de un recurso de alzada, y un mes, respectivamente.

c) De un mes, en ambos casos.

d) De 30 días y un mes, respectivamente.

35. En vía administrativa, contra la resolución de un recurso de reposición:

a) No cabe recurso alguno.

b) Es posible interponer recurso contencioso-administrativo.

c) Se podrá interponer nuevamente recurso de reposición.

d) Solo cabe recurso extraordinario de revisión.

36. El recurso extraordinario de revisión cabe:

a) Contra los actos que agotan la vía administrativa.

b) Contra cualquier acto administrativo en el que concurra alguna circunstancia de las legalmente fijadas.

c) Contra los actos firmes en vía administrativa si se dan determinadas circunstancias.

d) Contra los actos sobre los que se hayan previamente agotado todos los recursos posibles.

37. El recurso extraordinario de revisión se podrá interponer cuando concurra la circunstancia consistente en:

a) Dictarse un acto incurriendo en error de hecho, que resulte de documentos no incorporados al expediente.

b) Aparecer documentos de valor esencial para la resolución del asunto, siempre que sean anteriores al dictado de la resolución recurrida y evidencien el error de la misma.

c) El dictado de una Sentencia firme, que sea posterior a la resolución del mismo, que declare falsos documentos o testimonios que hayan influido esencialmente en esta.

d) Recaiga Sentencia firme que declare la comisión de un delito al dictarse la resolución recurrida.

38. ¿Qué delito, una vez reconocida su comisión por sentencia firme, permitiría la interposición del recurso extraordinario de revisión?

a) La estafa.

b) El cohecho.

c) La malversación de fondos públicos.

d) Cualquiera cuya conducta punible hubiera determinado el dictado de la resolución.

39. Si apareciese un documento de fecha posterior a una resolución administrativa firme, que evidencie el error de hecho cometido al dictado del acto administrativo, el plazo para la interposición del recurso extraordinario de revisión será:

a) Ninguno, pues no es causa legalmente tasada para ello.

b) De tres meses.

c) De cuatro años.
d) De un mes.

40. El plazo para recurrir en vía administrativa, un acto firme que a su dictado se hubiera incurrido en error de hecho que resulte de los propios documentos incorporados al expediente será y empezará a contar:

a) Cuatro años desde la fecha de la notificación de la resolución impugnada.
b) Tres meses desde que se tuvo conocimiento del error de hecho cometido.
c) Cuatro años desde que se pudo conocer el documento causante del error.
d) Tres meses desde que se incorporó al expediente el documento en que se basa la impugnación.

41. El ejercicio del recurso extraordinario de revisión es compatible:

a) Con la interposición del recurso contencioso-administrativo.
b) Con la interposición del recurso potestativo de reposición.
c) Con el ejercicio del derecho de revisión y/o rectificación de errores.
d) Con ningún otro recurso o instancia.

42. Interpuesto un recurso extraordinario de revisión sobre el que se había solicitado, previamente, la declaración de oficio de nulidad de un acto administrativo, la sustanciación de dicha solicitud:

a) Quedará en suspenso hasta la resolución del recurso.
b) Será archivada.
c) Dejará en suspenso la tramitación del recurso hasta su resolución.
d) Deberá ser tramitada y resuelta con independencia del recurso.

43. En la Administración General del Estado, será órgano competente para la resolución del recurso extraordinario de revisión:

a) El que dictó el acto impugnado.
b) El Consejo de Estado.
c) El superior jerárquico a aquel que dictó el acto impugnado, o aquel al que se encuentre vinculado, si careciese del mismo.
d) El Consejo de Ministros, respecto de los dictados por los Ministros, y los Secretarios de Estado, respecto de aquellos que de ellos dependan.

44. En la tramitación de un recurso extraordinario de revisión, no será necesaria la emisión de dictamen, por el órgano que corresponda, para acordar motivadamente su inadmisión:

a) En ningún caso.
b) En todo caso.

c) Cuando la misma se funde en la prescripción del derecho.

d) Cuando la impugnación no tenga causa en alguna de las circunstancias que permiten dicho recurso.

45. ¿Cuál es el plazo y sentido del silencio administrativo de la resolución del recurso extraordinario de revisión?

a) De un mes y desestimatorio.

b) De tres meses y estimatorio.

c) De tres meses y desestimatorio.

d) De un mes y estimatorio.

46. Contra la desestimación del recurso extraordinario de revisión:

a) No cabe recurso judicial ni administrativo alguno.

b) Cabe recurso potestativo de reposición o contencioso-administrativo.

c) Cabe recurso de alzada.

d) Solo cabe recurso contencioso-administrativo.

47. La nulidad de las disposiciones administrativas que establezcan la retroactividad de disposiciones sancionadoras no favorables o restrictivas de derechos individuales podrá declararse:

a) A instancias de la Administración solamente.

b) A instancias de la Administración o los particulares.

c) A instancias de la Administración o de uno o varios interesados.

d) A instancias de los interesados, exclusivamente.

48. ¿Cuál de los siguientes medios revisorios permite a la Administración impugnar un acto administrativo favorable a los interesados?

a) El recurso extraordinario de revisión.

b) El recurso potestativo de revisión.

c) La revisión de oficio.

d) La declaración de lesividad.

49. El motivo en el que ha de basar la Administración la declaración de lesividad de un acto administrativo es:

a) La nulidad del mismo.

b) El interés público.

c) La contravención del ordenamiento jurídico otorgando facultades o derechos careciendo de los requisitos esenciales para su adquisición.

d) Que sean constitutivos de infracción penal o se dicten como consecuencia de esta.

50. Si la Administración inicia con fecha 9 de diciembre de 2013 un procedimiento para la declaración de lesividad de un acto administrativo dictado el día 9 de junio del mismo año, sin que a día de hoy se haya resuelto, entonces:

a) El acto deviene inatacable.

b) Se ha producido la caducidad del procedimiento, sin perjuicio de iniciar uno nuevo a tal fin.

c) El acto es anulado por silencio administrativo.

d) El acto es nulo de pleno derecho.

51. Contra el acuerdo de lesividad de un acto administrativo adoptado sin audiencia de los interesados:

a) Cabe recurso de alzada.

b) Es posible interponer recurso extraordinario de revisión.

c) Cabe recurso potestativo de revisión o de alzada.

d) No cabe recurso alguno.

52. Una vez declarada la lesividad de un acto administrativo por razones de interés público:

a) Se produce la anulabilidad del mismo.

b) La Administración dispone de dos meses para interponer el recurso contencioso-administrativo oportuno.

c) Deviene nulo el mismo.

d) El acuerdo es susceptible de recurso de alzada.

53. En el procedimiento de revisión de oficio de los actos administrativos, el dictamen del Consejo de Estado u Órgano consultivo equivalente de las Administraciones Públicas es:

a) Preceptivo y vinculante.

b) Potestativo.

c) No vinculante.

d) Preceptivo y no vinculante.

54. La resolución administrativa que declare la nulidad de una disposición conllevará la declaración de la responsabilidad patrimonial de la Administración:

a) En todo caso.

b) En ningún caso.

c) Siempre que se hayan causado perjuicios a los interesados o a terceros.

d) Solo cuando se cumplan los requisitos para ello.

55. Contra la desestimación presunta de una solicitud de revisión de oficio de un acto administrativo de la Administración del Estado, el interesado podrá interponer:

a) Recurso de alzada.
b) Recurso potestativo de revisión.
c) Recurso contencioso-administrativo.
d) Recurso extraordinario de revisión.

56. ¿Cuál de los siguientes medios impugnatorios de Derecho Administrativo, únicamente puede ser iniciado a instancia de la Administración?

a) El procedimiento de revisión de oficio de actos nulos.
b) La reclamación económico-administrativa.
c) El procedimiento de rectificación de errores materiales, de hecho o aritméticos.
d) El procedimiento para la declaración de lesividad.

Solución al test n.º 13

1. c) La declaración de oficio de la nulidad de los actos administrativos que pongan fin a la vía administrativa.

2. d) La caducidad del procedimiento.

3. b) Para acordar motivadamente la inadmisión a trámite de las solicitudes formuladas por los interesados, siempre que no se basen en una nulidad de pleno derecho.

4. a) Tendrá derecho a ser indemnizado, siempre que el daño causado sea efectivo, evaluable, individualizado y no hubiera tenido el deber jurídico de soportarlo.

5. d) *Sine die*, es decir, no existe plazo alguno para ello.

6. c) Permite a las Administraciones Públicas impugnar ante la Jurisdicción Contencioso Administrativa dichos actos.

7. d) No son anulables, por lo general.

8. a) A los cuatro años desde su dictado.

9. d) La caducidad del procedimiento administrativo.

10. b) Al Pleno de la Corporación.

11. d) Si se pudieran causar perjuicios de imposible o difícil reparación.

12. b) En cualquier momento.

13. a) El interés público.

14. d) El Ministro del que dependan.

15. c) Ninguno, sin perjuicio de alegar el defecto que corresponda al recurrir contra la resolución que ponga fin al procedimiento, en su caso.

16. d) El órgano que dictó la disposición de carácter general afectada de nulidad.

17. b) Las resoluciones de los órganos administrativos que carezcan de superior jerárquico.

18. c) Por quienes los hubieren causado.

19. d) La ausencia de calificación del recurso o el error cometido en la misma.

20. c) Su inadmisión.

21. b) No suspenderá la ejecución del acto recurrido, salvo que se disponga otra cosa.

22. d) En ningún caso.

23. c) Se producirá la suspensión del acto por silencio administrativo.

24. b) Deberá ser publicado en el periódico oficial en el que se hizo este, si afecta a una pluralidad de personas.

25. d) Solo se dará cuando hayan de tenerse en cuenta nuevos hechos o documentos no recogidos en el expediente originario.

26. b) Ordenará la retroacción del procedimiento al momento en el que el vicio fue cometido.

27. a) Ordenará la suspensión del plazo para resolver hasta que recaiga resolución judicial.

28. d) El órgano que haya nombrado al presidente de los mismos.

29. d) Indistintamente, ante el órgano competente para su resolución o ante el autor del acto recurrido.

30. d) Cualquier momento desde el día siguiente a aquel en que produzca sus efectos.

31. b) Ninguno, pues en ese caso habrá de entenderse estimado, por regla general.

32. b) Es voluntad del administrado su interposición o acudir directamente a la vía judicial.

33. a) No se podrá ejercitar hasta tanto se dicte resolución expresa de aquel o transcurra el plazo para el dictado de la misma.

34. c) De un mes, en ambos casos.

35. d) Solo cabe recurso extraordinario de revisión.

36. c) Contra los actos firmes en vía administrativa si se dan determinadas circunstancias.

37. d) Recaiga Sentencia firme que declare la comisión de un delito al dictarse la resolución recurrida.

38. d) Cualquiera cuya conducta punible hubiera determinado el dictado de la resolución.

39. b) De tres meses.

40. a) Cuatro años desde la fecha de la notificación de la resolución impugnada.

41. c) Con el ejercicio del derecho de revisión y/o rectificación de errores.

42. d) Deberá ser tramitada y resuelta con independencia del recurso.

43. a) El que dictó el acto impugnado.

44. d) Cuando la impugnación no tenga causa en alguna de las circunstancias que permiten dicho recurso.

45. c) De tres meses y desestimatorio.

46. d) Solo cabe recurso contencioso-administrativo.

47. a) A instancias de la Administración solamente.

48. d) La declaración de lesividad.

49. b) El interés público.

50. a) El acto deviene inatacable.

51. d) No cabe recurso alguno.

52. b) La Administración dispone de dos meses para interponer el recurso contencioso-administrativo oportuno.

53. a) Preceptivo y vinculante.

54. d) Solo cuando se cumplan los requisitos para ello.

55. c) Recurso contencioso-administrativo.

56. d) El procedimiento para la declaración de lesividad.

TEST N.º 14

La Ley 40/2015, de 1 de octubre, de régimen jurídico del sector público: Título Preliminar: Capítulo III, Principios de la potestad sancionadora. La Ley 39/2015, de 1 de octubre, del procedimiento administrativo común de las Administraciones Públicas: Procedimiento para el ejercicio de la potestad sancionadora

1. Las infracciones administrativas se clasificarán por la Ley en:

a) Graves y leves.
b) Leves, graves y muy graves.
c) Leves, graves, menos graves y muy graves.
d) Muy graves, graves y menos graves.

2. En la determinación normativa del régimen sancionador, así como en la imposición de sanciones por las Administraciones Públicas se deberá observar la debida idoneidad y necesidad de la sanción a imponer y su adecuación a la gravedad del hecho constitutivo de la infracción. La graduación de la sanción considerará especialmente el siguiente criterio:

a) La naturaleza de los perjuicios causados.
b) El grado de culpabilidad o la existencia de intencionalidad.
c) La reincidencia, por comisión en el término de un año de más de una infracción de la misma naturaleza cuando así haya sido declarado por resolución firme en vía administrativa.
d) Todas las respuestas son correctas.

3. Cuando de la comisión de una infracción derive necesariamente la comisión de otra u otras, se deberá imponer:

a) Únicamente la sanción correspondiente a la infracción más grave cometida.
b) Únicamente la sanción correspondiente a la infracción más leve cometida.
c) Únicamente la sanción correspondiente a la primera infracción cometida.
d) Todas y cada una de las sanciones correspondientes a las infracciones cometidas.

4. Las infracciones y sanciones prescribirán según lo dispuesto en las leyes que las establezcan. Si estas no fijan plazos de prescripción, las infracciones muy graves prescribirán:

a) A los cinco años.
b) A los tres años.
c) Al año.
d) A los seis meses.

5. Las infracciones leves prescribirán:

a) Al año.
b) A los seis meses.
c) A los tres meses.
d) Al mes.

6. ¿Cuándo prescriben las sanciones impuestas por faltas graves?

a) A los cinco años.
b) A los tres años.
c) A los dos años.
d) Al año.

7. Señale la respuesta correcta respecto a la prescripción de las infracciones y sanciones:

a) El plazo de prescripción de las infracciones comenzará a contarse desde el día siguiente en que la infracción se hubiera cometido.
b) En el caso de infracciones continuadas o permanentes, el plazo comenzará a correr desde que finalizó la conducta infractora.
c) El plazo de prescripción de las sanciones comenzará a contarse desde el día siguiente a aquel en que sea ejecutable la resolución por la que se impone la sanción o haya transcurrido el plazo para recurrirla.
d) Interrumpirá la prescripción la iniciación, con conocimiento del interesado, del procedimiento de ejecución, volviendo a transcurrir el plazo si aquel está paralizado durante más de un mes por causa no imputable al infractor.

8. ¿En qué caso, las sanciones administrativas de naturaleza pecuniaria, podrán implicar privación de libertad?

a) Cuando la sanción sea por la comisión reiterada de infracciones muy graves.
b) Cuando la sanción sea consecuencia de una infracción muy grave que afecte al interés público general.
c) Cuando el infractor sea reincidente.
d) En ningún caso.

9. ¿Cuándo prescriben las sanciones impuestas por faltas muy graves?

a) A los cinco años.
b) A los tres años.
c) A los dos años.
d) Al año.

10. Con carácter general, las infracciones graves prescribirán:

a) Al año.
b) A los dos años.
c) A los tres años.
d) A los cinco años.

11. Interrumpirá la prescripción de la infracción, la iniciación, con conocimiento del interesado, de un procedimiento administrativo de naturaleza sancionadora, reiniciándose el plazo de prescripción si el expediente sancionador estuviera paralizado durante:

a) Un mes por causa no imputable al presunto responsable.
b) Más de un mes por causa no imputable al presunto responsable.
c) Más de quince días por causa no imputable al presunto responsable.
d) Más de veinte días por causa no imputable al presunto responsable.

12. El artículo 31 de la LPACAP, respecto a las sanciones, en los casos en que se aprecie identidad del sujeto, hecho y fundamento, se dispone que:

a) Podrán sancionarse los hechos que lo hayan sido penal o administrativamente.
b) No podrán sancionarse los hechos en ningún caso.
c) Sólo podrán sancionarse los hechos que lo hayan sido penalmente.
d) No podrán sancionarse los hechos que lo hayan sido penal o administrativamente.

13. Una disposición administrativa sancionadora puede tener efectos retroactivos:

a) Respecto de todo tipo de infracciones.
b) En ningún caso, al contravenir los preceptos constitucionales.
c) Cuando favorezca al presunto infractor.
d) Siempre.

14. La aplicación analógica en materia sancionadora:

a) Sirve para cubrir las lagunas legales existentes.
b) Se admite cuando favorezca al presunto infractor.
c) Está expresamente prohibida.
d) Significa que, ante la ausencia de una norma administrativa regulando expresamente el tema de que se trate, se aplican los principios del Derecho Penal.

15. En caso de que se incumpla una obligación legal, debiendo hacerlo varias personas conjuntamente, la responsabilidad que se deriva es:

a) Mancomunada.
b) Subsidiaria.
c) Solidaria.
d) Del más cualificado.

16. De acuerdo con el artículo 28 de la ley 40/2015, de 1 de octubre, de Régimen Jurídico del Sector Público, sólo podrán ser sancionadas por hechos constitutivos de infracción administrativa:

a) Las personas físicas y jurídicas, que resulten responsables de los mismos a título de dolo o culpa.
b) Las personas físicas y jurídicas, así como, cuando una Ley les reconozca capacidad de obrar, los grupos de afectados, las uniones y entidades sin personalidad jurídica y los patrimonios independientes o autónomos, que resulten responsables de los mismos a título de dolo o culpa.
c) Las personas físicas o jurídicas, así como, los grupos de afectados, las uniones y entidades sin personalidad jurídica y los patrimonios independientes o autónomos, que resulten responsables de los mismos a título de dolo o culpa.
d) Ninguna es correcta.

17. Cuando la sanción tenga únicamente carácter pecuniario, el órgano competente para resolver el procedimiento aplicará reducciones sobre el importe de la sanción propuesta de, al menos:

a) El 10 %.
b) El 15 %.
c) El 20 %.
d) El 30 %.

18. A tenor del art. 94 del Texto Refundido de la Ley sobre Tráfico, Circulación de Vehículos a Motor y Seguridad Vial, una vez realizado el pago voluntario de la multa, ya sea en el acto de entrega de la denuncia o dentro del plazo de veinte días naturales contados desde el día siguiente al de su notificación, concluirá el procedimiento sancionador con una reducción del importe de la sanción:

a) Del 50 %.
b) Del 40 %.
c) Del 30 %.
d) Del 25 %.

19. ¿En qué supuesto excepcional se podrá imponer una sanción sin que se haya tramitado el oportuno procedimiento?

a) En casos de urgencia.

b) En aquellos supuestos donde no dé lugar a dudas la imposición de la sanción.

c) Únicamente en aquellos supuestos donde una norma con rango de ley así lo determine.

d) En ningún caso.

20. ¿En qué casos se podrá imponer una sanción sin que se haya tramitado el oportuno procedimiento?

a) En casos de urgente necesidad.

b) En situaciones excepcionales, como por ejemplo, situaciones de crisis sanitarias o epidemias.

c) Las respuestas a) y b) son correctas.

d) En ningún caso.

Solución al test n.º 14

1. b) Leves, graves y muy graves.

2. d) Todas las respuestas son correctas.

3. a) Únicamente la sanción correspondiente a la infracción más grave cometida.

4. b) A los tres años.

5. b) A los seis meses.

6. c) A los dos años.

7. a) El plazo de prescripción de las infracciones comenzará a contarse desde el día siguiente en que la infracción se hubiera cometido.

8. d) En ningún caso.

9. b) A los tres años.

10. b) A los dos años.

11. b) Más de un mes por causa no imputable al presunto responsable.

12. d) No podrán sancionarse los hechos que lo hayan sido penal o administrativamente.

13. c) Cuando favorezca al presunto infractor.

14. c) Está expresamente prohibida.

15. c) Solidaria.

16. b) Las personas físicas y jurídicas, así como, cuando una Ley les reconozca capacidad de obrar, los grupos de afectados, las uniones y entidades sin personalidad jurídica y los patrimonios independientes o autónomos, que resulten responsables de los mismos a título de dolo o culpa.

17. c) El 20 %.

18. a) Del 50 %.

19. d) En ningún caso.

20. d) En ningún caso.

TEST N.º 15

La Ley 9/2017, de 8 de noviembre, de Contratos del Sector Público: Título Preliminar, Capítulo I: Disposiciones generales: objeto y ámbito de aplicación; Capítulo II: Contratos del sector público, Sección 1ª, Delimitación de tipos contractuales; Libro primero, Configuración general de la contratación del sector público y elementos estructurales de los contratos: Título III, Objeto, presupuesto base de licitación, valor estimado, precio del contrato y su revisión; Libro segundo, De los contratos de las Administraciones Públicas: Título I, Capítulo I: Sección 1ª, De la preparación de los contratos de las Administraciones Públicas

1. Están incluidos en el ámbito de la Ley de Contratos del Sector Público:

a) La relación de servicio de los funcionarios públicos y los contratos regulados en la legislación laboral.

b) Las relaciones jurídicas consistentes en la prestación de un servicio público cuya utilización por los usuarios requiera el abono de una tarifa, tasa o precio público de aplicación general.

c) Los contratos relativos a servicios de arbitraje y conciliación.

d) Los contratos onerosos, cualquiera que sea su naturaleza jurídica, que celebren las Mutuas de Accidentes de Trabajo y Enfermedades Profesionales de la Seguridad Social.

2. Los contratos que tienen por objeto la adquisición, el arrendamiento financiero, o el arrendamiento, con o sin opción de compra, de productos o bienes muebles, son:

a) Contratos de servicios.

b) Contratos de suministro.

c) Contratos de obras.

d) Contratos de gestión de servicios públicos.

3. No se consideran contratos de suministros:

a) Aquellos en los que el empresario se obligue a entregar una pluralidad de bienes de forma sucesiva y por precio unitario sin que la cuantía total se defina con exactitud al tiempo de celebrar el contrato, por estar subordinadas las entregas a las necesidades del adquirente.

b) Los que tengan por objeto la adquisición y el arrendamiento de equipos y sistemas de telecomunicaciones o para el tratamiento de la información, sus dispositivos y programas, y la cesión del derecho de uso de estos últimos.

c) Los de adquisición de programas de ordenador desarrollados a medida.

d) Los de fabricación, por los que la cosa o cosas que hayan de ser entregadas por el empresario deban ser elaboradas con arreglo a características peculiares fijadas previamente por la entidad contratante, aun cuando esta se obligue a aportar, total o parcialmente, los materiales precisos.

4. Conforme al artículo 1.3 de la Ley 9/2017, siempre que guarde relación con el objeto del contrato, en toda contratación pública se incorporarán de manera transversal y preceptiva criterios sociales y:

a) Divulgativos.
b) Comunitarios.
c) Medioambientales.
d) Judiciales.

5. Conforme al artículo 3.4 de la Ley 9/2017, los partidos políticos, cuando cumplan los requisitos para ser poder adjudicador y respecto de los contratos sujetos a regulación armonizada, deberán actuar conforme a los principios de publicidad, concurrencia, transparencia, igualdad y:

a) No discriminación.
b) Eficacia.
c) Sometimiento a las leyes.
d) Legitimidad.

6. Se incluyen en el ámbito de aplicación de la Ley 9/2017:

a) Las relaciones jurídicas consistentes en la prestación de un servicio público cuya utilización por los usuarios requiera el abono de una tarifa, tasa o precio público de aplicación general.

b) Las encomiendas de gestión reguladas en la legislación vigente en materia de régimen jurídico del sector público.

c) Los contratos relativos a servicios de arbitraje y conciliación.

d) Los contratos subvencionados por entidades que tengan la consideración de poderes adjudicadores que celebren otras personas físicas o jurídicas en los supuestos previstos en el artículo 23 relativo a los contratos subvencionados sujetos a una regulación armonizada.

7. Un conjunto de trabajos de construcción o de ingeniería civil, destinado a cumplir por sí mismo una función económica o técnica, que tenga por objeto un bien inmueble, es denominado por la Ley 9/2017:

a) Una infraestructura.
b) Patrimonio material.
c) Una obra.
d) Un servicio público.

8. En un contrato de concesión de obras, cuando no esté garantizado que, en condiciones normales de funcionamiento, el concesionario vaya a recuperar las inversiones realizadas ni a cubrir los costes en que hubiera incurrido como consecuencia de la explotación de las obras que sean objeto de la concesión, se considerará que el mismo asume un riesgo:

a) Operacional.
b) Virtual.
c) General.
d) Provisional.

9. Los contratos que tengan por objeto la adquisición de energía primaria o energía transformada se consideran:

a) Contratos de concesión de servicios.
b) Contratos de suministros.
c) Contratos privados.
d) Contratos de servicios.

10. Deberá elaborarse un proyecto y tramitarse como la Ley 9/2017 dispone para los contratos de obras, el contrato mixto en que un elemento del contrato sea una obra y esta supere:

a) Los 50.000 euros.
b) Los 100.000 euros.
c) Los 5.000 euros.
d) Los 10.000 euros.

11. No podrán ser objeto de los contratos de servicios:

a) Los que impliquen ejercicio de la autoridad inherente a los poderes públicos.
b) Los que impliquen el desarrollo o mantenimiento de aplicaciones informáticas.
c) Los que tengan por objeto el desarrollo y la puesta a disposición de productos protegidos por un derecho de propiedad intelectual o industrial.
d) Los que tengan por objeto la prestación de actividades docentes en centros del sector público desarrolladas en forma de cursos de formación o perfeccionamiento del personal al servicio de la Administración.

12. Según el art. 13.3 de la Ley 9/2017, de 8 de noviembre, de Contratos del Sector Público, los contratos de obras se referirán:

a) A una obra completa.
b) A una superficie acotada.
c) A un área concreta.
d) A un plan urbanístico determinado.

13. Según el artículo 3.2. de la LCSP, tienen la consideración de Administración Pública:

a) Las autoridades administrativas independientes.
b) Las fundaciones públicas.
c) Las Mutuas colaboradoras con la Seguridad Social.
d) Las Entidades Públicas Empresariales.

14. En toda contratación pública se incorporarán de manera transversal y preceptiva criterios sociales y medioambientales:

a) En todo caso.
b) Siempre que guarde relación con el objeto del contrato.
c) Siempre que se garantice la relación calidad-precio.
d) Como criterio decisorio en caso de igualdad de ofertas.

15. Los consorcios y otras entidades de derecho público, se consideran Administraciones Públicas a efectos de la Ley 9/2017 de Contratos del Sector Público, si se dan las circunstancias establecidas para poder ser considerados poder adjudicador y estando vinculados a una o varias Administraciones Públicas o dependientes de las mismas, no se financien mayoritariamente:

a) Con subvenciones.
b) Con ingresos de mercado.
c) Con tasas e impuestos.
d) Con donaciones.

16. Los partidos políticos, así como las organizaciones sindicales y las organizaciones empresariales y asociaciones profesionales, además de las fundaciones y asociaciones vinculadas a cualquiera de ellos, cuando cumplan los requisitos para ser poder adjudicador y respecto de los contratos sujetos a regulación armonizada deberán actuar conforme a los principios de publicidad, concurrencia, transparencia, igualdad y no discriminación sin perjuicio del respeto a la autonomía de la voluntad y, cuando sea procedente, de:

a) La confidencialidad.
b) El interés general.

c) La libertad de asociación.
d) La autorregulación.

17. Los partidos políticos, así como las organizaciones sindicales y las organizaciones empresariales y asociaciones profesionales, además de las fundaciones y asociaciones vinculadas a cualquiera de ellos, cuando cumplan los requisitos para ser poder adjudicador deberán actuar conforme a los principios de publicidad, concurrencia, transparencia, igualdad y no discriminación sin perjuicio del respeto a la autonomía de la voluntad y de la confidencialidad cuando sea procedente, respecto de los contratos:

a) Administrativos.
b) Privados.
c) De concesión de obras.
d) Sujetos a regulación armonizada.

18. Se entenderá que un contrato tiene carácter oneroso en los casos en que:

a) El contratista obtenga algún tipo de beneficio económico de forma directa.
b) El órgano contratante obtenga algún tipo de beneficio económico.
c) El contratista obtenga algún tipo de beneficio económico, ya sea de forma directa o indirecta.
d) Tanto el órgano contratante como el contratista obtienen algún tipo de beneficio económico, ya sea de forma directa o indirecta.

19. Se incluyen en el ámbito de aplicación de la Ley 9/2017 de Contratos del Sector Público:

a) La relación de servicio de los funcionarios públicos y los contratos regulados en la legislación laboral.
b) Los contratos que tengan por objeto servicios relacionados con campañas políticas, cuando sean adjudicados por una Administración Pública.
c) Los contratos relativos a servicios de arbitraje y conciliación.
d) Las relaciones jurídicas consistentes en la prestación de un servicio público cuya utilización por los usuarios requiera el abono de una tarifa, tasa o precio público de aplicación general.

20. Previa justificación en el expediente, podrá llevarse a cabo la revisión periódica y predeterminada de precios en aquellos contratos en los que el período de recuperación de la inversión sea igual o superior a:

a) 3 años.
b) 4 años.
c) 5 años.
d) 1 año.

21. Conforme al artículo 99 de la Ley 9/2017, el objeto de los contratos del sector público deberá ser:

a) Determinado.
b) Fraccionado.
c) Motivado.
d) Concertado.

22. En relación al objeto del contrato, NO es cierto que:

a) En los contratos adjudicados por lotes, sólo se constituye un único contrato por todo el conjunto.
b) Cuando el órgano de contratación proceda a la división en lotes del objeto del contrato, podrá limitar el número de lotes para los que un mismo candidato o licitador puede presentar oferta.
c) Siempre que la naturaleza o el objeto del contrato lo permitan, deberá preverse la realización independiente de cada una de sus partes mediante su división en lotes.
d) El objeto del contrato se podrá definir en atención a las necesidades o funcionalidades concretas que se pretenden satisfacer, sin cerrar el objeto del contrato a una solución única.

23. El límite máximo de gasto que en virtud del contrato puede comprometer el órgano de contratación, incluido el Impuesto sobre el Valor Añadido, constituye:

a) El valor estimado del contrato.
b) El precio del contrato.
c) El presupuesto base de licitación.
d) El objeto del contrato.

24. ¿En cuál de los siguientes contratos el valor estimado será determinado por el órgano de contratación a partir del importe neto de la cifra de negocios que estima generará la empresa contratista durante la ejecución del mismo como contraprestación?

a) Contrato de Servicios.
b) Contrato de Obras.
c) Contrato de Suministros.
d) Contrato de Concesión de Obras.

25. En relación al valor estimado de los contratos, es cierto que:

a) En el cálculo del valor estimado, únicamente deberán tenerse en cuenta los costes derivados de la aplicación de las normativas laborales vigentes.
b) En la determinación del valor estimado se ha de incluir el impuesto sobre el valor añadido.

c) En el cálculo del valor estimado deberá tenerse en cuenta cualquier forma de opción eventual y las eventuales prórrogas del contrato.

d) El método de cálculo aplicado por el órgano de contratación para calcular el valor estimado no podrá figurar en los pliegos de cláusulas administrativas particulares.

26. Los contratos del sector público tendrán siempre un precio:

a) Justo.
b) Cierto.
c) Aproximado.
d) Mínimo.

27. En relación al precio de los contratos del sector público, es cierto que:

a) Por regla general, el precio en los contratos de las Administraciones Públicas puede ser aplazado.

b) El coste económico principal no pueden ser los costes laborales.

c) En los contratos celebrados con precios provisionales el precio se determinará, dentro de los límites fijados para el precio máximo, en función de los costes en que realmente incurra el contratista y del beneficio que se haya acordado.

d) Los contratos celebrados con precios provisionales son susceptibles de revisión de precios.

28. Previa justificación en el expediente, la revisión periódica y predeterminada de precios se podrá llevar a cabo en todos los contratos del siguiente tipo:

a) En los contratos de obra.
b) En los contratos de concesión de obra.
c) En los contratos de suministros.
d) En los contratos de servicios.

29. ¿Cuál de los siguientes costes en un contrato puede ser revisable en algunos casos?

a) Los costes asociados a las amortizaciones.
b) El beneficio industrial.
c) Los gastos generales.
d) Los costes de mano de obra.

30. En relación al expediente de contratación, NO es cierto que:

a) El expediente deba referirse a la totalidad del objeto del contrato.

b) En todo caso, se han de incorporar al expediente el pliego de cláusulas administrativas particulares y el de prescripciones generales.

c) Debe incorporarse al expediente el certificado de existencia de crédito.

d) El expediente se iniciará por el órgano de contratación, que ha de motivar la necesidad del contrato.

31. ¿En qué tipo de contratos se ha de justificar adecuadamente en el expediente el informe de insuficiencia de medios?

a) En los contratos de servicios.
b) En los contratos de suministros.
c) En los contratos de concesión de obras.
d) En los contratos de obras.

32. En relación a la resolución de aprobación del expediente de contratación, NO es cierto que:

a) Será una resolución motivada dictada por el órgano de contratación.
b) En ella se dispone la apertura del procedimiento de ejecución.
c) Generalmente, implicará la aprobación del gasto.
d) Debe ser objeto de publicación en el perfil de contratante.

33. Las prescripciones técnicas de los contratos:

a) Proporcionarán a los empresarios acceso en condiciones de igualdad al procedimiento de contratación.
b) Tienen por efecto la creación de obstáculos, justificados o no, a la apertura de la contratación pública a la competencia.
c) Son especificaciones de cumplimiento voluntario aprobadas por organismos de normalización.
d) Son documentos elaborados por los organismos europeos de normalización, distintos de las normas europeas, con arreglo a procedimientos adaptados a la evolución de las necesidades del mercado.

34. En relación a las consultas preliminares del mercado para la preparación del contrato, es cierto que:

a) De las consultas realizadas se ha de intentar obtener un objeto contractual tan concreto y delimitado que únicamente se ajuste a las características técnicas de uno de los consultados.
b) Las consultas realizadas podrán comportar ventajas respecto de la adjudicación del contrato para las empresas participantes en aquellas.
c) Durante el proceso de consultas, el órgano de contratación podrá revelar a los participantes en el mismo las soluciones propuestas por los otros participantes.
d) Con carácter general, el órgano de contratación al elaborar los pliegos deberá tener en cuenta los resultados de las consultas realizadas.

35. El artículo 127 de la Ley de Contratos del Sector Público, define como "cualquier documento, certificado o acreditación que confirme que las obras, productos, servicios, procesos o procedimientos de que se trate cumplen determinados requisitos" a:

a) La prescripción técnica.
b) La etiqueta.
c) La clasificación.
d) El expediente de contratación.

Solución al test n.º 15

1. d) Los contratos onerosos, cualquiera que sea su naturaleza jurídica, que celebren las Mutuas de Accidentes de Trabajo y Enfermedades Profesionales de la Seguridad Social.

2. b) Contratos de suministro.

3. c) Los de adquisición de programas de ordenador desarrollados a medida.

4. c) Medioambientales.

5. a) No discriminación.

6. d) Los contratos subvencionados por entidades que tengan la consideración de poderes adjudicadores que celebren otras personas físicas o jurídicas en los supuestos previstos en el artículo 23 relativo a los contratos subvencionados sujetos a una regulación armonizada.

7. c) Una obra.

8. a) Operacional.

9. b) Contratos de suministros.

10. a) Los 50.000 euros.

11. a) Los que impliquen ejercicio de la autoridad inherente a los poderes públicos.

12. a) A una obra completa.

13. a) Las autoridades administrativas independientes.

14. b) Siempre que guarde relación con el objeto del contrato.

15. b) Con ingresos de mercado.

16. a) La confidencialidad.

17. d) Sujetos a regulación armonizada.

18. c) El contratista obtenga algún tipo de beneficio económico, ya sea de forma directa o indirecta.

19. b) Los contratos que tengan por objeto servicios relacionados con campañas políticas, cuando sean adjudicados por una Administración Pública.

20. c) 5 años.

21. a) Determinado.

22. a) En los contratos adjudicados por lotes, sólo se constituye un único contrato por todo el conjunto.

23. c) El presupuesto base de licitación.

24. d) Contrato de Concesión de Obras.

25. c) En el cálculo del valor estimado deberá tenerse en cuenta cualquier forma de opción eventual y las eventuales prórrogas del contrato.

26. b) Cierto.

27. c) En los contratos celebrados con precios provisionales el precio se determinará, dentro de los límites fijados para el precio máximo, en función de los costes en que realmente incurra el contratista y del beneficio que se haya acordado.

28. a) En los contratos de obra.

29. d) Los costes de mano de obra.

30. b) En todo caso, se han de incorporar al expediente el pliego de cláusulas administrativas particulares y el de prescripciones generales.

31. a) En los contratos de servicios.

32. b) En ella se dispone la apertura del procedimiento de ejecución.

33. a) Proporcionarán a los empresarios acceso en condiciones de igualdad al procedimiento de contratación.

34. d) Con carácter general, el órgano de contratación al elaborar los pliegos deberá tener en cuenta los resultados de las consultas realizadas.

35. b) La etiqueta.

E. Función Pública

El Texto Refundido de la Ley del Estatuto Básico del Empleado Público: Título I, Objeto y ámbito de aplicación. Título II, Personal al servicio de las Administraciones Públicas; Capítulo IV del Título III, Derecho a la negociación colectiva, representación y participación institucional, derecho de reunión

1. El título I del Texto Refundido de la Ley del Estatuto Básico del Empleado Público trata de:

a) Las clases de personal.
b) Los derechos de los empleados públicos.
c) El objeto y el ámbito de aplicación.
d) Los órganos competentes en materia de función pública.

2. El empleo en el sector público se caracteriza por estar configurado por un modelo:

a) Unitario de personal funcionario.
b) Unitario de personal estatutario.
c) Dual de regímenes jurídicos, personal funcionario y personal laboral.
d) De tres regímenes jurídicos, personal funcionario, personal laboral y personal de designación.

3. El EBEP contiene:

a) Aquello que es común al conjunto de los empleados públicos de todas las Administraciones Públicas.
b) Las normas legales específicas aplicables a los empleados públicos de todas las Administraciones Públicas.
c) Aquello que es común al conjunto de los funcionarios de todas las Administraciones Públicas, más las normas legales específicas aplicables al personal laboral a su servicio.
d) Aquello que es común al conjunto del personal laboral de todas las Administraciones Públicas, más las normas legales específicas aplicables al personal funcionario a su servicio.

4. Se regirá por la legislación específica dictada por el Estado y por las comunidades autónomas en el ámbito de sus respectivas competencias y por lo previsto en el EBEP, excepto el capítulo II del título III (salvo el artículo 20), y los artículos 22.3, 24 y 84:

a) El personal funcionario de las Universidades Públicas.

b) El personal funcionario y en lo que proceda el personal laboral al servicio de las Administraciones de las entidades locales.

c) El personal estatutario de los servicios de salud.

d) El personal funcionario y laboral al servicio de las Administraciones de las comunidades autónomas.

5. Para todo el personal de las Administraciones Públicas no incluido en su ámbito de aplicación, el EBEP tendrá carácter:

a) **Consultivo.**

b) **Voluntario.**

c) Supletorio.

d) **Interpretativo.**

6. Las disposiciones del EBEP sólo se aplicarán directamente cuando así lo disponga su legislación específica al siguiente personal:

a) El personal funcionario de las entidades locales.

b) El personal estatutario de los Servicios de Salud.

c) Personal de las Fuerzas y Cuerpos de Seguridad.

d) El personal docente.

7. El Texto Refundido del Estatuto Básico del Empleado Público se aplicará directamente, sin necesidad de que lo disponga su legislación específica, al siguiente personal:

a) Personal funcionario de las Cortes Generales.

b) Personal del Centro Nacional de Inteligencia.

c) Personal de las Universidades Públicas.

d) Personal funcionario de las Asambleas Legislativas de las Comunidades Autónomas.

8. Es un principio de actuación del EBEP:

a) El interés general en la planificación y gestión de los recursos humanos.

b) La eficacia en la planificación y gestión de los recursos humanos.

c) La economía en la planificación y gestión de los recursos humanos.

d) La transparencia en la planificación y gestión de los recursos humanos.

9. Según el artículo 1.3 del EBEP, la objetividad, profesionalidad e imparcialidad en el servicio se garantizan con:

a) El desarrollo y cualificación profesional permanente de los empleados públicos.

b) La igualdad de trato entre mujeres y hombres.

c) La participación, a través de los representantes, en la determinación de las condiciones de empleo.

d) La inamovilidad en la condición de funcionario de carrera.

10. Según el art. 4 del TREBEP ¿qué personal no tiene legislación específica propia?

a) Las Cortes Generales.
b) El personal del Centro Nacional de Inteligencia.
c) Las Universidades públicas.
d) Personal militar de las Fuerzas Armadas.

11. El artículo 8 del Texto Refundido de la Ley del Estatuto Básico del Empleado Público, aprobado por el Real Decreto Legislativo 5/2015, de 30 de octubre, define como aquellos quienes desempeñan funciones retribuidas en las Administraciones Públicas al servicio de los intereses generales:

a) A los Funcionarios públicos.
b) A los Empleados públicos.
c) Al Personal laboral de las Administraciones Públicas.
d) Al personal estatutario.

12. Basándonos en el artículo 8 del Texto Refundido de la Ley del Estatuto Básico del Empleado Público, no es una clase de empleado público:

a) Funcionario de carrera.
b) Personal laboral.
c) Funcionario interino.
d) Funcionario eventual.

13. Corresponden en exclusiva a los funcionarios públicos, en los términos que en la ley de desarrollo de cada Administración Pública se establezca, el ejercicio de las funciones que impliquen la participación directa o indirecta:

a) En el archivo y documentación de información administrativa.
b) En tareas administrativas.
c) En el ejercicio de las potestades públicas.
d) En las tareas directivas.

14. Los funcionarios de carrera son aquellos quienes, en virtud de nombramiento legal, están vinculados a una Administración Pública por una relación estatutaria regulada por:

a) El Derecho Laboral.
b) El Derecho Administrativo.
c) El Derecho Civil.
d) El Derecho Constitucional.

15. Según el EBEP hay dos tipos de funcionarios:

a) Civiles y militares.
b) De carrera e interinos.
c) Fijos y eventuales.
d) Indefinidos o temporales.

16. Según el artículo 9.1 del EBEP, es una característica del funcionario de carrera el desempeño de servicios profesionales retribuidos de carácter:

a) Permanente.
b) Público.
c) Administrativo.
d) Autoritario.

17. Las leyes de Función Pública que se dicten en desarrollo del EBEP podrán prever el nombramiento de personal interino para la ejecución de programas de carácter temporal con una duración de hasta:

a) 2 años.
b) 3 años.
c) 4 años.
d) 5 años.

18. ¿Es aplicable a los funcionarios interinos el régimen general de los funcionarios de carrera?

a) Sí, en todo caso; independientemente de que el nombramiento tenga o no carácter extraordinario y urgente.
b) No, en ningún caso. Tienen su propio régimen general.
c) Sí, en cuanto sea adecuado a la naturaleza de su condición y al carácter extraordinario y urgente de su nombramiento, salvo aquellos derechos inherentes a la condición de funcionario de carrera.
d) No, se rigen por un convenio colectivo de carácter estatal.

19. Podrá nombrarse personal funcionario interino para la ejecución de programas de carácter temporal, que no podrán tener una duración:

a) Inferior a 3 años.
b) Superior a 2 años, ampliable hasta doce meses más por las leyes de Función Pública que se dicten en desarrollo del TR-LEBEP.
c) Superior a 3 años, ampliable hasta doce meses más por las leyes de Función Pública que se dicten en desarrollo del TR-LEBEP.
d) Superior a 6 meses, dentro de un periodo de doce meses.

20. Pueden nombrarse funcionarios interinos para la ejecución de programas de carácter temporal, que no podrán tener una duración:

a) Inferior a 12 meses ni superior a 3 años.
b) Inferior a 3 años.
c) Superior a 3 años, ampliables hasta 12 meses más por las leyes de Función Pública que se dicten en desarrollo del EBEP.
d) Superior a 12 meses, prorrogables hasta 3 meses más.

21. Podrá nombrarse personal funcionario interino por exceso o acumulación de tareas:

a) Por plazo máximo de nueve meses, dentro de un periodo de dieciocho meses.
b) Por un plazo mínimo de 3 meses y máximo de 1 año.
c) Por un plazo máximo de 3 años, ampliable hasta doce meses más por las leyes de Función Pública que se dicten en desarrollo del TR-LEBEP.
d) Por plazo máximo de doce meses, dentro de un periodo de dieciocho meses.

22. Según el artículo 11 del Estatuto Básico del Empleado Público, el personal laboral, en función de la duración del contrato, podrá ser (señalar la opción incorrecta):

a) Temporal.
b) Por tiempo indefinido.
c) Fijo.
d) Eventual.

23. El número de puestos cubiertos por personal eventual:

a) Es indefinido e ilimitado.
b) Está limitado por un máximo establecido por los respectivos órganos de gobierno.
c) Está limitado a tres por cada órgano superior de la Administración Pública.
d) No puede hacerse público, puesto que se trata de personal de confianza.

24. Es personal eventual el que, en virtud de nombramiento y con carácter no permanente, solo realiza funciones expresamente calificadas como de confianza o:

a) Reservadas.
b) Seguridad.
c) De asesoramiento especial.
d) De asesoramiento general.

25. En todo caso, el personal eventual cesará:

a) Cuando transcurran 4 años ininterrumpidos desde su nombramiento.
b) Cuando concluya la tarea por la que fue designado.

c) Cuando se produzca el cese de la autoridad a la que se preste la función de confianza o asesoramiento.

d) Cuando exista personal funcionario de carrera que pueda ejercer sus funciones.

26. La condición de personal eventual:

a) Constituye mérito para el acceso a la Función Pública y para la promoción interna.

b) Constituye mérito para el acceso a la Función Pública pero no para la promoción interna.

c) No constituye mérito para el acceso a la Función Pública pero sí para la promoción interna.

d) No podrá constituir mérito para el acceso a la Función Pública o para la promoción interna.

27. La designación del personal directivo de las Administraciones Públicas se llevará a cabo mediante procedimientos que garanticen:

a) La publicidad y concurrencia.

b) La idoneidad.

c) El mérito y la capacidad.

d) El control de resultados.

28. La designación de personal directivo en las Administraciones Públicas atenderá a principios de:

a) Mérito y capacidad.

b) Publicidad y concurrencia.

c) Idoneidad.

d) Antigüedad y buen comportamiento.

29. Completar la siguiente frase: "Los empleados públicos tienen derecho a la negociación colectiva, representación y .... para la determinación de sus condiciones de trabajo":

a) Evaluación del desempeño.

b) Huelga.

c) Participación institucional.

d) Convenio.

30. Quedan excluidas de la obligatoriedad de la negociación colectiva:

a) Las normas que fijen los criterios y mecanismos generales en materia de evaluación del desempeño.

b) Los criterios generales para la determinación de prestaciones sociales y pensiones de clases pasivas.

c) Los criterios generales sobre ofertas de empleo público.

d) La determinación de condiciones de trabajo del personal directivo.

31. Las Juntas de Personal se constituirán en unidades electorales que cuenten con un censo mínimo de:

a) 15 funcionarios.
b) 25 funcionarios.
c) 30 funcionarios.
d) 50 funcionarios.

32. Tal y como señala el artículo 46 del EBEP, están legitimados para convocar una reunión los empleados públicos de las Administraciones respectivas en número no inferior:

a) Al 10 % del colectivo convocado.
b) Al 20 % del colectivo convocado.
c) Al 30 % del colectivo convocado.
d) Al 40 % del colectivo convocado.

33. A tenor del artículo 39 del EBEP los órganos específicos de representación de los funcionarios son:

a) Los Comités de Empresa y los Delegados de Prevención.
b) Los Delegados de Personal y las Juntas de Personal.
c) Las Mesas Generales de Negociación y las Mesas Sectoriales.
d) Los Comités de Personal y los Delegados de Servicio.

34. Es un criterio, según el EBEP, de los procedimientos reglamentarios para la elección de las Juntas de Personal y para la elección de Delegados de Personal:

a) Podrán presentar candidaturas las organizaciones sindicales legalmente constituidas o las coaliciones de estas, y los grupos de electores de una misma unidad electoral, siempre que el número de ellos sea equivalente, al menos, al doble de los miembros a elegir.
b) La elección se realizará mediante sufragio personal, directo, libre y secreto que podrá emitirse por correo o por otros medios telemáticos.
c) Tendrán la consideración de electores, pero no así de elegibles, los funcionarios que ocupen puestos cuyo nombramiento se efectúe a través de real decreto o por decreto de los consejos de gobierno de las comunidades autónomas y de las ciudades de Ceuta y Melilla.
d) Serán electores y elegibles los funcionarios cualquiera que sea la situación administrativa en que se encuentren, excepto la suspensión de funciones.

35. Están legitimados para convocar una reunión los empleados públicos de las Administraciones respectivas en número no inferior al siguiente porcentaje del colectivo convocado:

a) 25 %.
b) 30 %.
c) 40 %.
d) 50 %.

Solución al test n.º 16

1. c) El objeto y el ámbito de aplicación.

2. c) Dual de regímenes jurídicos, personal funcionario y personal laboral.

3. c) Aquello que es común al conjunto de los funcionarios de todas las Administraciones Públicas, más las normas legales específicas aplicables al personal laboral a su servicio.

4. c) El personal estatutario de los servicios de salud.

5. c) Supletorio.

6. c) Personal de las Fuerzas y Cuerpos de Seguridad.

7. c) Personal de las Universidades Públicas.

8. b) La eficacia en la planificación y gestión de los recursos humanos.

9. d) La inamovilidad en la condición de funcionario de carrera.

10. c) Las Universidades públicas.

11. b) A los Empleados públicos.

12. d) Funcionario eventual.

13. c) En el ejercicio de las potestades públicas.

14. b) El Derecho Administrativo.

15. b) De carrera e interinos.

16. a) Permanente.

17. c) 4 años.

18. c) Sí, en cuanto sea adecuado a la naturaleza de su condición y al carácter extraordinario y urgente de su nombramiento, salvo aquellos derechos inherentes a la condición de funcionario de carrera.

19. c) Superior a 3 años, ampliable hasta doce meses más por las leyes de Función Pública que se dicten en desarrollo del TR-LEBEP.

20. c) Superior a 3 años, ampliables hasta 12 meses más por las leyes de Función Pública que se dicten en desarrollo del EBEP.

21. a) Por plazo máximo de nueve meses, dentro de un periodo de dieciocho meses.

22. d) Eventual.

23. b) Está limitado por un máximo establecido por los respectivos órganos de gobierno.

24. c) De asesoramiento especial.

25. c) Cuando se produzca el cese de la autoridad a la que se preste la función de confianza o asesoramiento.

26. d) No podrá constituir mérito para el acceso a la Función Pública o para la promoción interna.

27. a) La publicidad y concurrencia.

28. a) Mérito y capacidad.

29. c) Participación institucional.

30. d) La determinación de condiciones de trabajo del personal directivo.

31. d) 50 funcionarios.

32. d) Al 40 % del colectivo convocado.

33. b) Los Delegados de Personal y las Juntas de Personal.

34. b) La elección se realizará mediante sufragio personal, directo, libre y secreto que podrá emitirse por correo o por otros medios telemáticos.

35. c) 40 %.

La Ley 4/2021, de 16 de abril, de la Función Pública Valenciana: Título I, Objeto, principios y ámbito de aplicación de la Ley; Título III, Personal al servicio de las Administraciones Públicas; Título V, Nacimiento y extinción de la relación de servicio; Título VI, Derechos, deberes e incompatibilidades del personal empleado público

1. Según el artículo 2 de la Ley 4/2021, uno de los principios informadores de esta ley es la objetividad, profesionalidad, transparencia, integridad, imparcialidad y:

a) Austeridad.
b) Jerarquía.
c) Coordinación.
d) Participación.

2. Sin perjuicio de que puedan dictarse disposiciones reglamentarias específicas para adecuarla a las peculiaridades propias del sector, la Ley 4/2021 se aplicará:

a) Al personal investigador al servicio de la Generalitat.
b) Al personal funcionario o laboral empleado público gestionado por la conselleria competente en materia de sanidad.
c) Al personal al servicio de las Corts Valencianes.
d) Los consorcios adscritos a la Generalitat.

3. ¿Cuáles son los dos tipos de funcionarios que contempla la Ley 4/2021, de 16 de abril, de la Función Pública Valenciana?

a) Fijos y temporales.
b) Civiles y militares.
c) De carrera e interinos.
d) Profesionales y de prácticas.

4. Según el artículo 18 de la Ley 4/2021, una de las circunstancias que puede dar lugar al nombramiento de personal interino es:

a) La existencia de puestos de trabajo vacantes cuando no sea posible su cobertura por personal funcionario de carrera, por un máximo de dos años.

b) La sustitución transitoria de la persona titular de un puesto de trabajo, durante un máximo de seis meses.

c) La ejecución de programas de carácter temporal, con una duración, en ningún caso, superior a dos años.

d) El exceso o acumulación de tareas, de carácter excepcional y circunstancial, por un plazo máximo de nueve meses dentro de un período de dieciocho meses.

5. Los funcionarios interinos serán nombrados por razones expresamente justificadas de necesidad y:

a) Economía.

b) Eficacia.

c) Urgencia.

d) Calidad.

6. El personal laboral al servicio de la Administración de la Generalitat Valenciana no puede desempeñar puestos:

a) Correspondientes a áreas de actividades que requieran conocimientos técnicos especializados.

b) En el extranjero con funciones administrativas de trámite y colaboración y auxiliares, aunque comporten manejo de máquinas, archivo y similares.

c) Cuyas actividades sean propias de oficios.

d) Que impliquen la participación directa o indirecta en la salvaguardia de los intereses generales del Estado y de las Administraciones Públicas.

7. En relación al personal eventual al servicio de la Generalitat Valenciana, es cierto que:

a) La prestación de servicios como personal eventual constituirá mérito para el acceso al empleo público.

b) El personal eventual puede realizar actividades ordinarias de gestión o de carácter técnico.

c) Realiza con carácter permanente funciones expresamente calificadas como de confianza o asesoramiento especial.

d) Cesará automáticamente cuando cese la autoridad a la que presta su función asesora o de confianza.

8. El número de puestos en la Administración de la Generalitat Valenciana cubiertos por personal eventual:

a) Es indefinido e ilimitado.
b) Está limitado por un máximo establecido por el Consell.
c) Está limitado a tres por cada órgano superior de la Administración Pública.
d) No puede hacerse público, puesto que se trata de personal de confianza.

9. En relación al acceso de personal funcionario de carrera a la Dirección Pública Profesional en la Administración de la Generalitat, es cierto que:

a) Solo podrán acceder quienes pertenezcan a cualquiera de los cuerpos o escalas del Grupo A.
b) Es necesario tener una antigüedad en el Grupo A de al menos 10 años.
c) Es imprescindible ser personal funcionario de carrera de la Administración de la Generalitat.
d) Se requiere tener reconocido, al menos, un nivel competencial 24 y el grado de desarrollo profesional II.

10. No es cierto que, la relación de puestos de trabajo específica de la Dirección Pública Profesional:

a) Se incluirá en la misma relación con la totalidad de puestos de trabajo de naturaleza funcionarial, laboral y eventual.
b) Tendrá carácter público.
c) Será publicada en el Diari Oficial de la Generalitat Valenciana.
d) No es materia obligatoria de negociación colectiva.

11. Según el artículo 25 de la Ley 4/2021, el procedimiento de nombramiento del personal directivo público profesional atenderá a los principios de publicidad, mérito y capacidad, así como al de:

a) Transparencia.
b) Idoneidad.
c) Economía.
d) Participación.

12. Respecto a las condiciones de empleo del personal directivo público profesional de la Generalitat Valenciana, es cierto que:

a) Tendrá la consideración de alto cargo.
b) El cese en los puestos que integran la dirección pública profesional tendrá carácter discrecional, con derecho a indemnización.

c) Las retribuciones del personal que desempeñe puestos que integran la Dirección Pública Profesional tendrán una parte fija, en los mismos términos y condiciones que las previstas para el personal funcionario de carrera, y un complemento de actividad profesional.

d) La determinación de las condiciones de empleo del personal directivo público profesional será fijada por el Consell, no teniendo la consideración de materia obligatoria objeto de negociación colectiva.

13. Según el artículo 60.2 de la Ley 4/2021, en los procedimientos de selección de personal, todos los programas de materias deberán incluir contenidos sobre:

a) La protección de datos de carácter personal.
b) La prevención y erradicación de la violencia de género.
c) El principio de igualdad efectiva de mujeres y hombres en los diversos ámbitos de la función pública.
d) La transparencia de la actividad pública.

14. ¿Cuál es la edad mínima para poder participar en los procesos selectivos de acceso al empleo público de la Administración de la Generalitat Valenciana?

a) 14 años.
b) 16 años.
c) 17 años.
d) 18 años.

15. El artículo 64 de la Ley 4/2021, establece que, en todas las ofertas de empleo público se reservará un cupo de las vacantes para ser cubiertas entre personas con discapacidad o diversidad funcional, no inferior al:

a) 3% de las vacantes.
b) 5% de las vacantes.
c) 7% de las vacantes.
d) 10% de las vacantes.

16. Según el artículo 62 de la Ley 4/2021, ¿puede establecerse otra edad máxima, distinta de la edad de jubilación forzosa, para el acceso al empleo público?

a) No, en ningún caso.
b) Sí, si así lo establece una ley.
c) Solo para el acceso a empleos que requieran ciertas aptitudes físicas.
d) Solo para el personal laboral.

17. Además de los requisitos generales recogidos en el artículo 62 de la Ley 4/2021 para el acceso al empleo público, podrá exigirse el cumplimiento de otros requisitos específicos que guarden relación objetiva y proporcionada con las funciones asumidas y las tareas a desempeñar. En todo caso, habrán de establecerse de manera abstracta y:

a) Ocasional.
b) No excluyente.
c) General.
d) Motivada.

18. ¿Qué sistema de selección de personal funcionario de carrera y laboral fijo tendrá carácter ordinario y preferente en la selección de personal empleado público?

a) El sistema de oposición, debiendo reservarse por acuerdo del Consell para la tramitación por este procedimiento, al menos, el 50% de los puestos de la oferta pública de empleo anual, en el conjunto de empleo público de la Generalitat.

b) El sistema de concurso-oposición, debiendo reservarse por acuerdo del Consell para la tramitación por este procedimiento, al menos, el 50% de los puestos de la oferta pública de empleo anual, en el conjunto de empleo público de la Generalitat.

c) El sistema de oposición, debiendo reservarse por acuerdo del Consell para la tramitación por este procedimiento, al menos, el 60% de los puestos de la oferta pública de empleo anual, en el conjunto de empleo público de la Generalitat.

d) El sistema de concurso-oposición, debiendo reservarse por acuerdo del Consell para la tramitación por este procedimiento, al menos, el 60% de los puestos de la oferta pública de empleo anual, en el conjunto de empleo público de la Generalitat.

19. Para asegurar la objetividad y la racionalidad de los procedimientos selectivos, y atendiendo a lo que expresamente se establezca en las respectivas convocatorias, las pruebas podrán completarse con la superación de cursos que, para los puestos de trabajo del Grupo A, no podrán durar más de:

a) 3 meses.
b) 6 meses.
c) 9 meses.
d) 12 meses.

20. En el sistema de concurso-oposición, la valoración de la fase de concurso no podrá superar el siguiente porcentaje de la puntuación total que pueda alcanzarse en el conjunto del proceso selectivo:

a) 30%.
b) 40%.
c) 50%.
d) 60%.

21. La ejecución de los procedimientos selectivos y la evaluación de las pruebas y, en su caso, méritos de cada aspirante, será encomendada a órganos colegiados de carácter técnico, de los que podrá formar parte:

a) El personal de elección o de designación política.
b) El personal funcionario interino.
c) El personal laboral fijo.
d) El personal eventual.

22. ¿Puede utilizarse el sistema de concurso de valoración de méritos para la selección de personal funcionario de carrera?

a) No, solo se permiten los sistemas de oposición y concurso-oposición.
b) Excepcionalmente, en virtud de ley.
c) Sí, es uno de los sistemas permitidos.
d) Únicamente para la consolidación de empleo.

23. Según el artículo 67.4 de la Ley 4/2021, no podrán formar parte de los órganos técnicos de selección las personas que hayan ejercido actividad de preparación de aspirantes para el ingreso en el empleo público o hubieran colaborado durante ese período con centros de preparación de oposiciones:

a) El último año.
b) En los últimos dos años.
c) En los últimos cuatro años.
d) En los últimos cinco años.

24. Señala la opción incorrecta en relación con los órganos de selección:

a) La pertenencia a los órganos de selección será a título representativo, ya sea de la administración o de las organizaciones sindicales.
b) Los órganos de selección serán colegiados.
c) El personal de elección o de designación política, los funcionarios interinos y el personal eventual no podrán formar parte de los órganos de selección.
d) En la composición de los órganos de selección se tenderá a la paridad entre mujer y hombre.

25. ¿Pueden los órganos de selección proponer el acceso a la condición de funcionario de un número superior de aprobados al de plazas convocadas?

a) No, en ningún caso.
b) Sí, siempre que no sobrepasen el 10 % de las plazas convocadas, con objeto de cubrir posibles renuncias de los aspirantes seleccionados.
c) Sí, si así lo prevé la propia convocatoria.
d) Sí, a efectos de creación de listas de reserva.

26. Superado el proceso selectivo, para adquirir la condición de funcionario:

a) No es necesario acreditar que se reúnen los requisitos y condiciones exigidos en la convocatoria; ya que dichas acreditaciones son previas a la superación del proceso selectivo.

b) Solo queda el nombramiento por parte del órgano o autoridad competente y tomar posesión del puesto.

c) Únicamente se precisa la acreditación de que se reúnen los requisitos y condiciones exigidos en la convocatoria para ser nombrado funcionario.

d) Debe acreditarse que se reúnen los requisitos y condiciones exigidos en la convocatoria; si no fuera así el nombramiento no surtiría efecto.

27. En relación a la renuncia a la condición de personal funcionario de carrera, es cierto, según el artículo 70 de la Ley 4/2021, que:

a) La renuncia inhabilita para ingresar de nuevo en la función pública.

b) Debe ser aceptada cuando la persona interesada esté sujeta a expediente disciplinario.

c) Habrá de formalizarse por escrito y deberá ser aceptada expresamente.

d) Se aceptará únicamente cuando haya sido dictado en contra del interesado auto de procesamiento o de apertura de juicio oral por la comisión de algún delito.

28. La jubilación forzosa del personal funcionario se declarará de oficio al cumplir la edad legalmente establecida. No obstante lo anterior, se podrá solicitar la prolongación de la permanencia en el servicio activo, como máximo, hasta que se cumplan:

a) Los sesenta y ocho años de edad.

b) Los setenta años de edad.

c) Los setenta y dos años de edad.

d) Los setenta y cinco años de edad.

29. La pena principal o accesoria, a un funcionario público, de inhabilitación absoluta cuando hubiere adquirido firmeza la sentencia que la imponga, produce:

a) La suspensión de todas sus funciones públicas.

b) La pérdida de la condición de funcionario respecto a todos los empleos o cargos que tuviere.

c) La pérdida de la condición de funcionario respecto a todos los empleos o cargos que tuviere, excepto los cargos electivos.

d) La excedencia forzosa.

30. ¿A cuántos días de vacaciones tendrá derecho el personal funcionario de la Generalitat Valenciana que haya completado 25 años de servicio?

a) 23 días hábiles

b) 25 días hábiles.

c) 26 días hábiles.

d) 28 días hábiles.

31. Conforme al artículo 87.2 de la Ley 4/2021, ¿qué retribución complementaria está destinada a retribuir la dificultad técnica y la responsabilidad que concurren en los puestos de trabajo?

a) El complemento de carrera administrativa.
b) El complemento específico de desempeño.
c) El complemento de actividad profesional.
d) El componente competencial del complemento del puesto de trabajo.

32. Los empleados públicos tienen derecho a la libertad de expresión:

a) En los términos que establezca una ley.
b) En los términos que se establezcan reglamentariamente.
c) A través de sus representantes sindicales.
d) Dentro de los límites del ordenamiento jurídico.

33. Según el artículo 91 de la Ley 4/2021, las retribuciones de los funcionarios en prácticas:

a) Se corresponderán a las del sueldo del Subgrupo, Grupo, o de las agrupaciones profesionales funcionariales, en que aspiren a ingresar.
b) No podrán superar las del sueldo del Subgrupo, Grupo, o de las agrupaciones profesionales funcionariales, en que aspiren a ingresar.
c) Se determinarán de acuerdo con la legislación laboral, el convenio colectivo que sea aplicable y el contrato de trabajo.
d) Como mínimo, se corresponderán a las del sueldo del Subgrupo, Grupo, o de las agrupaciones profesionales funcionariales, en que aspiren a ingresar.

34. En relación con los Pactos y Acuerdos de las Mesas de Negociación, NO es cierto que:

a) Los Acuerdos versarán sobre materias competencia de los órganos de gobierno de las Administraciones Públicas.
b) Los Pactos se celebrarán sobre materias que se correspondan estrictamente con el ámbito competencial del órgano administrativo que lo suscriba.
c) Si los Acuerdos ratificados tratan sobre materias sometidas a reserva de ley que, en consecuencia, solo pueden ser determinadas definitivamente por las Cortes Generales o las asambleas legislativas de las comunidades autónomas, su contenido conservará eficacia directa mientras no sean rechazados.
d) Los Pactos y Acuerdos en sus respectivos ámbitos y en relación con las competencias de cada Administración Pública, podrán fijar las reglas que han de resolver los conflictos de concurrencia entre las negociaciones de distinto ámbito y los criterios de primacía y complementariedad entre las diferentes unidades negociadoras.

35. Será objeto de negociación, en su ámbito respectivo y en relación con las competencias de cada Administración Pública y con el alcance que legalmente proceda:

a) La determinación concreta de los procedimientos de acceso al empleo público.
b) La regulación concreta de los criterios de promoción profesional.
c) Las materias referidas a calendario laboral.
d) La determinación de condiciones de trabajo del personal directivo.

36. El artículo 98 de la Ley 4/2021 lo considera un principio de actuación del personal empleado público, no una obligación:

a) Conocer las lenguas oficiales de la Comunitat Valenciana en los términos que se determine reglamentariamente, y garantizar a la ciudadanía el ejercicio del derecho de utilizarlas en las relaciones con la administración autonómica.
b) Guardar secreto de las materias clasificadas o cuya difusión esté prohibida legalmente y mantener la debida discreción sobre los asuntos que conozcan por razón de su puesto público, sin que pueda hacer uso de la información obtenida para beneficio propio o de terceros, o en perjuicio del interés público, todo ello con pleno respeto al ejercicio de la libertad de expresión, incluida la crítica a la actuación de los poderes públicos.
c) Tratar con atención y respeto a la ciudadanía, a todo el personal empleado público y, en general, a todas aquellas personas con las que se relacione en el ejercicio de sus funciones.
d) Observar las normas sobre seguridad y salud laboral.

37. ¿Qué Ley regula las incompatibilidades del Personal al Servicio de las Administraciones Públicas?

a) Ley 53/1984, de 26 de diciembre.
b) Ley 84/2003, de 5 de marzo.
c) Ley 34/2008, de 23 de septiembre.
d) Ley 55/1988, de 19 de octubre.

38. Será requisito necesario para autorizar la compatibilidad de actividades públicas a funcionarios del Grupo D, el que la cantidad total percibida por ambos puestos o actividades no supere la correspondiente al principal, estimada en régimen de dedicación ordinaria, incrementada en:

a) Un 30 %.
b) Un 40 %.
c) Un 45 %.
d) Un 50 %.

39. Señala la opción incorrecta. Según el artículo 45 de la Ley 4/2021, en la Administración de la Generalitat los puestos de trabajo de naturaleza laboral se circunscribirán a:

a) Puestos de trabajo que satisfagan necesidades de carácter periódico y discontinuo.

b) Empleos de carácter singularizado que requieran una formación académica determinada y/o que sean atribuibles a los cuerpos y escalas existentes.

c) Empleos temporales vinculados exclusivamente a la organización de eventos y congresos.

d) Puestos auxiliares en las oficinas y dependencias de la Generalitat en el extranjero.

40. Según el artículo 68 de la Ley 4/2021, el plazo máximo para la toma de posesión del puesto de funcionario de carrera, a contar desde la publicación del nombramiento, no podrá ser superior a:

a) 15 días.

b) 20 días.

c) 30 días.

d) Un mes.

Solución al test n.º 17

1. a) Austeridad.

2. b) Al personal funcionario o laboral empleado público gestionado por la conselleria competente en materia de sanidad.

3. c) De carrera e interinos.

4. d) El exceso o acumulación de tareas, de carácter excepcional y circunstancial, por un plazo máximo de nueve meses dentro de un período de dieciocho meses.

5. c) Urgencia.

6. d) Que impliquen la participación directa o indirecta en la salvaguardia de los intereses generales del Estado y de las Administraciones Públicas.

7. d) Cesará automáticamente cuando cese la autoridad a la que presta su función asesora o de confianza.

8. b) Está limitado por un máximo establecido por el Consell.

9. d) Se requiere tener reconocido, al menos, un nivel competencial 24 y el grado de desarrollo profesional II.

10. a) Se incluirá en la misma relación con la totalidad de puestos de trabajo de naturaleza funcionarial, laboral y eventual.

11. a) Transparencia.

12. d) La determinación de las condiciones de empleo del personal directivo público profesional será fijada por el Consell, no teniendo la consideración de materia obligatoria objeto de negociación colectiva.

13. c) El principio de igualdad efectiva de mujeres y hombres en los diversos ámbitos de la función pública.

14. b) 16 años.

15. d) 10% de las vacantes.

16. b) Sí, si así lo establece una ley.

17. c) General.

18. a) El sistema de oposición, debiendo reservarse por acuerdo del Consell para la tramitación por este procedimiento, al menos, el 50% de los puestos de la oferta pública de empleo anual, en el conjunto de empleo público de la Generalitat.

19. b) 6 meses.

20. b) 40%.

21. c) El personal laboral fijo.

22. b) Excepcionalmente, en virtud de ley.

23. d) En los últimos cinco años.

24. a) La pertenencia a los órganos de selección será a título representativo, ya sea de la administración o de las organizaciones sindicales.

25. c) Sí, si así lo prevé la propia convocatoria.

26. d) Debe acreditarse que se reúnen los requisitos y condiciones exigidos en la convocatoria; si no fuera así el nombramiento no surtiría efecto.

27. c) Habrá de formalizarse por escrito y deberá ser aceptada expresamente.

28. b) Los setenta años de edad.

29. b) La pérdida de la condición de funcionario respecto a todos los empleos o cargos que tuviere.

30. b) 25 días hábiles.

31. d) El componente competencial del complemento del puesto de trabajo.

32. d) Dentro de los límites del ordenamiento jurídico.

33. a) Se corresponderán a las del sueldo del Subgrupo, Grupo, o de las agrupaciones profesionales funcionariales, en que aspiren a ingresar.

34. c) Si los Acuerdos ratificados tratan sobre materias sometidas a reserva de ley que, en consecuencia, solo pueden ser determinadas definitivamente por las Cortes Generales o las asambleas legislativas de las comunidades autónomas, su contenido conservará eficacia directa mientras no sean rechazados.

35. c) Las materias referidas a calendario laboral.

36. b) Guardar secreto de las materias clasificadas o cuya difusión esté prohibida legalmente y mantener la debida discreción sobre los asuntos que conozcan por razón de su puesto público, sin que pueda hacer uso de la información obtenida para beneficio propio o de terceros, o en perjuicio del interés público, todo ello con pleno respeto al ejercicio de la libertad de expresión, incluida la crítica a la actuación de los poderes públicos.

37. a) Ley 53/1984, de 26 de diciembre.

38. c) Un 45 %.

39. b) Empleos de carácter singularizado que requieran una formación académica determinada y/o que sean atribuibles a los cuerpos y escalas existentes.

40. d) Un mes.

TEST N.º 18

El Decreto 42/2019, de 22 de marzo, del Consell, de regulación de las condiciones de trabajo del personal funcionario de la Administración de la Generalitat

1. A efectos del Decreto 42/2019, de 22 de marzo, del Consell, de regulación de las condiciones de trabajo del personal funcionario de la Administración de la Generalitat, la relación de dependencia que implica convivencia se define como:

a) Guarda legal o custodia.
b) Tener a su cargo.
c) Cuidado directo.
d) Relación de dependencia.

2. El horario de permanencia obligatoria del personal podrá flexibilizarse en dos horas diarias a solicitud de las personas interesadas en el caso de ser padre o madre de familia monoparental, hasta el día en que cumpla el o la menor de los hijos o hijas:

a) 12 años de edad.
b) 14 años de edad.
c) 15 años de edad.
d) 16 años de edad.

3. La duración de la jornada del personal que desempeñe puestos de trabajo considerados de especial dedicación será de:

a) Treinta y siete horas semanales.
b) Treinta y siete horas y treinta minutos semanales.
c) Treinta y cinco horas y treinta minutos semanales.
d) Treinta y cinco horas semanales.

4. La jornada laboral general del personal que desempeñe puestos de trabajo con componente de desempeño del complemento de puesto de trabajo inferior a los establecidos para el personal que desempeñe puestos de trabajo considerados de especial dedicación será de:

a) Treinta y siete horas semanales.
b) Treinta y siete horas y treinta minutos semanales.
c) Treinta y cinco horas y treinta minutos semanales.
d) Treinta y cinco horas semanales.

5. En todo caso, entre el final de una jornada y el comienzo de la siguiente mediarán, como mínimo:

a) Veinticuatro horas.
b) Dieciocho horas.
c) Quince horas.
d) Doce horas.

6. Señala la respuesta correcta:

a) El cómputo anual de la jornada se calculará descontando a las horas anuales equivalentes a 52 semanas y un día de trabajo 12 días de fiestas de ámbito superior.
b) El cómputo anual de la jornada se calculará descontando a las horas anuales equivalentes a 52 semanas y un día de trabajo 8 días por permiso por asuntos propios más los días compensatorios que puedan aprobarse, en su caso.
c) El cómputo anual de la jornada se calculará descontando a las horas anuales equivalentes a 52 semanas y un día de trabajo 3 días de fiestas locales.
d) El cómputo anual de la jornada se calculará descontando a las horas anuales equivalentes a 52 semanas y un día de trabajo 21 días hábiles de vacaciones.

7. Durante la semana de fiestas locales correspondiente a cada emplazamiento, el horario de servicio de información administrativa general y registro de documentos que regirá será de:

a) 08.00h a 14.00h, de lunes a viernes.
b) 09.00h a 15.00h, de lunes a viernes.
c) 09.00h a 14.00h, de lunes a viernes.
d) 09.30h a 14.30h, de lunes a viernes.

8. Se tendrá derecho a la reducción de jornada hasta la mitad de la misma, con disminución proporcional de retribuciones por razones de guarda legal, cuando el personal tenga a su cargo:

a) Algún niño o niña, persona que requiera especial dedicación, o persona con un grado de discapacidad física, psíquica o sensorial igual o superior al 33 % que no desempeñe actividad retribuida que supere el salario mínimo interprofesional.

b) Algún niño o niña de 12 años o menor, persona que requiera especial dedicación, o persona con un grado de discapacidad física, psíquica o sensorial igual o superior al 30 % que no desempeñe actividad retribuida que supere el salario mínimo interprofesional.

c) Algún niño o niña de 12 años o menor, persona mayor que requiera especial dedicación, o persona con un grado de discapacidad física, psíquica o sensorial igual o superior al 33 % que no desempeñe actividad retribuida que supere el salario mínimo interprofesional.

d) Algún niño o niña, persona mayor que requiera especial dedicación, o persona con un grado de discapacidad física, psíquica o sensorial igual o superior al 35 % que no desempeñe actividad retribuida que supere el salario mínimo interprofesional.

9. El personal que ocupe puestos de trabajo con componente de desempeño del complemento de puesto de trabajo que comporten una jornada de 35 horas semanales, podrá solicitar una jornada reducida, continua e ininterrumpida de las 9 a las 14 horas, o las equivalentes si el puesto desempeñado está sujeto a turnos, percibiendo:

a) Un 80 % del total de sus retribuciones.
b) Un 75 % del total de sus retribuciones.
c) Un 70 % del total de sus retribuciones.
d) Un 65 % del total de sus retribuciones.

10. Se podrá solicitar reducción de jornada de una hora diaria sin disminución de retribuciones en el caso de guarda legal de niñas o niños de 12 años o menores, cuando concurra alguno de los siguientes supuestos:

a) Que se trate de familia monoparental.
b) Que el menor requiera especial dedicación.
c) Que la niña o niño tenga 3 años o menos.
d) Todas las respuestas son correctas.

11. Cuando el personal se reincorpore al servicio efectivo tras la finalización de un tratamiento oncológico podrá solicitar:

a) Durante el plazo máximo de tres meses desde la fecha del alta médica, una reducción de hasta el 25 % de la jornada sin reducción de haberes.
b) Durante el plazo máximo de dos meses desde la fecha del alta médica, una reducción de hasta el 50 % de la jornada sin reducción de haberes.
c) Durante el plazo máximo de un mes desde la fecha del alta médica, una reducción de hasta el 30 % de la jornada sin reducción de haberes.
d) Durante el plazo máximo de un mes desde la fecha del alta médica, una reducción de hasta el 25 % de la jornada sin reducción de haberes.

12. Sin perjuicio de su acreditación por cualquiera de los medios admitidos en Derecho, con carácter general la condición de familia monoparental se acreditará mediante:

a) El libro o libros de familia.
b) El título correspondiente expedido por la Conselleria con competencias en la materia.

c) Certificación del Registro Civil.
d) Certificado de empadronamiento expedido por el ayuntamiento de residencia.

13. Respecto a las reducciones de jornada, el personal deberá informar al órgano competente en materia de personal que se reincorporará a su jornada ordinaria con una antelación a la misma de:

a) Un mes.
b) Veinte días.
c) Quince días.
d) Diez días.

14. El personal cuyo centro de trabajo radique en la ciudad de Valencia o en aquellos otros municipios de la provincia donde se celebren fiestas de fallas quedará exento de la asistencia al trabajo el día:

a) 19 de marzo.
b) 18 de marzo.
c) 15 de marzo.
d) 12 de marzo.

15. El horario de trabajo durante la semana de fiestas de cada municipio de la Comunidad Valenciana en que radique el puesto de trabajo será de:

a) 09.30 a 13.30 horas.
b) 09.30 a 14.00 horas.
c) 09.00 a 14.00 horas.
d) 09.00 a 13.30 horas.

16. ¿En qué periodos o fechas la jornada de trabajo se reducirá en dos horas y media semanales respecto a la que corresponda realizar?

a) En los periodos de vacaciones escolares de Navidad y Pascua.
b) Desde el 1 de mayo al 15 de octubre, ambos inclusive.
c) En los periodos de vacaciones escolares de Semana Santa, Navidad y Pascua.
d) Desde el 15 de mayo al 30 de octubre, ambos inclusive.

17. Señala la respuesta correcta:

a) Por semana de fiestas de cada uno de los municipios deberá entenderse siete días laborables anteriores o posteriores al festivo principal.
b) El personal cuyo centro de trabajo radique en la ciudad de Alicante o en aquellos otros municipios de la provincia donde se celebren las fiestas de San Juan quedará exento de la asistencia al trabajo el día 21 de junio.
c) Se estará exento de la asistencia al trabajo los días 24 y 31 de diciembre.

d) El personal cuyo centro de trabajo radique en la ciudad de Castellón de la Plana o en aquellos otros municipios de la provincia donde se celebren dichas fiestas quedará exento de la asistencia al trabajo el miércoles de la semana de las fiestas de la Magdalena.

18. El horario de permanencia obligatoria del personal de servicios burocráticos podrá flexibilizarse en una hora diaria:

a) Quienes tengan a su cuidado directo hijos o hijas, o niños o niñas en acogimiento preadoptivo o permanente, de 15 años o menores de esa edad.

b) Quienes tengan a su cargo a un familiar hasta el tercer grado por consanguinidad o afinidad, o persona legalmente bajo su guarda o custodia, con enfermedad grave debidamente acreditada con indicación expresa de la necesidad de cuidados específicos, o con un grado de discapacidad igual o superior al 65 %.

c) En quienes tengan a su cuidado directo personas que requieran una especial dedicación.

d) Todas las respuestas son correctas.

19. El horario de permanencia obligatoria del personal, podrá flexibilizarse en dos horas diarias a solicitud de las personas interesadas en el caso de ser padre o madre de familia numerosa, hasta el día en que cumpla el o la menor de los hijos o hijas:

a) 12 años de edad.
b) 14 años de edad.
c) 15 años de edad.
d) 16 años de edad.

20. El personal de servicios burocráticos o unidades de índole similar hará uso de la pausa de descanso, preferentemente, entre:

a) Las 09.30 y las 11.30 horas.
b) Las 09.00 y las 11.00 horas.
c) Las 10.00 y las 12.00 horas.
d) Las 10.30 y las 12.30 horas.

21. ¿Cómo define el Decreto 42/2019, de 22 de marzo, del Consell, de regulación de las condiciones de trabajo del personal funcionario de la Administración de la Generalitat, la relación de dependencia que no implica convivencia?

a) Guarda legal o custodia.
b) Tener a su cargo.
c) Cuidado directo.
d) Relación de dependencia.

22. El personal que solicite dejar sin efecto una reducción de jornada no podrá comenzar a disfrutar otra por la misma causa hasta que transcurra, como mínimo:

a) Seis meses desde que se dejó sin efecto la reducción anterior.
b) Tres meses desde que se dejó sin efecto la reducción anterior.

c) Dos meses desde que se dejó sin efecto la reducción anterior.

d) Un mes desde que se dejó sin efecto la reducción anterior.

23. **Cuando las necesidades urgentes del servicio así lo exijan, previa la oportuna justificación de las circunstancias y razones organizativas que concurran en cada caso concreto, el personal podrá ser requerido por las personas titulares de los órganos o unidades administrativas de las que dependa para realizar una jornada especial semanal superior a la ordinaria. Una vez desaparezca la necesidad urgente por la que fue requerido, el exceso de horario será compensado a razón de**:

a) Una hora y media por cada hora de exceso, o dos y media si el requerimiento se realiza en un día inhábil.

b) Dos horas por cada hora de exceso, o tres si el requerimiento se realiza en un día inhábil.

c) Dos horas por cada hora de exceso, o dos y media si el requerimiento se realiza en un día inhábil.

d) Tres horas por cada hora de exceso, o tres y media si el requerimiento se realiza en un día inhábil.

24. **Se tendrá derecho a la reducción de jornada hasta la mitad de la misma, con disminución proporcional de retribuciones**:

a) Por tener a su cargo al cónyuge o pareja de hecho o un familiar hasta el tercer grado de consanguinidad o afinidad que requiera especial dedicación.

b) Personal que por tener reconocido un grado de discapacidad o por razón de larga o crónica enfermedad no pueda realizar su jornada laboral completa.

c) Personal funcionario a quien le falte menos de siete años para cumplir la edad de jubilación forzosa.

d) Todas las respuestas son correctas.

25. **El personal funcionario, que por nacimiento de hijas e hijos prematuros o por cualquier otra causa deba permanecer hospitalizado a continuación del parto, tendrá derecho a reducir su jornada de trabajo hasta un máximo de**:

a) Una hora, con la disminución proporcional de sus retribuciones.

b) Una hora y media, con la disminución proporcional de sus retribuciones.

c) Dos horas, con la disminución proporcional de sus retribuciones.

d) Dos horas y media, con la disminución proporcional de sus retribuciones.

26. **Cuando por razones de enfermedad muy grave sea preciso atender el cuidado del cónyuge, pareja de hecho o de un familiar de primer grado, el personal funcionario tendrá derecho a solicitar una reducción de hasta el 50 % de la jornada laboral, con carácter retribuido y por el plazo máximo de**:

a) Seis meses.

b) Tres meses.

c) Dos meses.
d) Un mes.

27. Señala la respuesta incorrecta respecto a las reducciones de jornada:

a) Las reducciones de jornada que comporten disminución de retribuciones serán concedidas por el órgano competente en materia de personal de cada conselleria u organismo quien las conceda.

b) En los supuestos en que el personal tenga derecho a solicitar una reducción de jornada de una hora diaria sin deducción de retribuciones, pero solicite un número de horas de reducción superior, dirigirá su solicitud a la dirección general competente en materia de función pública, la cual resolverá ambas reducciones descontando la hora diaria al número global de horas de reducción solicitadas.

c) Si varios funcionarios o funcionarias de la Administración de la Generalitat tuvieran derecho a una reducción de jornada respecto a un mismo sujeto causante, podrán disfrutar de este derecho de forma parcial.

d) Si varios funcionarios o funcionarias de la administración de la Generalitat tuvieran derecho a una reducción de jornada respecto a un mismo sujeto causante, las solicitudes de reducción de jornada parcial, deberán presentarse de forma simultánea indicando, tanto el número global de horas de reducción, como el número concreto que disfrutará cada uno de ellos.

28. La parte principal de la jornada del personal de servicios burocráticos, llamada de tiempo fijo o estable, será de:

a) Seis horas y media diarias, y será de permanencia obligatoria para todo el personal entre las 08.00 y las 14.30 horas, de lunes a viernes.

b) Seis horas diarias, y será de permanencia obligatoria para todo el personal entre las 08.00 y las 14.00 horas, de lunes a viernes.

c) Cinco horas y media diarias, y será de permanencia obligatoria para todo el personal entre las 08.30 y las 14.00 horas, de lunes a viernes.

d) Cinco horas diarias, y será de permanencia obligatoria para todo el personal entre las 09.00 y las 14.00 horas, de lunes a viernes.

29. Las jornadas y horarios especiales que se establezcan por razón de la actividad los aprobará el órgano competente en materia de personal de cada Conselleria u organismo autónomo, previa negociación con las organizaciones sindicales que tengan la condición de representativas en el ámbito correspondiente y tras ser oída la junta de personal que proceda, debiendo ser aprobados con anterioridad a:

a) El 31 de diciembre del año anterior a su entrada en vigor.
b) El 1 de diciembre del año anterior a su entrada en vigor.
c) El 30 de noviembre del año anterior a su entrada en vigor.
d) El 31 de octubre del año anterior a su entrada en vigor.

30. **Señala la respuesta incorrecta respecto a la jornada y horarios especiales**:

a) El cuadrante será expuesto de forma visible en cada centro de trabajo y en él constará, como mínimo, el departamento, nombre de la trabajadora o trabajador, categoría y turno de trabajo, especificando el horario de cada turno y el cómputo semanal, mensual o anual.

b) En el supuesto de aquellos centros en que, como consecuencia de las características especiales de la actividad que se presta en los mismos, se justifique la necesidad de aprobar o ajustar el cuadrante en momentos diferentes del año, se podrá realizar respetando las garantías legalmente previstas y siempre con carácter previo a su entrada en vigor.

c) El personal que debiera asistir a su puesto de trabajo los días 24, 31 de diciembre o el día exento de asistencia al trabajo de las fiestas locales, los verá compensados por tres días de descanso por cada uno de aquellos, o la parte proporcional que corresponda, en función de la jornada laboral que efectivamente realice.

d) En el caso de centros docentes con una programación por cursos, el cuadrante para el personal no docente que desempeñe su trabajo en los mismos se aprobará antes de finalizar el curso anterior a aquel en el que deba aplicarse.

31. **El horario de permanencia obligatoria del personal, podrá flexibilizarse en dos horas diarias a solicitud de las personas interesadas en**:

a) Las empleadas víctimas de violencia sobre la mujer, con la finalidad de hacer efectivo su derecho a la asistencia social integral, por el tiempo que acrediten los servicios sociales de atención o salud, según proceda.

b) Las víctimas de violencia terrorista, en tanto sea necesario para hacer efectivo su protección o su derecho a la asistencia social integral, ya sea por razón de las secuelas provocadas por la acción terrorista, ya sea por la amenaza a la que se encuentran sometidas.

c) Quienes tengan a su cuidado directo hijos o hijas, así como niños o niñas en acogimiento preadoptivo o permanente, con diversidad funcional, con el fin de conciliar, cuando coincidan, los horarios de los centros educativos ordinarios de integración y de educación especial, así como de otros centros donde estas personas reciban atención, con los horarios de los puestos de trabajo.

d) Todas las respuestas son correctas.

32. **Con carácter general el personal tendrá derecho a un descanso por cada período semanal trabajado de**:

a) 48 horas continuadas.
b) 42 horas continuadas.
c) 36 horas continuadas.
d) 32 horas continuadas.

33. **Durante la jornada laboral el personal dispondrá de una pausa de**:

a) Una hora de descanso, computable como de trabajo efectivo.
b) Cuarenta y cinco minutos de descanso, computable como de trabajo efectivo.

c) Treinta minutos de descanso, computable como de trabajo efectivo.
d) Veinte minutos de descanso, computable como de trabajo efectivo.

34. Sin perjuicio de su acreditación por cualquiera de los medios admitidos en Derecho, con carácter general la situación de convivencia ha de ser acreditada mediante:

a) Con el libro o libros de familia.
b) El título correspondiente expedido por la conselleria con competencias en la materia.
c) Con certificación del Registro Civil.
d) Certificado de empadronamiento expedido por el ayuntamiento de residencia.

35. Las oficinas de las sedes centrales de las consellerias, de las sedes principales de sus delegaciones, direcciones o servicios territoriales y las oficinas PROP, prestarán el servicio de información administrativa general y registro de documentos en horario general de apertura al público de:

a) 08.00h a 14.00h, de lunes a viernes.
b) 09.00h a 15.00h, de lunes a viernes.
c) 09.00h a 14.30h, de lunes a viernes.
d) 09.30h a 14.30h, de lunes a viernes.

36. ¿Qué día de la semana, al menos en una oficina PROP de cada provincia, se prolongará el servicio de información administrativa general y registro de documentos desde las 14.30h hasta las 19.00h ininterrumpidamente?

a) Los martes.
b) Los miércoles.
c) Los jueves.
d) Los viernes.

37. Los cálculos para el cómputo anual de la jornada de trabajo en los años bisiestos se realizarán sobre la base de:

a) 52 semanas.
b) 52 semanas y 3 días.
c) 52 semanas y 2 días.
d) 52 semanas y 1 día.

38. Desde el 15 de mayo al 15 de octubre, ambos inclusive, y en los periodos de vacaciones escolares de Navidad y Pascua, el horario de atención al público será:

a) 08.00h a 14.00h, de lunes a viernes.
b) 09.00h a 15.00h, de lunes a viernes.
c) 09.00h a 14.30h, de lunes a viernes.
d) 09.30h a 14.30h, de lunes a viernes.

39. **En los casos de ausencia por incapacidad temporal el personal deberá presentar, de conformidad con la normativa estatal en esta materia, el parte médico acreditativo de la baja en el plazo de**:

a) Dos días contados a partir del día de su expedición, y los partes de confirmación deberán ser entregados en el centro de trabajo, como máximo, el tercer día hábil siguiente a su expedición.

b) Dos días contados a partir del día de su expedición, y los partes de confirmación deberán ser entregados en el centro de trabajo, como máximo, el segundo día hábil siguiente a su expedición.

c) Tres días contados a partir del día de su expedición, y los partes de confirmación deberán ser entregados en el centro de trabajo, como máximo, el tercer día hábil siguiente a su expedición.

d) Tres días contados a partir del día de su expedición, y los partes de confirmación deberán ser entregados en el centro de trabajo, como máximo, el segundo día hábil siguiente a su expedición.

40. **Las faltas de asistencia al trabajo, totales o parciales, de las empleadas públicas víctimas de violencia de género tendrán la consideración de justificadas durante el tiempo y en las condiciones en que así se determine por**:

a) La dirección correspondiente.
b) Las o los representantes sindicales.
c) El órgano de personal.
d) Los servicios sociales o de salud, según proceda.

Solución al test n.º 18

1. c) Cuidado directo.

2. c) 15 años de edad.

3. b) Treinta y siete horas y treinta minutos semanales.

4. d) Treinta y cinco horas semanales.

5. d) Doce horas.

6. a) El cómputo anual de la jornada se calculará descontando a las horas anuales equivalentes a 52 semanas y un día de trabajo 12 días de fiestas de ámbito superior.

7. c) 09.00h a 14.00h, de lunes a viernes.

8. c) Algún niño o niña de 12 años o menor, persona mayor que requiera especial dedicación, o persona con un grado de discapacidad física, psíquica o sensorial igual o superior al 33 % que no desempeñe actividad retribuida que supere el salario mínimo interprofesional.

9. b) Un 75 % del total de sus retribuciones.

10. d) Todas las respuestas son correctas.

11. d) Durante el plazo máximo de un mes desde la fecha del alta médica, una reducción de hasta el 25 % de la jornada sin reducción de haberes.

12. b) El título correspondiente expedido por la Conselleria con competencias en la materia.

13. c) Quince días.

14. b) 18 de marzo.

15. c) 09.00 a 14.00 horas.

16. a) En los periodos de vacaciones escolares de Navidad y Pascua.

17. c) Se estará exento de la asistencia al trabajo los días 24 y 31 de diciembre.

18. c) En quienes tengan a su cuidado directo personas que requieran una especial dedicación.

19. c) 15 años de edad.

20. c) Las 10.00 y las 12.00 horas.

21. b) Tener a su cargo.

22. d) Un mes desde que se dejó sin efecto la reducción anterior.

23. c) Dos horas por cada hora de exceso, o dos y media si el requerimiento se realiza en un día inhábil.

24. b) Personal que por tener reconocido un grado de discapacidad o por razón de larga o crónica enfermedad no pueda realizar su jornada laboral completa.

25. c) Dos horas, con la disminución proporcional de sus retribuciones.

26. d) Un mes.

27. a) Las reducciones de jornada que comporten disminución de retribuciones serán concedidas por el órgano competente en materia de personal de cada conselleria u organismo quien las conceda.

28. d) Cinco horas diarias, y será de permanencia obligatoria para todo el personal entre las 09.00 y las 14.00 horas, de lunes a viernes.

29. b) El 1 de diciembre del año anterior a su entrada en vigor.

30. c) El personal que debiera asistir a su puesto de trabajo los días 24, 31 de diciembre o el día exento de asistencia al trabajo de las fiestas locales, los verá compensados por tres días de descanso por cada uno de aquellos, o la parte proporcional que corresponda, en función de la jornada laboral que efectivamente realice.

31. d) Todas las respuestas son correctas.

32. a) 48 horas continuadas.

33. c) Treinta minutos de descanso, computable como de trabajo efectivo.

34. d) Certificado de empadronamiento expedido por el ayuntamiento de residencia.

35. c) 09.00h a 14.30h, de lunes a viernes.

36. c) Los jueves.

37. c) 52 semanas y 2 días.

38. c) 09.00h a 14.30h, de lunes a viernes.

39. c) Tres días contados a partir del día de su expedición, y los partes de confirmación deberán ser entregados en el centro de trabajo, como máximo, el tercer día hábil siguiente a su expedición.

40. d) Los servicios sociales o de salud, según proceda.

F. Materias Transversales

TEST N.º 19

La Ley orgánica 3/2007, de 22 de marzo, para la igualdad efectiva de mujeres y hombres: Título Preliminar, Objeto y ámbito de la Ley; Título I, El principio de igualdad y la tutela contra la discriminación. La Ley 9/2003, de 2 de abril, de la Generalitat, para la igualdad de mujeres y hombres. Ley 4/2023, de 28 de febrero, para la igualdad real y efectiva de las personas trans y para la garantía de los derechos de las personas LGTBI: deber de protección; Medidas en el ámbito administrativo. La Ley orgánica 1/2004, de 28 de diciembre, de medidas de protección integral contra la violencia de género: Título Preliminar

1. **¿Qué artículo de la Constitución proclama que los españoles son iguales ante la ley, sin que pueda prevalecer discriminación alguna por razón de nacimiento, raza, sexo, religión, opinión o cualquier otra condición o circunstancia personal o social?**

a) Artículo 9.
b) Artículo 11.
c) Artículo 14.
d) Artículo 18.

2. **¿Qué artículo de la Constitución Española consagra la igualdad de todos los españoles ante la ley?**

a) El artículo 8.
b) El artículo 14.
c) El artículo 21.
d) El artículo 27.

3. **Según el artículo 9.2: de la Constitución, "corresponde a los poderes públicos .... las condiciones para que la libertad y la igualdad del individuo y de los grupos en que se integra sean reales y efectivas; .... los obstáculos que impidan o dificulten su plenitud y .... la participación de todos los ciudadanos en la vida política, económica, cultural y social.". ¿Qué tres verbos faltan en la anterior frase?**

a) Promover, remover y facilitar.
b) Impulsar, superar y posibilitar.

c) Crear, eliminar y alentar.
d) Facilitar, disminuir y promover.

4. La ley que regula a nivel estatal la igualdad efectiva de mujeres y hombres, es:

a) La Ley 3/2007, de 12 de marzo.
b) La Ley Orgánica 22/2007, de 3 de abril.
c) La Ley Orgánica 3/2007, de 22 de marzo.
d) El Decreto Legislativo 7/2003, de 23 de mayo.

5. El objeto y el ámbito de aplicación de la Ley estatal para la Igualdad efectiva entre Mujeres y Hombres vienen recogidos en su:

a) Disposición Final Primera.
b) Disposición Adicional Primera.
c) Título Primero.
d) Título Preliminar.

6. Según su artículo 1, la LO 3/2007 tiene por objeto hacer efectivo el derecho de:

a) Conciliación de la vida laboral y familiar de mujeres y hombres.
b) Igualdad de trato y de oportunidades entre mujeres y hombres.
c) Participación en los asuntos públicos en igualdad de condiciones.
d) No discriminación por razón de sexo.

7. Las obligaciones establecidas en la LO 3/2007 son de aplicación a:

a) A toda persona, física o jurídica, que se encuentre o actúe en territorio español, cualquiera que fuese su nacionalidad, domicilio o residencia.
b) A todos los ciudadanos españoles, ya sea en territorio español o territorio de cualquier país extranjero.
c) A toda persona, física o jurídica, que se encuentre o actúe en territorio español, con nacionalidad española.
d) A toda persona, física o jurídica, que resida en territorio español, cualquiera que fuese su nacionalidad.

8. La LO 3/2007 entró en vigor el 24 de marzo de 2007, con una excepción que entró en vigor el 31 de diciembre de 2008:

a) Lo previsto en el artículo 19 sobre la obligatoriedad de los proyectos de disposiciones de carácter general de incorporar un informe sobre su impacto por razón de género.
b) Lo previsto en el artículo 44.3, referente al reconocimiento a los padres del derecho a un permiso y una prestación por paternidad.

c) Lo previsto en el artículo 49, sobre la implantación de planes de igualdad en las pequeñas y medianas empresas.

d) Lo previsto en el artículo 71.2, referente a costes relacionados con el embarazo y el parto en contratos de seguros o servicios financieros.

9. Según el texto literal del artículo 3 de la LO 3/2007, el principio de igualdad de trato entre mujeres y hombres no resulta aplicable a cualquier discriminación, directa o indirecta, por razón de sexo, y especialmente, las derivadas de:

a) La maternidad.
b) La tendencia sexual.
c) La asunción de obligaciones familiares.
d) El estado civil.

10. Según el artículo 4 de la LO 3/2007, la igualdad de trato y de oportunidades entre mujeres y hombres:

a) Es un deber de las Administraciones Públicas.
b) Es una fuente formal del Derecho.
c) Es un principio informador del ordenamiento jurídico.
d) Es un objetivo fundamental del procedimiento administrativo.

11. El principio de igualdad de trato y de oportunidades entre mujeres y hombres:

a) Solo se aplica en el ámbito del empleo público.
b) Se garantizará incluso en el acceso al trabajo por cuenta propia.
c) No se aplica en la afiliación y participación en organizaciones sindicales o empresariales.
d) Se garantizará en los términos que prevean los convenios colectivos.

12. La situación en que se encuentra una persona que sea, haya sido o pudiera ser tratada, en atención a su sexo, de manera menos favorable que otra en situación comparable se considera:

a) Discriminación directa.
b) Acoso sexual.
c) Discriminación indirecta.
d) Violencia de género.

13. Una diferencia de trato basada en una característica relacionada con el sexo, ¿constituye discriminación en el acceso al empleo?

a) Sí, en todo caso.
b) No, siempre que la formación necesaria se base en dicha característica.

c) No, siempre que dicha característica constituya un requisito profesional esencial y determinante.

d) No, si debido a la naturaleza de las actividades profesionales concretas o al contexto en el que se lleven a cabo, dicha característica constituye un requisito profesional esencial y determinante, siempre y cuando el objetivo sea legítimo y el requisito proporcionado.

14. En virtud del artículo 6.2 de la LO 3/2007, la situación en que una disposición, criterio o práctica aparentemente neutros pone a personas de un sexo en desventaja particular con respecto a personas del otro:

a) En cualquier caso constituirá discriminación directa.

b) En cualquier caso constituirá discriminación indirecta.

c) No se considera discriminación indirecta si dicha disposición, criterio o práctica pueden justificarse objetivamente en atención a una finalidad legítima y los medios para alcanzar dicha finalidad son necesarios y adecuados.

d) En ningún caso podrá considerarse discriminación.

15. Conforme al artículo 6.3 de la LO 3/2007, toda orden de discriminar por razón de sexo:

a) Solo se considera discriminatoria si se ordena discriminar directamente.

b) En ningún caso se puede considerar discriminatoria.

c) Solo se considera discriminatoria si ordena una discriminación indirecta.

d) En cualquier caso se considera discriminatoria, sea directa o indirecta.

16. La ley Orgánica 3/2007 determina que constituyen acoso sexual los comportamientos que:

a) Exclusivamente crean un entorno intimidatorio, degradante u ofensivo.

b) En particular, cuando crean un entorno intimidatorio, degradante u ofensivo.

c) Siempre que no creen un entorno intimidatorio, degradante u ofensivo.

d) Cuando accesoriamente se creen entornos intimidatorios, degradantes u ofensivos.

17. A los efectos de la LO 3/2007, definimos como acoso sexual:

a) Cualquier comportamiento realizado en función del sexo de una persona, con el propósito o el efecto de atentar contra su dignidad y de crear un entorno intimidatorio, degradante u ofensivo.

b) La situación en que una disposición, criterio o práctica aparentemente neutros pone a personas de un sexo en desventaja particular con respecto a personas del otro, salvo que dicha disposición, criterio o práctica puedan justificarse objetivamente en atención a una finalidad legítima y que los medios para alcanzar dicha finalidad sean necesarios y adecuados.

c) Todo trato desfavorable a las mujeres relacionado con el embarazo o la maternidad.

d) Cualquier comportamiento, verbal o físico, de naturaleza sexual que tenga el propósito o produzca el efecto de atentar contra la dignidad de una persona, en particular cuando se crea un entorno intimidatorio, degradante u ofensivo.

18. Según el artículo 8 de la LO 3/2007, todo trato desfavorable a las mujeres relacionado con el embarazo o la maternidad constituye:

a) Acoso sexual.
b) Acoso por razón de sexo.
c) Discriminación directa por razón de sexo.
d) Discriminación indirecta por razón de sexo.

19. Cualquier comportamiento realizado en función del sexo de una persona, con el propósito o el efecto de atentar contra su dignidad y de crear un entorno intimidatorio, degradante u ofensivo, constituye:

a) Discriminación directa.
b) Acoso sexual.
c) Acoso por razón de sexo.
d) Discriminación indirecta.

20. Conforme al artículo 7.4 de la LO 3/2007, el condicionamiento de un derecho o de una expectativa de derecho a la aceptación de una situación constitutiva de acoso sexual o de acoso por razón de sexo se considerará:

a) Acto de discriminación por razón de sexo.
b) Creación de un entorno intimidatorio, degradante u ofensivo.
c) Anulable y sin efecto.
d) Indemnizable.

21. En virtud del artículo 9 de la LO 3/2007, cualquier trato adverso o efecto negativo que se produzca en una persona como consecuencia de la presentación por su parte de queja, reclamación, denuncia, demanda o recurso, de cualquier tipo, destinados a impedir su discriminación y a exigir el cumplimiento efectivo del principio de igualdad de trato entre mujeres y hombres, se considerará:

a) Discriminación directa.
b) Discriminación por razón de sexo.
c) Injustificado.
d) Acoso sexual.

22. Según el artículo 10 de la LO 3/2007, los actos y las cláusulas de los negocios que constituyan o causen discriminación por razón de sexo darán lugar a responsabilidades a través de un sistema de reparaciones o indemnizaciones, aunque las mismas no tienen que ser necesariamente:

a) Reales.
b) Disuasivas.
c) Proporcionadas al perjuicio sufrido.
d) Efectivas.

23. **Para prevenir la realización de conductas discriminatorias en los actos y las cláusulas de los negocios jurídicos, el artículo 10 de la LO 3/2007 prevé la existencia de un sistema de sanciones eficaz y**:

a) Proporcionado.
b) Comprensible.
c) Cuantificable.
d) Disuasorio.

24. **Según el artículo 10 de la LO 3/2007, los actos y las cláusulas de los negocios jurídicos que constituyan o causen discriminación por razón de sexo se considerarán**:

a) Válidos, pero anulables.
b) Nulos y sin efecto.
c) Ilegales.
d) Nulos, pero con efectos.

25. **Con el fin de hacer efectivo el derecho constitucional de la igualdad, los Poderes Públicos adoptarán medidas específicas en favor de las mujeres para corregir situaciones patentes de desigualdad de hecho respecto de los hombres. Tales medidas, que serán aplicables en tanto subsistan dichas situaciones, habrán de ser en relación con el objetivo perseguido en cada caso razonables y**:

a) Justificadas.
b) Autorizadas judicialmente.
c) Transparentes.
d) Proporcionadas.

26. **Conforme al artículo 12 de la LO 3/2007, cualquier persona podrá recabar de los tribunales la tutela del derecho a la igualdad entre mujeres y hombres, de acuerdo con lo establecido en el artículo 53.2 de la Constitución**:

a) Siempre que la relación en la que supuestamente se produce la discriminación se encuentre vigente.
b) Incluso tras la terminación de la relación en la que supuestamente se ha producido la discriminación.
c) Siempre que se haya dado por terminada la relación en la que supuestamente se produce la discriminación.
d) A menos que se haya procedido a la suspensión de la relación en la que supuestamente se produce la discriminación.

27. **La capacidad y la legitimación para intervenir en los procesos civiles, sociales y contencioso-administrativos que versen sobre la defensa del derecho de igualdad entre mujeres y hombres, corresponden a:**

a) La persona acosada, únicamente.
b) Cualquier ciudadano.
c) Las personas físicas y jurídicas con interés legítimo.
d) Cualquier persona jurídica.

28. **La persona acosada será la única legitimada en los litigios:**

a) Sobre discriminación directa.
b) Sobre acoso sexual y acoso por razón de sexo.
c) Sobre acoso sexual únicamente.
d) Únicamente sobre acoso por razón de sexo.

29. **La carga de la prueba consistente en que el demandado tenga que probar que no ha practicado discriminación, no se exige en la:**

a) Jurisdicción penal.
b) Jurisdicción civil.
c) Jurisdicción contencioso-administrativa.
d) Jurisdicción social.

30. **De acuerdo con las leyes procesales, en aquellos procedimientos en los que las alegaciones de la parte actora se fundamenten en actuaciones discriminatorias, por razón de sexo, corresponderá a la persona demandada probar la ausencia de discriminación en las medidas adoptadas y su proporcionalidad. A tales efectos, el órgano judicial:**

a) A instancia de parte, podrá recabar, si lo estimase útil y pertinente, informe o dictamen de los organismos públicos competentes.
b) Deberá recabar informe o dictamen de los organismos públicos competentes.
c) De oficio, podrá recabar, si lo estimase útil y pertinente, informe o dictamen de los organismos públicos competentes.
d) De oficio o a instancia de parte, podrá recabar, si lo estimase útil y pertinente, informe o dictamen de los organismos públicos competentes.

31. **La Ley 9/2003, de 2 de abril, en las actuaciones públicas o los comportamientos privados:**

a) No prohíbe de manera general que se establezcan diferencias entre mujeres y hombres si hay justificación para ello, en la forma que determine la norma aplicable.
b) Establece la prohibición de establecer cualquier diferencia entre mujeres y hombres.

c) Permite, con carácter general, establecer diferencias entre mujeres y hombres.

d) No prohíbe de manera general que se establezcan diferencias entre mujeres y hombres si hay justificación objetiva, racional y razonable para ello.

32. La Ley 9/2003, en cuanto a la igualdad entre mujeres y hombres en la promoción interna de la función pública valenciana, en las Administraciones Públicas valencianas recoge que:

a) Se establecerán planes anuales.
b) Podrán establecerse planes plurianuales.
c) Se establecerán planes bianuales.
d) Se establecerán planes plurianuales.

33. Según la ley 9/2003, en cuanto a los medios para establecer diferencias de trato entre hombres y mujeres, no se exige que sean:

a) Proporcionados con el fin que se persigue.
b) Independientes del fin que se persigue.
c) Congruentes con el fin que se persigue.
d) Adecuados con el fin que se persigue.

34. En la Ley 9/2003, de 2 de abril se determinan respecto al principio de igualdad de mujeres y hombres:

a) Todas las acciones que deben ser implementadas a tal fin.
b) Todas las acciones obligatorias que deben, con carácter básico o no, cumplirse e implementarse a tal fin.
c) Las acciones básicas que deben ser implementadas a tal fin.
d) Las acciones básicas que deben ser implementadas a tal fin y su desarrollo.

35. La Ley 9/2003, de 2 de abril entró en vigor:

a) El mismo día de su publicación en el Diari Oficial de la Comunitat Valenciana.
b) A los seis meses de su publicación en el Diari Oficial de la Comunitat Valenciana.
c) Al día siguiente de su publicación en el BOE.
d) Al día siguiente de su publicación en el Diari Oficial de la Comunitat Valenciana.

36. La Ley 9/2003, de 2 de abril:

a) Como todas las leyes de la Generalitat fue publicada en el BOE.
b) Fue publicada en el BOE, aunque no era preceptiva dicha publicación.
c) No fue publicada en el BOE.
d) Fue publicada en el BOE como es perceptivo con todas las normas jurídicas que dicte la Generalitat y sus organismos de gobierno.

37. ¿De cuántos Títulos consta la Ley 9/2003, de 2 de abril?

a) De cuatro.
b) De cinco.
c) De tres.
d) De seis.

38. ¿Cuántos artículos contiene la Ley 9/2003, de 2 de abril?

a) De 56.
b) De 51.
c) De 62.
d) De 58.

39. Según el artículo 51 de la Ley 9/2003, la Defensoría de la Igualdad de Género será desempeñada por:

a) El Observatorio de Género.
b) El titular de la Conselleria competente en materia de igualdad.
c) El Síndic de Greuges.
d) El Consejo Valenciano de las Mujeres.

40. El Título III de la Ley 9/2003, de 2 de abril, es el dedicado a:

a) Igualdad y Administración Pública.
b) Igualdad de oportunidades en el marco de la sociedad de la información.
c) Instituciones de Protección del Derecho a la Igualdad de Mujeres y Hombres.
d) Actuación administrativa.

41. El código de conducta contra el acoso sexual que debe incorporar la Administración autonómica al Régimen de la Función Pública Valenciana recogerá:

a) La Resolución de la Comisión de las Comunidades Europeas de 10 de octubre de 2012.
b) La Recomendación de la Comisión de las Comunidades Europeas, de 22 de septiembre de 1999.
c) La Resolución de la Comisión de las Comunidades Europeas, de 2 de diciembre de 1992.
d) La Recomendación de la Comisión de las Comunidades Europeas, de 27 de noviembre de 1991.

42. La aplicación de la Ley Orgánica 1/2004, de 28 de diciembre:

a) No supone la existencia necesariamente de convivencia entre la víctima y el agresor.
b) Supone que en algún momento anterior haya existido convivencia entre la víctima y el agresor.

c) Supone la convivencia, al menos en el momento del hecho, entre la víctima y el agresor.

d) Supone siempre la inexistencia de convivencia entre la víctima y el agresor.

43. Las medidas de protección integral de la Ley Orgánica 1/2004, de 28 de diciembre:

a) No tienen finalidad sancionadora.

b) Su finalidad es esencialmente reparadora.

c) Tienen finalidad previsora y sancionadora.

d) Tienen finalidad prioritariamente sancionadora.

44. Conforme al artículo 2 de la LO 1/2004, un principio rector de esta ley es con- sagrar los derechos de las mujeres víctimas de violencia de género exigibles ante las Administraciones Públicas, y así asegurar un acceso a los servicios establecidos al efecto, rápido, transparente y:

a) Eficaz.

b) Duradero.

c) Seguro.

d) Económico.

45. La Ley que define las políticas públicas que garantizarán los derechos de las personas LGTBI y remueve los obstáculos que les impiden ejercer plenamente su ciudadanía, es la:

a) Ley 4/2023, de 22 de marzo.

b) Ley 3/2023, de 28 de febrero.

c) Ley 8/2021, de 2 de junio.

d) Ley 4/2023, de 28 de febrero.

Solución al test n.º 19

1. c) Artículo 14.

2. b) El artículo 14.

3. a) Promover, remover y facilitar.

4. c) La Ley Orgánica 3/2007, de 22 de marzo.

5. d) Título Preliminar.

6. b) Igualdad de trato y de oportunidades entre mujeres y hombres.

7. a) A toda persona, física o jurídica, que se encuentre o actúe en territorio español, cualquiera que fuese su nacionalidad, domicilio o residencia.

8. d) Lo previsto en el artículo 71.2, referente a costes relacionados con el embarazo y el parto en contratos de seguros o servicios financieros.

9. b) La tendencia sexual.

10. c) Es un principio informador del ordenamiento jurídico.

11. b) Se garantizará incluso en el acceso al trabajo por cuenta propia.

12. a) Discriminación directa.

13. d) No, si debido a la naturaleza de las actividades profesionales concretas o al contexto en el que se lleven a cabo, dicha característica constituye un requisito profesional esencial y determinante, siempre y cuando el objetivo sea legítimo y el requisito proporcionado.

14. c) No se considera discriminación indirecta si dicha disposición, criterio o práctica pueden justificarse objetivamente en atención a una finalidad legítima y los medios para alcanzar dicha finalidad son necesarios y adecuados.

15. d) En cualquier caso se considera discriminatoria, sea directa o indirecta.

16. b) En particular, cuando crean un entorno intimidatorio, degradante u ofensivo.

17. d) Cualquier comportamiento, verbal o físico, de naturaleza sexual que tenga el propósito o produzca el efecto de atentar contra la dignidad de una persona, en particular cuando se crea un entorno intimidatorio, degradante u ofensivo.

18. c) Discriminación directa por razón de sexo.

19. c) Acoso por razón de sexo.

20. a) Acto de discriminación por razón de sexo.

21. b) Discriminación por razón de sexo.

22. b) Disuasivas.

23. d) Disuasorio.

24. b) Nulos y sin efecto.

25. d) Proporcionadas.

26. b) Incluso tras la terminación de la relación en la que supuestamente se ha producido la discriminación.

27. c) Las personas físicas y jurídicas con interés legítimo.

28. b) Sobre acoso sexual y acoso por razón de sexo.

29. a) Jurisdicción penal.

30. a) A instancia de parte, podrá recabar, si lo estimase útil y pertinente, informe o dictamen de los organismos públicos competentes.

31. d) No prohíbe de manera general que se establezcan diferencias entre mujeres y hombres si hay justificación objetiva, racional y razonable para ello.

32. d) Se establecerán planes plurianuales.

33. b) Independientes del fin que se persigue.

34. c) Las acciones básicas que deben ser implementadas a tal fin.

35. d) Al día siguiente de su publicación en el Diari Oficial de la Comunitat Valenciana.

36. a) Como todas las leyes de la Generalitat fue publicada en el BOE.

37. a) De cuatro.

38. b) De 51.

39. c) El Síndic de Greuges.

40. a) Igualdad y Administración Pública.

41. d) La Recomendación de la Comisión de las Comunidades Europeas, de 27 de noviembre de 1991.

42. a) No supone la existencia necesariamente de convivencia entre la víctima y el agresor.

43. c) Tienen finalidad previsora y sancionadora.

44. a) Eficaz.

45. d) Ley 4/2023, de 28 de febrero.

Ley 19/2013, de 9 de diciembre, de Transparencia, acceso a la información pública y buen gobierno: Título Preliminar; Título I, Transparencia de la actividad pública. La Ley 1/2022, de 13 de abril, de la Generalitat, de Transparencia y Buen Gobierno de la Comunitat Valenciana

1. La cualidad que permite y facilita el acceso de los ciudadanos a la información pública en poder de la Administración dentro de los límites establecidos por la legislación vigente, se conoce como:

a) Accesibilidad.
b) Transparencia.
c) Objetividad.
d) Buen gobierno.

2. En el Capítulo I del Título I: "Transparencia de la actividad pública" de la Ley 19/2013, concretamente en el art. 3, se señala que serán objeto de aplicación de las disposiciones las entidades privadas:

a) En cuyo capital social la participación, directa o indirecta, sea superior al 50 por 100.
b) Que perciban durante el período de un año ayudas o subvenciones públicas en una cuantía superior a 100.000 euros o cuando al menos el 40% del total de sus ingresos anuales tengan carácter de ayuda o subvención pública, siempre que alcancen como mínimo la cantidad de 5.000 euros.
c) Con personalidad jurídica propia, vinculadas a cualquiera de las Administraciones Públicas o dependientes de ellas.
d) Que tengan atribuidas funciones de regulación o supervisión de carácter externo sobre un determinado sector o actividad.

3. En el ámbito de la Administración General del Estado, ¿a quién corresponde la evaluación del cumplimiento de los planes y programas anuales y plurianuales que las administraciones públicas deben publicar?

a) Ministerio para la Transformación Digital y de la Función Pública.
b) Tribunal de Cuentas.

c) Instituto Nacional para las Administraciones Públicas (INAP).
d) Inspecciones Generales de Servicios.

4. El Portal de la Transparencia contendrá información publicada de acuerdo con las prescripciones técnicas que se establezcan reglamentariamente que deberán adecuarse a los siguientes principios. Señala la respuesta incorrecta:

a) Accesibilidad.
b) Interoperabilidad.
c) Control.
d) Reutilización.

5. ¿Qué título de la Ley 19/2013 regula todo lo relativo a la "Transparencia de la actividad pública"?

a) Título I.
b) Título II.
c) Título III.
d) Título IV.

6. El cumplimiento de las obligaciones derivadas de la Ley 19/2013, de 9 de diciembre, de transparencia, acceso a la información pública y buen gobierno, podrá realizarse utilizando los medios electrónicos puestos a su disposición por la Administración Pública de la que provenga la mayor parte de las ayudas o subvenciones públicas percibidas cuando se trate de entidades sin ánimo de lucro que persigan exclusivamente fines de interés social o cultural y cuyo presupuesto sea inferior a:

a) 50.000 euros.
b) 100.000 euros.
c) 200.000 euros.
d) 250.000 euros.

7. Según lo previsto en el artículo 18 de la Ley 19/2013, de 9 de diciembre, de transparencia, acceso a la información pública y buen gobierno, se inadmitirán a trámite, mediante resolución motivada, las solicitudes de acceso a la información:

a) Relativas a los intereses económicos y turísticos.
b) Relativas a la garantía de la confidencialidad o el secreto requerido en procesos de toma de decisión.
c) Relativas a información para cuya divulgación sea necesaria una acción previa de reelaboración.
d) Relativas a infraestructuras críticas.

8. El acceso a la información pública requiere:

a) Solicitud previa.
b) Acreditación de la condición de interesado.

c) Motivación expresa.
d) La utilización de medios telemáticos.

9. Cuando la información pública solicitada no contuviera datos especialmente protegidos, el órgano al que se dirija la solicitud concederá el acceso previa .... suficientemente razonada del interés público en la divulgación de la información y los derechos de los afectados cuyos datos aparezcan en la información solicitada, en particular su derecho fundamental a la protección de datos de carácter personal. Señala la palabra que falta:

a) Catalogación.
b) Acreditación.
c) Ponderación.
d) Identificación.

10. Según el artículo 7 de la Ley 19/2013, de 9 de diciembre, de transparencia, acceso a la información pública y buen gobierno, relativo a la información de relevancia jurídica:

a) Las Administraciones Públicas, en el ámbito de sus competencias, publicarán los proyectos de Reglamento cuya iniciativa les corresponda.
b) Las Administraciones Públicas, en el ámbito de sus competencias, no publicarán los proyectos de Reglamento cuya iniciativa les corresponda.
c) Las Administraciones Públicas, en el ámbito de sus competencias, no podrán publicar los Anteproyectos de Ley hasta su aprobación.
d) Las Administraciones Públicas no podrán publicar los proyectos de Decretos Legislativos cuando se soliciten los dictámenes a los órganos consultivos.

11. La Ley 19/2013 destaca tres ejes fundamentales de toda acción política. Señala cuál de los siguientes no es correcto:

a) La transparencia.
b) El acceso a la información pública.
c) Las normas de buen gobierno.
d) Las incompatibilidades.

12. El título I de la Ley 19/2013 regula e incrementa la transparencia de la actividad de todos los sujetos que prestan servicios públicos o ejercen potestades administrativas mediante un conjunto de previsiones que se recogen en dos capítulos diferenciados y desde una doble perspectiva: el derecho de acceso a la información pública y:

a) Los conflictos de intereses.
b) La publicidad activa.
c) La austeridad.
d) Los principios de actuación.

13. Según la Ley 19/2013, de 9 de diciembre, de Transparencia, Acceso a la Información Pública y Buen Gobierno, el derecho de acceso podrá ser limitado cuando acceder a la información suponga un perjuicio para:

a) La seguridad pública.
b) La igualdad de las partes en los procesos judiciales y la tutela judicial efectiva.
c) La política económica y monetaria.
d) Todo lo anterior.

14. La motivación de una solicitud de acceso a la información, según la Ley 19/2013:

a) Es requisito ineludible para que se facilite la información.
b) Será causa de rechazo de la solicitud.
c) Las dos respuestas anteriores son ciertas.
d) Se deja a la decisión del solicitante.

15. La transparencia de la actividad pública, respecto a la casa de su Majestad el Rey:

a) No se aplica.
b) Se aplica en todas sus actividades.
c) Se aplica en sus actividades sujetas al Derecho Administrativo.
d) Se aplica solo en sus actividades de índole política.

16. Para que se aplique la Ley 19/2013 a sociedades mercantiles, la participación en las mismas de entidades de Derecho Público debe ser superior al:

a) 10 por 100.
b) 20 por 100.
c) 50 por 100.
d) No se aplica en caso alguno dicha ley a este tipo de sociedades.

17. Según el artículo 5 de la Ley 19/2013, de 9 de diciembre, de transparencia, acceso a la información pública y buen gobierno, toda la información será comprensible, de acceso fácil y gratuito y estará a disposición de las personas con discapacidad en una modalidad suministrada por medios o en formatos adecuados de manera que resulten accesibles y comprensibles, conforme al principio de:

a) Igualdad de oportunidades.
b) No discriminación.
c) Eficacia.
d) Accesibilidad universal y diseño para todos.

18. Señala la opción incorrecta. Según el artículo 6 de la Ley 19/2013, de 9 de diciembre, de transparencia, acceso a la información pública y buen gobierno, los sujetos comprendidos en el ámbito de aplicación de su título I deben publicar información relativa a:

a) Las funciones que desarrollan.
b) La normativa que les sea de aplicación.
c) El personal adscrito.
d) Su estructura organizativa.

19. El incumplimiento reiterado de las obligaciones de publicidad activa reguladas en el capítulo II del título I de la Ley 19/2013, de 9 de diciembre, de transparencia, acceso a la información pública y buen gobierno, tendrá la consideración, a los efectos de aplicación a sus responsables del régimen disciplinario previsto en la correspondiente normativa reguladora, de infracción:

a) Grave.
b) Leve.
c) Muy grave.
d) No constituye infracción administrativa.

20. Conforme al artículo 18.1 de la Ley 19/2013, las solicitudes referidas a información que tenga carácter auxiliar o de apoyo como la contenida en notas, borradores, opiniones, resúmenes, comunicaciones e informes internos o entre órganos o entidades administrativas:

a) Están obligadas a indicar el motivo de la solicitud.
b) Se admitirán previa ponderación suficientemente razonada del interés público en la divulgación de la información.
c) Se inadmitirán a trámite, mediante resolución motivada.
d) Se entenderán dotadas de un carácter abusivo no justificado con la finalidad de transparencia de esta Ley.

21. En virtud del artículo 11 de la Ley 19/2013, de 9 de diciembre, de transparencia, acceso a la información pública y buen gobierno, el Portal de la Transparencia proporcionará información estructurada sobre los documentos y recursos de información con vistas a facilitar la identificación y búsqueda de la información, en base al principio de:

a) Interoperabilidad.
b) Accesibilidad.
c) Reutilización.
d) Disponibilidad.

22. Señala la opción incorrecta. El derecho de acceso a la información pública podrá ser limitado cuando acceder a la información suponga un perjuicio para:

a) Los intereses económicos y comerciales.

b) La garantía de la confidencialidad o el secreto requerido en procesos de toma de decisión.

c) El honor de los funcionarios o cargos directivos.

d) La protección del medio ambiente.

23. Los documentos que contengan datos personales de carácter policial, procesal, clínico o de cualquier otra índole que puedan afectar a la seguridad de las personas, a su honor, a la intimidad de su vida privada y familiar y a su propia imagen, no podrán ser públicamente consultados sin que medie consentimiento expreso de los afectados o hasta que haya transcurrido un plazo desde su muerte, si su fecha es conocida, de:

a) 25 años.

b) 30 años.

c) 40 años.

d) 50 años.

24. Señala la opción incorrecta. La solicitud de acceso a la información pública podrá presentarse por cualquier medio que permita tener constancia de:

a) La identidad del solicitante.

b) La información que se solicita.

c) Una dirección de contacto, preferentemente electrónica, a efectos de comunicaciones.

d) La motivación de la solicitud.

25. No es una causa de inadmisión de las solicitudes de acceso a la información pública:

a) Que se refieran a información que esté en curso de elaboración o de publicación general.

b) Que se dirijan a un órgano en cuyo poder no obre la información.

c) Que sean manifiestamente repetitivas.

d) Que se refieran a información para cuya divulgación sea necesaria una acción previa de reelaboración.

26. Frente a toda resolución expresa o presunta en materia de acceso podrá interponerse una reclamación ante el Consejo de Transparencia y Buen Gobierno, con carácter potestativo y previo a su impugnación en vía contencioso-administrativa. El plazo máximo para resolver y notificar la resolución será de:

a) 15 días.

b) 1 mes.

c) 3 meses.

d) 6 meses.

27. Es objeto de la Ley 1/2022, de 13 de abril, de la Generalitat, de Transparencia y Buen Gobierno de la Comunitat Valenciana:

a) Exigir, excepcionalmente, la responsabilidad por el incumplimiento de los deberes y obligaciones establecidos en la misma.

b) Permitir que por ley posterior se establezca la responsabilidad por el incumplimiento de los deberes y obligaciones establecidos en la misma.

c) Establecer las bases para exigir la responsabilidad por el incumplimiento de los deberes y obligaciones establecidos en la misma.

d) Regular la responsabilidad por el incumplimiento de los deberes y obligaciones establecidos en la misma.

28. La Ley 1/2022, de 13 de abril, de la Generalitat, de Transparencia y Buen Gobierno de la Comunitat Valenciana establece como principio general de la misma a efectos de garantizar una a actividad pública que facilite al acceso a los contenidos que genera o custodia la administración pública:

a) La Transparencia máxima.

b) La Transparencia proporcionada.

c) La Transparencia absoluta.

d) La Transparencia adecuada.

29. La Ley 1/2022, de 13 de abril, de la Generalitat, de Transparencia y Buen Gobierno de la Comunitat Valenciana incluye, en su ámbito de aplicación:

a) Cualquier otra institución estatutaria que se pueda crear en el futuro, en relación con su actividad administrativa y presupuestaria en relación con su actividad administrativa y presupuestaria de la Administración de la Generalitat Valenciana.

b) Como instituciones de la Generalitat, exclusivamente Les Corts, el Síndic de Greuges, la Sindicatura de Comptes, el Consell Valencià de Cultura, l'Acadèmia Valenciana de la Llengua, el Comité Econòmic i Social, el Consell Jurídic Consultiu.

c) Cualquier otra institución estatutaria análoga que se pueda crear en el futuro, en relación con su actividad legislativa, administrativa y presupuestaria.

d) Cualquier otra institución estatutaria análoga que se pueda crear en el futuro, en relación con su actividad administrativa y presupuestaria y a la que, según el Estatuto de Autonomía, mediante modificación del mismo, le sea aplicable esta ley.

30. A efectos de la aplicación de la Ley 1/2022, de 13 de abril, de la Generalitat, de Transparencia y Buen Gobierno de la Comunitat Valenciana, tienen la consideración de Administraciones Públicas:

a) Los consorcios constituidos mayoritariamente por Administraciones Públicas territoriales.

b) Los consorcios constituidos íntegramente por Administraciones Públicas territoriales.

c) Todos los consorcios constituidos por Administraciones Públicas territoriales.

d) Los consorcios constituidos por Administraciones Públicas territoriales solo cuando estas sean parte minoritaria de los mismos.

31. Se aplicará la Ley 1/2022, de 13 de abril, de la Generalitat, de Transparencia y Buen Gobierno de la Comunitat Valenciana a entidad privada que perciba, durante el periodo de un año natural, ayudas o subvenciones de la administración autonómica:

a) Solo si el importe es de 10.000 euros.

b) Solo cuando el importe sea como mínimo de 100.000 euros.

c) En una cuantía superior a 50.000 euros.

d) Solo cuando el importe superior a 100.000 euros.

32. La Ley 1/2022, de 13 de abril, de la Generalitat, de Transparencia y Buen Gobierno de la Comunitat Valenciana determine que el principio de Transparencia:

a) Debe aplicarse alternativamente.

b) Debe aplicarse forma preferente.

c) Se aplicará de mofo condicionado.

d) Deberá aplicarse se excluyentemente.

33. La promoción de la transparencia por la Generalitat y las organizaciones a las que se aplica la Ley 1/2022, de 13 de abril, de la Generalitat, de Transparencia y Buen Gobierno de la Comunitat Valenciana se realizará:

a) Preferentemente en soporte papel frente al electrónico.

b) Exclusivamente a través de internet.

c) Preferentemente en soporte electrónico frente al papel.

d) En especial a través de internet.

34. La Ley 1/2022, de 13 de abril, de la Generalitat, de Transparencia y Buen Gobierno de la Comunitat Valenciana determina que las limitaciones al principio de Transparencia:

a) Solo pueden establecerse por ley.

b) Solo pueden establecerse por ley orgánica.

c) Solo pueden derivar de una norma con rango de ley.

d) Solo pueden derivar de una ley.

35. Las resoluciones dictadas en el ámbito de la Administración de la Generalitat sobre la petición de información:

a) Ponen fin a la vía administrativa pero pueden ser objeto de reclamación previa a la vía jurisdiccional contencioso-administrativa.

b) Ponen fin a la vía contencioso-administrativa.

c) Suspenden la tramitación de la vía contencioso-administrativa.
d) No suspenden la vía administrativa en ningún supuesto.

36. La Administración de la Generalitat por aplicación de la Ley 1/2022, de 13 de abril, de la Generalitat, de Transparencia y Buen Gobierno de la Comunitat Valenciana publicará:

a) Las directrices, instrucciones, acuerdos, circulares, cuando una ley así lo disponga.
b) Las respuestas a consultas planteadas en la medida en que supongan una interpretación del derecho, de los derechos garantizados en esta ley o que tengan efectos jurídicos, solo si se separan de criterios anteriormente asumidos por la propia Administración.
c) Las respuestas a consultas planteadas que tengan incidencia sobre la interpretación y la aplicación de las normas.
d) Las directrices, instrucciones, acuerdos, circulares, cuando en las mismas así se exija.

37. La Administración de la Generalitat por aplicación de la Ley 1/2022, de 13 de abril, de la Generalitat, de Transparencia y Buen Gobierno de la Comunitat Valenciana publicará:

a) Las ofertas de empleo público y la información relativa a todos los procesos de selección.
b) La relación de puestos de trabajo o plazas reservadas a personal eventual si así se ha dispuesto previamente en la convocatoria de dichas plazas.
c) De su oferta de empleo público, al mes la convocatoria de la misma y la resolución por la que se resuelva dicha oferta.
d) La relación de puestos de trabajo o plazas reservadas a personal eventual si así se ha dispuesto previamente en la creación de dichas plazas.

38. La Administración de la Generalitat por aplicación de la Ley 1/2022, de 13 de abril, de la Generalitat, de Transparencia y Buen Gobierno de la Comunitat Valenciana publicará:

a) Las resoluciones de autorización o denegación de compatibilidad que afecten a sus empleados.
b) Las resoluciones de denegación de compatibilidad que afecten a sus empleados.
c) Lista de sus empleados que hayan solicitado la compatibilidad.
d) Las resoluciones que determinen la compatibilidad o incompatibilidad según lo dispuesto en la normativa aplicable.

39. La Administración de la Generalitat por aplicación de la Ley 1/2022, de 13 de abril, de la Generalitat, de Transparencia y Buen Gobierno de la Comunitat Valenciana publicará:

a) Un registro de los obsequios recibidos por razón del cargo, que detallará su descripción, el valor de los mismos, la persona o entidad que los realizó, la fecha y el destino dado a los mismos.

b) La declaración de bienes, actividades y derechos patrimoniales que se actualizará, en todo caso, anualmente.

c) Los viajes y desplazamientos fuera de la Comunitat Valenciana realizados en el desempeño de su función, indicando el objeto, la fecha y su coste total, incluyendo dietas y otros gastos de representación.

d) La incorporación al patrimonio público de los obsequios de relevancia institucional o de un importante valor será objeto de ley.

40. Tal como dispone la Ley 1/2022, de 13 de abril, de la Generalitat, de Transparencia y Buen Gobierno de la Comunitat Valenciana, las agendas institucionales y de trabajo deberán publicarse:

a) Siempre con suficiente antelación a l acto o reunión.

b) Al menos simultáneamente la realización del acto o reunión.

c) De no poderse realizar con carácter previo, se realizará a posteriori salvo causas justificadas que lo impidan.

d) De no poderse realizar con carácter previo, se realizará a posteriori en todo caso.

41. Según el artículo 22 de la Ley 19/2013, el acceso a la información se realizará preferentemente por vía electrónica, salvo cuando no sea posible o el solicitante haya señalado expresamente otro medio. Cuando no pueda darse el acceso en el momento de la notificación de la resolución deberá otorgarse, en cualquier caso, en un plazo no superior a:

a) 5 días.

b) 7 días.

c) 10 días.

d) 15 días.

42. Conforme al artículo 39.2 de la Ley 1/2022, el procedimiento de mediación, en caso de reclamación de derecho de acceso a la información pública, deberá sustanciarse en el plazo máximo, a contar desde su aceptación, de:

a) Un mes.

b) Dos meses.

c) Tres meses.

d) 6 meses.

43. ¿Cuál es la finalidad principal de la Comisión Interdepartamental de Gobierno Abierto?

a) Velar por el cumplimiento del régimen sancionador en transparencia.

b) Coordinar las políticas presupuestarias en la Generalitat.

c) Coordinar la transparencia en la Administración de la Generalitat y su sector público instrumental.

d) Resolver reclamaciones sobre acceso a la información pública.

44. ¿Qué unidad administrativa se crea en cada departamento del Consell en relación con la transparencia?

a) Una unidad específica dependiente de la subsecretaría.
b) Una dirección general independiente.
c) Una comisión consultiva temporal.
d) Una subcomisión adscrita al Consejo de Transparencia.

45. ¿Cómo se eligen las personas que integran el Consejo Valenciano de Transparencia?

a) Sólo accederán funcionarios de la Generalitat por concurso.
b) Por elección directa del Presidente de la Generalitat.
c) Por el Consejo de Estado.
d) Por mayoría de tres quintas partes del Pleno de las Corts Valencianes.

Solución al test n.º 20

1. b) Transparencia.

2. b) Que perciban durante el período de un año ayudas o subvenciones públicas en una cuantía superior a 100.000 euros o cuando al menos el 40 % del total de sus ingresos anuales tengan carácter de ayuda o subvención pública, siempre que alcancen como mínimo la cantidad de 5.000 euros.

3. d) Inspecciones Generales de Servicios.

4. c) Control.

5. a) Título I.

6. a) 50.000 euros.

7. c) Relativas a información para cuya divulgación sea necesaria una acción previa de reelaboración.

8. a) Solicitud previa.

9. c) Ponderación.

10. a) Las Administraciones Públicas, en el ámbito de sus competencias, publicarán los proyectos de Reglamento cuya iniciativa les corresponda.

11. d) Las incompatibilidades.

12. b) La publicidad activa.

13. d) Todo lo anterior.

14. d) Se deja a la decisión del solicitante.

15. c) Se aplica en sus actividades sujetas al Derecho Administrativo.

16. c) 50 por 100.

17. d) Accesibilidad universal y diseño para todos.

18. c) El personal adscrito.

19. a) Grave.

20. c) Se inadmitirán a trámite, mediante resolución motivada.

21. b) Accesibilidad.

22. c) El honor de los funcionarios o cargos directivos.

23. a) 25 años.

24. d) La motivación de la solicitud.

25. b) Que se dirijan a un órgano en cuyo poder no obre la información.

26. c) 3 meses.

27. d) Regular la responsabilidad por el incumplimiento de los deberes y obligaciones establecidos en la misma.

28. a) La Transparencia máxima.

29. a) Cualquier otra institución estatutaria que se pueda crear en el futuro, en relación con su actividad administrativa y presupuestaria en relación con su actividad administrativa y presupuestaria de la Administración de la Generalitat Valenciana.

30. b) Los consorcios constituidos íntegramente por Administraciones Públicas territoriales.

31. c) En una cuantía superior a 50.000 euros.

32. b) Debe aplicarse forma preferente.

33. d) En especial a través de internet.

34. c) Solo pueden derivar de una norma con rango de ley.

35. a) Ponen fin a la vía administrativa pero pueden ser objeto de reclamación previa a la vía jurisdiccional contencioso-administrativa.

36. c) Las respuestas a consultas planteadas que tengan incidencia sobre la interpretación y la aplicación de las normas.

37. a) Las ofertas de empleo público y la información relativa a todos los procesos de selección.

38. d) Las resoluciones que determinen la compatibilidad o incompatibilidad según lo dispuesto en la normativa aplicable.

39. c) Los viajes y desplazamientos fuera de la Comunitat Valenciana realizados en el desempeño de su función, indicando el objeto, la fecha y su coste total, incluyendo dietas y otros gastos de representación.

40. c) De no poderse realizar con carácter previo, se realizará a posteriori salvo causas justificadas que lo impidan.

41. c) 10 días.

42. a) Un mes.

43. c) Coordinar la transparencia en la Administración de la Generalitat y su sector público instrumental.

44. a) Una unidad específica dependiente de la subsecretaría.

45. d) Por mayoría de tres quintas partes del Pleno de las Corts Valencianes.

Cómo acceder al Curso

Cuerpos y Escalas del subgrupo A2 (cuerpos especiales)
Test del Temario Parte General

El uso de los códigos **es exclusivo de los compradores de los productos de Editorial MAD**. Cada producto posee un código único y de un solo uso. Es personal e intransferible y da acceso a servicios y contenidos adicionales. Editorial MAD se reserva el derecho de hacer cuantas comprobaciones sean necesarias para identificar al legítimo poseedor del código y dejar de dar servicio a quien haga uso fraudulento del mismo, además de emprender cuantas acciones legales estime oportunas según la legislación vigente.

Deberás acceder a:

mad.es/registro-campus

Si una vez aceptadas las condiciones de uso del Campus decides hacer uso del mismo, necesitarás del siguiente código de acceso junto con los códigos del resto de títulos que se exigen (si fuera el caso):

UXL61WNE8V